外国文学叙述类型研究文库

总主编 王 欣 石 坚 方小莉

声音的权威：
美国黑人女性小说的叙述策略研究

方小莉／著

科学出版社
北京

内容简介

本书以“声音”为题眼，主要考察20世纪哈莱姆文艺复兴时期以来，黑人女性小说家在具体的社会历史语境下，如何选择了有效的叙述策略，在小说中建构了黑人女性声音的权威。本书把对形式、内容与社会历史语境的探讨有效地结合于黑人女性小说文本的研究之中，系统详细地讨论了黑人女性所采用的叙述策略与具体社会历史语境之间的辩证关系及背后的社会意识形态意义。

本书可供研究英美文学、族裔文学和叙事学的专家和研究生阅读，也可供对美国黑人文学感兴趣的大众阅读。

图书在版编目（CIP）数据

声音的权威：美国黑人女性小说的叙述策略研究／方小莉著．—北京：科学出版社，2019.12

（外国文学叙述类型研究文库／王欣，石坚，方小莉总主编）

ISBN 978-7-03-062482-6

Ⅰ．①声…　Ⅱ．①方…　Ⅲ．①美国黑人-妇女文学-小说研究　Ⅳ．①I712.074

中国版本图书馆CIP数据核字（2019）第211509号

责任编辑：常春娥／责任校对：贾娜娜

责任印制：李　彤／封面设计：黄华斌

科学出版社出版

北京东黄城根北街16号

邮政编码：100717

http://www.sciencep.com

北京凌奇印刷有限责任公司印刷

科学出版社发行　各地新华书店经销

*

2019年12月第　一　版　开本：720×1000 B5

2019年12月第一次印刷　印张：17

字数：260 000

POD定价：88.00元

（如有印装质量问题，我社负责调换）

2014年教育部人文社会科学研究青年基金项目“声音的权威：美国黑人女性小说叙述策略研究”（14YJC752005）成果

丛 书 序

类型/文类（genre）是文学类型（literary genre）的缩称，传统上又有体裁、文体等说法。它是文学理论古老范畴之一，亦为文学研究基本问题之一。柏拉图在《理想国》《斐德若篇》《斐利布斯篇》《法律篇》中，对文类划分及其本质特征、审美接受等方面提出了一系列开创性观点。亚里士多德在《诗学》中指出诗学研究的是“关于诗的艺术本身、它的种类、各种类的特殊功能，各种类有多少成分，这些成分是什么性质”等问题。亚里士多德从模仿媒介、对象和方式出发，把诗分为史诗、抒情诗和戏剧三大类，并就它们之间的区别进行了详细甄别。从文类划分衍生出来文类学（genology）研究，主要关注文类分类标准、分类法和文类演变。本套丛书所使用的“类型”或“文类”，源自文学类型研究，作为 20 世纪的文学理论关键词，文类本身承载了对形式主义的关注。

任何关于文类的理论研究都只是对文学作品本质的假设，类型并非存在于文本之中，但我们可以通过具体的文本来证实某一类型文本的存在。同时，任何文类的产生和发展都携带着社会、历史、文化的印记。形式主义批评家托多罗夫对文类研究做出了特殊的贡献，他指出：研究任何属于“文学”的文本时，我们首先必须意识到这个文本共享所有文学文本的特质，或者共享文学类型的特质；其次，一个文本不仅是一个预先存在的组合系统的产物，它还是这个系统的变形。因此本套丛书不仅关注文学叙述作品的深层结构、文类共性，也回归具体文学文本的经典阅读，探索特定文本对类型/文类规则的继承与演变、形成和变异。正如托多罗夫所说，如果我们认识不到类型/文类的存在，就相当于声称一部文学作品与现存的任何文学作品毫无关联，类型/文类呈现出了一部文学作品与整个文学领域的关系。“外国文学叙述类型研究文库”这套丛书旨在探索外国文学文类中的形式特征和审美功能，同时也研究文类所蕴含的社会和文化意义，探索文类与社会话语之间的互动及相互影响，文类演变与文学研究的耦合效应。

四川大学外国语学院秉承四川大学“海纳百川，有容乃大”的大学精神，搭建学界同仁相互交流的平台，精心打造“外国文学叙述类型研究文库”系列学术专著，以期共同探索和推进外国文学研究的新发展。本套丛书的出版，得益于学校和学院已有的优势资源，是四川大学外国语学院推进以科研发展促学科建设的重要事件。同时我们也希望系列科研成果的规模化出版能够促进四川大学外国语学院与外语学界乃至整个学术界的交流。

四川大学是教育部直属全国重点大学、国家“211 工程”“985 工程”“双一流工程”建设高校，是国家布局在中国西部的重点建设的高水平研究型综合大学。四川大学英语专业源于 1896 年建立的四川中西学堂，是四川大学最早的学科专业之一。在 120 多年的发展历史中，许多著名学者和文化名人曾在此任教或就读，如巴金、吴虞、朱光潜、钟作猷、周煦良、卞之琳、钱歌川、饶孟侃、罗念生、顾绶昌、周汝昌、赵澧、谢文炳、石璞、朱文振、王章树、周考成等，他们为四川大学的英语专业树立了良好的学术典范并奠定了良好的发展基础。1978 年，英语语言文学专业被国务院学位委员会确定为全国高校首批硕士研究生点，成为西部地区最早的英语语言文学硕士授予单位；2003 年英语语言文学获批成为西南地区首个博士学位授权点；2010 年外国语言文学成为一级学科博士学位授权点。目前，英文系在“外国语言文学”一级学科之下招收英语语言文学和外国语言学及应用语言学博士研究生，招收方向为西方文论与英美文学、西方文化研究、翻译研究、英语语言学等。2010 年，四川大学外国语学院英语专业入选国家第四批国家级特色专业；2019 年 QS（Quacquarelli Symonds）全球世界大学学科排名中，并列排名国内同专业第 10 位。外国语学院一直坚持以国家人才发展战略为指针，以丰富的教学资源和教学质量保障体系为依托，理念先进，引领发展，勇于创新，在语言学研究、文学研究、文化研究、翻译研究、区域与国别研究等方面均取得了一定的成绩。

本套丛书得到四川大学外国语学院、四川大学中国语言文学与中华文化全球传播学科群、四川大学社科处及四川大学研究生院的资助和大力支持，同时本套丛书也得到了国家社会科学基金和教育部人文社会科学基金的支持。科学出版社与四川大学外国语学院精诚合作，力图打造一系列外国文学学术研究精品，探索外国文学的跨学科旅行和文学研究的多种可能性。丛书出版之际，我们对所有支持丛书的机构、前辈和同仁表达衷心的感谢，并希望能够继续得到大家的关心和关注、批评与指正，我们会带着大家的殷切希望，砥砺前行！

王 欣 石 坚

2019 年 3 月

序

20 世纪的美国文学繁花盛开，涌现出来一大批异彩纷呈的文学流派和众多杰出的作家。它在小说、诗歌、戏剧和批评理论各个方面都是硕果累累，取得了空前的成就。其中，特别引人注目的一个重要流派是非裔美国文学。20 世纪前期的哈莱姆文艺复兴为 20 世纪非裔美国文学的发展奠定了基础。非裔作家从丰富的黑人文化传统中吸取养料，创作出了大批优秀的作品。第二次世界大战结束以后不断高涨的民权运动、20 世纪 60 年代的黑人权利运动和黑人文艺运动，以及女权主义运动对 20 世纪后半叶的非裔美国文学产生了很大的影响。这一时期非裔美国文学作家一般注重把描写奴隶制时代作为理解现时的一种方式。他们的作品发掘并重新构建非裔美国人的历史和文化，在过去的历史中寻求对于现实的意义。非裔美国文学作家特别注重发掘黑人民间文化传统，在写作中纷纷采用了黑人的民间故事、传说、宗教仪式、布道词、黑人音乐，包括布鲁斯、爵士乐、圣歌和福音歌曲等。他们都普遍运用了黑人的方言土语和特殊的表达方式。在创作思想和方法上，非裔美国文学呈现出多元化的趋势并结出了丰硕的成果。纵观 20 世纪非裔美国文学，其女性文学尤为突出，2007 年出版的《非裔美国女性作家百科全书》（*Encyclopedia of African American Women Writers*）就收录了 168 位，包括诗人、小说家和戏剧家，其中大部分是 20 世纪的作家。

这部专著是方小莉博士在其博士论文《声音的权威》的基础上修订而成的。此书主要探讨 20 世纪美国黑人女性小说中所建立的声音权威。作者经过细致的考察和比较，筛选出处于不同时期、有着各自特点的 7 位小说家的 10 部最具代表性作品进行研究，这些作家包括：佐拉·尼尔·赫斯顿、葆拉·马歇尔、托妮·莫里森、艾丽斯·沃克、格洛丽亚·内勒、雪莉·安妮·威廉姆斯和盖尔·琼斯。在此书中，作者以“声音”为核心概念，运用叙事学理论和巴赫金对话理论，考察分析了哈莱姆文艺复兴以来黑人女性作家在具体的社会历史语境下，是如何选择有效的叙述策略，在小说中构建了黑人女性声音的权威。此书首先从理论上探讨了小说中叙述者、受述者与叙述对象之间的权力关系，主要叙事要素之间的叙事交流关系，以及各要素在意义生产的过程中如何既竞争又合作地共同生产出隐含作者所代表的文本意义和价值观，从而取得声音的权威。其次，此书讨论了随着 20 世纪美国社会历史语境的变化，黑人女性小说家采用的作者型、个人型和集体型的三种叙事交流模式，并进一步结合具体作品，分别深入分析并阐释了她们如何运用这三种叙事交流模式去取得声音的权威。最后，作者总结后指出：20世纪的美国黑人女性作家“在不同的社会历史语境下自主采取了有效的叙述策略，通过叙述为自己在男性主宰的父权制社会中赢得了声音权力，获得了平等地位。……她们用自己的声音重新叙述了新的历史，建构了自己的理想世界”。在这部著作中，作者从新的角度探索了小说文本中的一种意义生产理论，并运用它对 20 世纪美国黑人女性小说的代表性作品进行了卓有成效的阐释。反过来，对这些小说文本的成功阐释也充分证明了这种理论的有效性和实用价值。总而言之，这是一部结构严谨、材料翔实、立论有据，有思想、有深度、有新意，理论探讨与批评实践结合得很好的著作。它是作者在学术道路上迈出的扎实一步，也是我国非裔美国文学研究的一个重要成果。

方小莉在四川外国语大学本科毕业后，曾在成都一所高校从事了一年的英语教学工作。其后考入四川大学外国语学院英语系读研究生。在三年的硕士生学习阶段，她品学兼优。她为人朴实真诚，学习十分刻苦认真，各门课程成绩都很优异。她在毕业前写出了一篇质量较高的关于非裔美国女性小说家内勒的硕士学位论文。接下来，她继续在本院攻读博士。在我教授的经典美国小说和小说理论的课程中，她写出了不少优秀的课程论文。在读博期间，她有幸获得富布赖特基金会研究生项目资助，前往美国佐治亚理工学院（Georgia Institute of Technology）学习一年，并在那里继续撰写博士论文。在该校她得到美国文学研究著名专家的指导。回国后，她完成的博士论文获得了外审专家和答辩委员会教授们的一致好评，全票通过答辩。2014年毕业留校后，她在担任繁重教学任务的同时，还进一步申请从事博士后的研究工作，继续进行叙事学理论与文学批评研究。10多年来她一直在学术研究道路上奋发努力、不断进步，取得了丰硕的成果。2013年至今，她已经在《中国比较文学》《国外文学》《英美文学研究论丛》《社会科学战线》《当代文坛》《江西社会科学》《云南社会科学》《符号与传媒》《英语研究》及多所大学学报等期刊上发表论文25篇。她还出版了专著《叙述理论与实践：从经典叙述学到符号叙述学》（2016）和译著《叙述》（2017）。近几年来她获得了国家社会科学基金青年项目、教育部人文社会科学基金青年项目、中央高校基本科研业务青年人才项目、博士后面上资助项目等基金项目。这样的科研成绩在高校文科青年教师中是不多见的。另外，方小莉博士在教学上也取得了突出的成绩，她获得了2017年度"四川大学·五粮春青年社科之星奖"、四川大学"十佳青年教师教学奖"等多个奖项。我院教过她的老师们对她的优异成绩和表现都感到十分欣慰。

学术的道路是漫长而艰辛的。方小莉博士已经在学术的道路上迈出了较为坚实的一步。期望她在已有成绩的基础上，扩大视野、深化研究，戒骄戒躁、再接再厉，继续稳健地走下去，在教学和科研工作中取得更多更优异的成果。

程锡麟

2018年11月13日

于四川大学花园

目　　录

绪　论

20 世纪，美国文学百花齐放，在小说、诗歌、戏剧等方面都取得了空前的成就。在这个时期，美国文学史上出现了众多的文学名家，也形成了异彩纷呈的众多流派。曾经在美国文学史上处于边缘地位的少数族裔文学随着美国社会历史的变化逐渐向中心靠拢，走进了读者的视线。非裔美国文化在与美国主流文化及其他少数族裔文化的碰撞和交流中，形成了融美国性与非洲裔文化遗产为一体的、独立优秀的非裔美国文化，其中非裔美国文学扮演了非常重要的角色。非裔美国文学的繁荣不仅促进了美国文学的发展，同时还极大地丰富了世界文学的内涵。今天我们如果要全面了解美国文学，那么就不可能对非裔美国文学视而不见，尤其是非裔女性文学这一极为重要的分支。20 世纪以来，非裔美国女性文学取得了巨大的成就。特别是 20 世纪 70 年代以来，非裔美国女性与男性相比取得了更为辉煌的成就。艾丽斯·沃克（Alice Walker）、托妮·莫里森（Toni Morrison）、格洛丽亚·内勒（Gloria Naylor）等作家分别荣获了美国文学界的最高荣誉，包括普利策文学奖和美国国家图书奖。1993 年，莫里森获得诺贝尔文学奖，更是成为非裔美国文学发展中的里程碑。20 世纪 70—90 年代，随着非裔女性文学的进一步发展和美国文学经典的重构，大量的黑人女性作家被重新发掘，恢复了其在美国文学中应有的地位，如内拉·拉森（Nella Larsen）、杰西·福塞特（Jessie Fauset）、佐拉·尼尔·赫斯顿（Zora Neale Hurston）、安·佩特里（Ann Petry）、葆拉·马歇尔（Paule Marshall）等。今日的非裔美国女性文学无论是在美国学术界还是在大众读者范围内都取得了不容忽视的成就，她们被掩埋了几个世纪的声音终于响彻了美国，甚至是全世界。可以说，非裔美国女性文学已经逐渐从边缘走向中心，而非裔美国女性文学的研究也蓬勃开展并取得了巨大的成果。在 20 世纪，对于亚文化群体来说，“声音”问题已经成为一个被普遍关注的问题，声音已然成了身份和权力的象征。有人甚至断言，20 世纪非裔美国小说对叙述形式的追求就是对声音的追求。①本书主要探讨 20 世纪黑人女性小说中声音权威的建构，以“声音”为题眼，考察 20 世纪哈莱姆文艺复兴时期以来，黑人女性小说家在具体的社会历史语境下，是如何选择了有效的叙述策略在小说中建构了黑人女性声音的权威。

第一节 研究缘起

本书所选择的研究对象主要是 20 世纪非裔女性文学中最具代表性的小说家和她们最负盛名的小说文本，因为这些小说家在文学界已经赢得了一定的知识权威②，其作品在意识形态有效性③和美学价值上均获得了一定的肯定。④本书试图从整体研究的角度出发，探讨美国黑人女性作家在具体的历史条件下，怎样有效地生产出文本意义，从而建构其声音的权威。在选择文本方面，笔者主要通过定量研究和定性研究相结合的方法来筛选出各个时期最具代表性的黑人女性小说文本。⑤

---

① John F. Callahan. *In the African-American Grain: The Pursuit of Voice in Twentieth-Century Black Fiction*. Urbana and Chicago: University of Illinois Press, 1988, p.14.

② 笔者所说的“知识权威”（intellectual credibility）包含两层意义：一是作者是否具备从事创作所需要的各种能力；二是读者是否相信作者具有这样的能力，即作者的能力是否能得到读者的肯定。在西方，知识权威长期被认为是属于受过教育的上层阶级白人男性的，而女性则在智力、掌握知识的能力等各方面遭到质疑，作为黑人女性作家更是如此。因此本书的研究对象以 20 世纪最具代表性的黑人女性小说家为主，因为这些小说家的创作能力在某种意义上获得了一定的肯定。

③ 笔者所理解的意识形态有效性（idealogical validity）是指作者或者作者的作品是否对读者产生影响。

④ 苏珊·兰瑟（Susan Lanser）指出“话语权威指作品、作家、叙述者、人物或文本行为申明的或被授予的知识名誉、意识形态地位以及美学价值”。参考苏珊·兰瑟：《虚构的权威：女性作家与叙述声音》，黄必康译，北京：北京大学出版社，2002 年，第 5-6 页。

⑤ 在作者与作品的选择上，除了参考了相关的权威书籍外，笔者在美国访学期间，也请教了从事非裔美国文学、文化研究的相关专家。

从定量研究的角度来讲，本书通过参考大量的学术专著、工具书、文学史著作及批评文章等筛选出在美国文学史、非裔美国文学史、非裔美国女性文学史及西方女性文学史中都具有一定地位的黑人女性小说家。本书所选的作家必须符合以下标准：首先，这些小说家在美国文学史中已占有一席之地，得到了美国文学界的肯定。同时，她们无论是在学界还是对于大众读者都具有一定的影响力，并且其影响力已趋于稳定。其次，所选的作品被公认为该作家最具代表性的作品。为此，笔者分别调研了《诺顿美国文选》（*The Norton Anthology of American Literature*）、《诺顿非裔美国文选》（*The Norton Anthology of African American Literature*）、《诺顿女性文选：英语文学的传统》（*The Norton Anthology Literature by Women: The Traditions in English*）、《希斯美国文选》（*The Heath Anthology of American Literature*）、《非裔美国女性作家百科全书》、《非裔美国文学百科全书》（*Encyclopedia of African-American Literature*）、《非裔美国文学》（*African American Literature*）、《简明牛津非裔美国文学指南》（*The Concise Oxford Companion to African American Literature*）共八种大型工具书，试图综合各种权威的工具书对小说家及其代表作的评论，从而在众多的黑人女性小说家中挑选出最具代表性的小说家及其作品。

非裔美国女性文学丰富多彩。《非裔美国女性作家百科全书》记录了 168 位作家（相对完全，但并未穷尽）。她们的创作包括小说、诗歌、戏剧、文学批评、散文、回忆录、旅行文学等。黑人女性在诗歌、小说、短篇小说和戏剧方面的成就最为卓著，她们在这几个领域不但人才辈出，形成了庞大的作家群，而且成果丰富，获得了文学界的各种荣誉。例如，莫里森获得诺贝尔文学奖、普利策文学奖、国家书评奖；艾丽斯·沃克获得普利策文学奖和美国国家图书奖；另外，格温德利·布鲁克斯（Gwendly Brooks）、丽塔·达夫（Rita Dove）等获得普利策诗歌奖；艾丽斯·柴德里斯（Alice Childless）、马娅·安吉罗（Maya Anglou）等获得奥比奖（Obie Award）；内勒、马歇尔等获得美国国家图书奖（American Book Award）。①

前述八种工具书中的《非裔美国女性作家百科全书》介绍了从事小说创作的黑人女性作家 62 位；《非裔美国文学百科全书》介绍了 32 位；《非裔美国文学》介绍了 30 位；《简明牛津非裔美国文学指南》介绍了 40 位；《诺顿非裔美国文选》介绍了 17 位；《诺顿美国文选》介绍了 6 位；《希斯美国文选》介绍了 8 位；《诺顿女性文选：英语文学的传统》介绍了 9 位。经过对比研究，莫里森、艾丽斯·沃克、赫斯顿、布鲁克斯、马歇尔这五位作家在八种工具书中均有详细介绍并获得了极高的评价，她们当之无愧是非裔女性文学中最具代表性的作家。此外，对托妮·凯德·班巴拉（Toni Cade Bambara）的介绍被收录在除了《诺顿女性文选：英语文学的传统》之外的其余七种工具书中。内拉·拉森、佩特里和杰梅卡·金凯德（Jemaica Kincaid）分别出现在六种工具书中，其重要性也不言而喻。由于《诺顿美国文选》《希斯美国文选》《诺顿女性文选：英语文学的传统》这三种工具书在进行作家选择时，主要是以欧美文学传统为中心，以欧美的文学名家为主体；而对于美国黑人女性作家来说，她们作为一个文学群体在以欧洲为中心的文学传统中并没有得到足够的重视，因此在这三种工具书中入选的黑人女性作家相对较少。如果将美国黑人女性置于非裔美国文学的传统中来考察，则会出现更多具有代表性的黑人女性小说家，福塞特、特丽·麦克米伦（Terry McMillan）、内勒、雪莉·安妮·威廉姆斯（Sherley Anne Williams）、玛格丽特·沃克（Margaret Walker）这五位作家均出现在五种工具书中。

对以上八种大型工具书的定量研究结果显示，共有约 14 位美国黑人女性小说家出现在超过五种以上的工具书中。在这些小说家中，班巴拉主要从事短篇小说创作；布鲁克斯主要从事诗歌创作；金凯德虽然也属于非裔美国女性这个大的作家群，但是由于她的创作更多以加勒比地

① Yolanda William Page, ed. *Encyclopedia of African American Women Writers*. Westport: Greenwood Press, 2007.

区为焦点，她更多的是被划分到加勒比作家群。本书主要研究哈莱姆文艺复兴以来的 20 世纪黑人女性长篇小说中的声音权威，研究对象主要聚焦于从事长篇小说创作的作家。通过定量分析，本书筛选出 11 位在 20 世纪从事长篇小说创作的作家及她们最具有代表性的作品：莫里森、艾丽斯·沃克、赫斯顿、马歇尔、内勒、威廉姆斯、佩特里、福塞特、内拉·拉森、麦克米伦、玛格丽特·沃克。

从定性研究方面来讲，笔者通过细读文学史、学术专著、批评文章及黑人女性小说家的小说文本，试图筛选出在不同时期代表着不同声音特点的黑人女性小说的代表作。通过对黑人女性具有代表性的作家作品的文本细读，笔者进一步筛选出 7 位作家的 10 部作品。这 10 部小说不仅是这 7 位作家具有代表性的作品，同时这些作品还代表了黑人女性小说在不同社会历史语境下声音的不同特点。莫里森的《所罗门之歌》（*Song of Solomon*）与《天堂》（*Paradise*）、艾丽斯·沃克的《紫色》（*The Color Purple*）与《殿堂》（*The Temple of My Familiar*）、赫斯顿的《他们眼望上苍》（*Their Eyes Were Watching God*）、马歇尔的《褐姑娘、褐砖房》（*Brown Girl, Brownstones*）、内勒的《布鲁斯特街的女人们》（*The Women of Brewster Place*）与《布鲁斯特街的男人们》（*The Men of Brewster Place*）、威廉姆斯的《戴莎·罗丝》（*Dessa Rose*）及盖尔·琼斯（Gayl Jones）的《柯瑞格多拉》（*Corregidora*）。①

哈莱姆文艺复兴时期是非裔美国文学的第一个繁荣时期。虽然这个时期以男性作家为主导，但是赫斯顿、内拉·拉森、福塞特等知名女性作家也开始崭露头角。哈莱姆文艺复兴之后的 30 年间又涌现出了一批女性作家，如马歇尔、佩特里和玛格丽特·沃克等。然而，这个时期的非裔美国文学还是以黑人男性为主导。20 世纪 70 年代是非裔美国女性文学发展的分界点。在这个时期，由于 20 世纪 60 年代以来的黑人民权运动、女权运动及文学经典重构等一系列事件，非裔美国女性文学得到了

① 在本书的定量研究中虽然只有四种工具书介绍到琼斯，但是笔者通过定性研究发现，琼斯在 20 世纪 70 年代所发表的小说作品体现了该时期的声音特点。同时对文学史和相关资料的研究显示，琼斯无论是作为小说家还是非裔美国文学研究学者，在美国文学史上都具有一定的影响力。

巨大的发展。20 世纪 70—90 年代有 30 多位小说家发表了其处女作。[①]在这个时期，美国黑人女性小说中的叙述声音也产生了巨大的变革，美国黑人女性逐步建立起其声音的权威。因此，本书以 20 世纪 70 年代为分界点，将研究的对象主要锁定在 70 年代之前的赫斯顿、马歇尔，以及 70 年代开始创作的莫里森、艾丽斯・沃克、内勒、琼斯及威廉姆斯。笔者将 20 世纪 70 年代以前定义为黑人女性声音权威建构的预备期，将 70 年代初期定义为声音权威的建构期。同时，根据黑人女性小说中声音的不同特点，笔者又将这 7 位作家的 10 部作品细分为三组。

第一组：赫斯顿与《他们眼望上苍》（1937）；马歇尔与《褐姑娘、褐砖房》（1959）；莫里森与《所罗门之歌》（1977）。

第二组：琼斯与《柯瑞格多拉》（1975）；艾丽斯・沃克与《紫色》（1983）；威廉姆斯与《戴莎・罗丝》（1986）。

第三组：内勒与《布鲁斯特街的女人们》（1981）和《布鲁斯特街的男人们》（1998）；艾丽斯・沃克与《殿堂》（1987）；莫里森与《天堂》（1997）。

第二节　国内外研究现状梳理

一、国外研究现状

非裔美国文学源远流长。非裔美国文学的缘起、发展、繁荣都有其深刻的历史、政治、文化、社会背景。20 世纪 70 年代以来，随着非裔美国女性文学的繁荣，对非裔美国女性文学的研究也取得了丰硕的成果。从研究内容来看：一是文学史层面上对美国黑人女性创作的整体性研究，二是作家专题研究。

① William Yolanda Page, ed. *Encyclopedia of African American Women Writers.*

（一）黑人女性作家的总体研究现状

在经典的文学作品中存在着大量的黑人女性程式化的负面人物形象，因此，学界的一大任务便是肃清文学作品中这些僵化的黑人女性形象以还原其真面目，从而建构黑人女性的真实身份。学者们普遍都会关注非裔美国女性文学作品中对黑人女性形象的重新树立及其身份建构。现在的非裔美国女性文学中的黑人女性不再是过去的文学作品中那些黑人保姆（mammy）、烈性子女人（spitfire）、性欲狂者（sex maniacs）和荡妇（trollop），而是黑人社区中自尊、自爱、自强、追求自由的新女性。她们无论是对作为家庭成员的孩子与丈夫，还是对社区姐妹都充满了爱，尽自己最大的努力照顾家庭并支持同伴。总的来说，这些黑人女性完全颠覆了传统文学中那些黑人女性给人的刻板印象，创造了黑人女性的新形象，建构了黑人女性的新身份。芭芭拉·克里斯蒂安（Barbara Christian）的《黑人女性主义批评：多重视角下的黑人女性作家》（*Black Feminist Criticism: Perspectives on Black Women Writers*）就是从僵化的形象、黑人女性人物、社区、自我定义等方面透视了多个黑人女性作家的作品。①同时她的代表作《黑人女性小说家：传统的发展，1892—1976》（*Black Women Novelists: The Development of a Tradition,1892-1976*）也探讨了黑人女性程式化人物形象的发展及对黑人女性小说创作的影响。②

在传统的西方文学中，黑人女性不仅形象刻板，更重要的是她们一直无法从文化的边缘地带走到中心而成为作品的主角，这与她们的社会地位息息相关。在过去，黑人女性虽然在生活、文化中发挥了重要的作用，但是一直得不到肯定；这反映在文学作品中即黑人女性的地位总是低于男性，她们在文学作品中总是扮演次要角色，以一种程式化的人物形象来陪衬白人或黑人男性。因此，学界的另一大任务就是重新建构黑

① Barbara Christian. *Black Feminist Criticism: Perspectives on Black Women Writers*. New York: Pergamon Press, 1985.

② Barbara Christian. *Black Women Novelists: The Development of a Tradition, 1892-1976*. Westport: Greenwood Press, 1980.

人女性的真实身份，恢复她们在历史、社会中所扮演的重要角色，承认她们对于整个历史、文化、社会发展所起到的重要作用。学界关注到非裔女性文学作品对黑人女性在历史中所起到的重要作用的讴歌，从女性的视角重构家族史，重构美国史，从而让黑人女性从边缘走向中心，重新评估她们的作用，重建她们的身份。莫里森、威廉姆斯等一大批作家在创作中都关注了这一主题。因此学者们大都偏向从这方面来研究她们的作品。

20 世纪 70 年代以来，在经典重构的过程中，由于学界的多方努力，以前在文学史中被埋没的大量黑人女性作家也被重新一一发掘出来。引起最多关注的可能是艾丽斯·沃克对赫斯顿进入美国文学经典而做出的巨大贡献。通过对黑人女性文学作品的文本细读和对非裔美国女性文学史的梳理后发现，现如今已有大量非裔美国女性文学作品进入了美国文学经典之列。例如，小亨利·路易斯·盖茨（Henry Louis Gates, Jr.）组织编订了关于黑人女性作家的批评文集，其中的作家包括莫里森、艾丽斯·沃克、内勒等。文集中收录了对几位作家相关代表作的各种解读，让读者能够更全面地了解非裔美国女性文学的丰富内涵；另外，玛丽·埃文斯（Mari Evans）组织编订了《黑人女性作家（1950—1980）：一种批判性评价》［*Black Women Writers (1950-1980): A Critical Evaluation*］，书中不仅收录了对多达 15 个黑人女性作家的评论，同时还收录了各个女性作家的创作谈，从而进一步加深了读者大众对黑人女性作家创作理念的了解。[①]2007 年绿树林出版社（Greenwood Press）出版了约兰达·威廉·佩奇（Yolanda William Page）编订的《非裔美国女性作家百科全书》，书中收录了 168 位黑人女性作家。该书介绍了黑人女性作家的大量生平、代表作的基本内容及该作家的接受状况。不仅如此，该书还为进一步深入研究这些作家提供了相关的参考资料，从而为读者更多地了解丰富多彩的非裔女性文学大开方便之门。总之，经过

① Mari Evans. *Black Women Writers (1950 -1980): A Critical Evaluation*. New York: Anchor Books, 1984.

多方努力，现如今非裔美国女性文学日渐兴旺，而黑人女性作家也逐渐恢复了其在历史中的重要地位，一步步走向美国文学的中心地带。以小说为例，哈莱姆文艺复兴以来，在20世纪20—90年代，大概有55位黑人女性小说家发表了她们的作品，并得到大众关注。特别是70—90年代最为多产。据统计，70年代有9位女性作家发表了她们的处女作，其中包括莫里森和艾丽斯·沃克；80年代有21位女性作家发表了她们的处女作，在这期间，莫里森、艾丽斯·沃克、内勒分别获得了美国文学界的大奖。到了90年代，又有大概8位女性作家发表了其处女作。[①]而90年代对于非裔女性文学来说最大的盛事是莫里森获得了诺贝尔文学奖。随着非裔美国女性文学的发展，莫里森、艾丽斯·沃克、内勒等的作品也进入了美国的教科书，从而进一步肯定了非裔美国女性文学在美国文学中的重要作用。

除了对非裔女性文学的主题内容有所关注外，学者们还关注黑人女性作家创作的其他方面。例如，非裔女性文学中对黑人口头文化、黑人民俗文化的应用，如伊娃·伦诺克斯·伯奇（Eva Lennox Birch）在《美国黑人女性创作：各种颜色的百衲被》（*Black American Women's Writing: A Quilt of Many Colours*）中分析了非裔美国女性文学中显露出的独特特点。她认为，早期黑人口头文化中所包含的相关特点决定了黑人女性的文学创作传统；[②]另外，学者们还关注了非裔美国女性文学的叙事策略。例如，埃利奥特·巴特勒-埃文斯（Elliot Butler-Evans）的《种族、性属和欲望：托妮·凯德·班巴拉、托妮·莫里森和艾丽斯·沃克小说的叙事策略》（*Race, Gender and Desire: Narrative Strategies in the Fiction of Toni Cade Bambara, Toni Morrison and Alice Walker*），该书主要通过研究小说家的意识形态立场对写作的影响来分析三位女性作家小说中的叙述策略。[③]

---

① William Yolanda Page, ed. *Encyclopedia of African American Women Writers*. pp.xix-xx.

② Eva Lennox Birch. *Black American Women's Writing: A Quilt of Many Colours*. New York: Harvester Wheatsheaf, 1994.

③ Elliott Butler-Evans. *Race, Gender and Desire: Narrative Strategies in the Fiction of Toni Cade Bambara, Toni Morrison and Alice Walker*. Philadelphia: Temple University Press, 1989.

（二）作家专题研究现状综合分析

随着非裔女性文学从边缘走向中心，学术界对非裔美国女性文学的研究也日趋成熟，在这方面取得了巨大的成就。笔者通过对学术专著、工具书、文学史及相关论文进行综合调研后得出：对于黑人女性小说家的批评研究主要集中在以下几个方面。

第一，由于非裔女性一直以来处于以欧洲上层阶级白人男性统治为主的文化边缘，她们的声音长期被压抑，因此通过对性别、阶级和种族的书写以反抗这三重压迫几乎是每个黑人女性作家的任务。在笔者主要调研的15个作家中，学界基本都是从性别、阶级和种族三方面切入，对具有代表性的黑人女性作家进行批评研究。克里斯蒂安认为：黑人女性作家作品中的性别、种族和阶级问题是相互紧扣的三个重要因素。①而黑人女性主义者贝尔·胡克斯（Bell Hooks）也认为这三个因素紧密相关，欲要消除对黑人女性的压迫，就必须同时解决性属、种族和阶级三个问题，缺一不可。②性别、种族与阶级问题似乎与黑人女性有着天然的联系，无论是在过去还是现在，似乎都无法分割。因此，学术界对非裔女性文学的研究，无论采用什么样的论证方法，无论是关注主题还是关注形式，最终结论似乎都与性别、阶级和种族问题相关。由此引发的黑人女性的异化、多重意识、边缘化等主题也成为关注焦点。

第二，黑人女性经历书写也是非裔女性作家普遍关注的主题，由此也是批评家们普遍关注的焦点。在过去，无论是白人世界的作品还是黑人男性的作品都将黑人女性的经历置于边缘地位。黑人女性不仅无法作为认识的主体讲述周围世界的故事，她们甚至无法进入文本的中心成为被认识的中心客体。她们的经历总是成为男性世界的点缀，或者她们总是作为被边缘化的他者，成为认识男性的参照。因此，大多的黑人女性

---

① Virginia C. Fowler. *Gloria Naylor: In Search of Sanctuary*. New York: Twayne Publishers, 1996, p.20.

② Bell Hooks. *Feminist Theory from Margin to Center*. Boston: South End Press, 1984.

小说家普遍关注黑人女性的个人经历，开始讲述黑人女性自己的故事，将黑人女性的经历作为书写的主要对象。

第三，作为非裔美国文学不可分割的一部分，黑人女性作家继承了非裔美国文学及文化传统。她们的作品可以说是非裔美国文学的产物。因此，将黑人女性放入非裔美国文学、文化中来品读，也是批评家们普遍关注的焦点。学界主要从以下几方面来讨论黑人女性的小说作品对非裔美国文学和文化传统的再现。①口述传统（oral tradition）在非裔美国女性文学中的体现：赫斯顿、莫里森、艾丽斯·沃克、威廉姆斯等的创作中体现出了民间传说、民谣等口述形式的影响；②呼喊与回应（call and response）在非裔美国女性文学中也有所体现：如在赫斯顿的《他们眼望上苍》、莫里森的《宠儿》及内勒的《布鲁斯特街的女人们》等小说中均有所体现；③音乐形式（musical form）：如莫里森、内勒、威廉姆斯等黑人女性小说家在创作中吸收了爵士乐和布鲁斯音乐形式的元素，这些特点也受到批评家的关注；④命名（naming）：以“命名”来确立自己的身份是黑人女性小说中常采用的一种方式，如赫斯顿的《他们眼望上苍》和莫里森的《所罗门之歌》等小说中均有所体现；⑤个人与群体的关系也是黑人女性书写的重点，这自然也成了学界关注的焦点，马歇尔、艾丽斯·沃克、内勒、莫里森、麦克米伦等女性作家对此极为关注。

第四，作为世界女性文学的一部分，很多批评家也从女性主义角度切入来探讨非裔美国女性文学。在探讨非裔美国女性文学的时候，很多批评家从黑人女性（womanhood）的成长、女性的自由平等（freedom and equality）、黑人女性之间的姐妹情谊（sisterhood）、母女或母子关系（motherhood、mother-daughter relationships）等切入，如对赫斯顿、莫里森、艾丽斯·沃克、玛格丽特·沃克、琼斯、麦克米伦等的作品研究；另一些则关注小说中黑人女性的身份（identity），在父权制社会所遭受的压迫等相关主题的研究，如在对福塞特、琼斯、金凯德、马歇尔等作家作品的研究中均有所体现。

第五，历史也是黑人女性小说家们书写的重点。学界主要关注黑人女性作品中的以下几个方面：①过去与现在的关系，如对莫里森、马歇尔、玛格丽特·沃克相关作品的研究；②记忆的书写及重要性，如对莫里森、威廉姆斯、内勒等作品的研究；③对奴隶制的控诉，如对琼斯、莫里森、玛格丽特·沃克、威廉姆斯等作家作品的研究；④对历史本身的书写，如历史遗产的重要性，家族历史、女性历史及女性在历史中的重要性。这些在莫里森、玛格丽特·沃克、马歇尔、蒂娜·安莎、威廉姆斯等的作品中均有所体现。

第六，鉴于黑人女性的特殊地位，学界也关注了如下方面：麦克米伦、马歇尔、金凯德作品中的黑人家庭问题和家庭关系，内勒和琼斯等作品中的黑人群体，艾丽斯·沃克、琼斯、内勒作品中的暴力问题，以及白人男性与黑人男性对黑人女性的性虐待等。

第七，对黑人女性小说的创作技巧、风格等的研究，包括如下方面：黑人方言的使用，黑人女性的人物塑造，作品的叙述结构分析，作品中的南部背景分析等。在这些方面，批评家们主要关注的是赫斯顿、金凯德、马歇尔、莫里森、艾丽斯·沃克、内勒、威廉姆斯等这些在语言、修辞、人物塑造、创作技巧等方面相对突出的作家。

对国外研究现状的综合分析显示：黑人女性小说家们拥有各自的创作特点和选题偏好，但同时也书写着如种族、性别、阶级、黑人女性经验、黑人文化、历史等一系列共同主题，从而形成了一个相互联系的黑人女性小说群体。从对黑人女性作家的总体研究和作家专题研究的现状我们可以看到，虽然种族、性别和阶级问题等始终贯穿黑人女性作家的作品，然而从20世纪70年代以来，黑人女性更加关注自身所生存的环境及与周围环境的关系，如家庭成员间的关系问题、暴力问题、黑人社区内部女性与女性的关系，以及女性与男性之间的关系问题。她们不再只关注外部的压迫，同时也开始关注自身、家庭和群体内部的主观因素。

在对黑人女性小说的研究中，学界偏向于从主题、社会历史与文化背景、女性人物身份建构、成长等方面对小说内容进行研究，而对小说形式方面和对黑人女性的创作诗学方面关注较少。在涉及小说的形式时，批评家们主要将研究焦点放在小说的语言、修辞、结构等方面，而对非裔女性的叙事策略及叙事技巧等方面的研究还相对较少。

二、国内研究现状

非裔美国文学研究在中国算得上是个热门话题。从研究文章看，国内大多数非裔美国文学研究文章是有关非裔美国文学的作家与作品分析，其中也有少许非裔美国文学批评理论和文化研究类文章。对文学作品的评论文章主要涉及小说、诗歌和戏剧。黑人女性作家及其作品是国内非裔美国文学研究的重点，根据笔者对国内五家[①]外国文学研究类期刊的统计，国内 60%以上的非裔美国文学研究都是研究女性作家，对非裔男性作家的研究只占不到30%；其余的是关于非裔美国文学批评理论介绍、非裔美国文学发展的整体介绍、会议综述或研究综述等。值得注意的是，目前国内的非裔美国女性文学研究主要集中于3位小说家：莫里森、艾丽斯·沃克和赫斯顿。莫里森研究在国内占绝对优势，约占非裔女性作家研究的60%；其次是艾丽斯·沃克，约占 20%；赫斯顿研究约占 10%。国内学者对其他黑人女性作家的研究也有所涉猎，但是很少。除了以上 3 位作家以外，索妮亚·桑切斯（Sonia Sanchez）、伊丽莎白·亚历山大（Elizabeth Alexander）、内勒、马歇尔、卡罗利维亚·赫伦（Carolivia Herron）、安吉罗、拉莉塔·塔德米（Lalita Tademy）、格温德利·布鲁克斯、爱丽丝·兰德尔（Alice Randall）等作家的作品也有零星的相关研究。国内对女性作家作品的研究基本集中在小说，对诗歌、戏剧等其他文学形式的研究相对较少。

从研究内容上看：国内对黑人女性作家的研究主要集中在作家专题研究，出现了大量有关莫里森、艾丽斯·沃克和赫斯顿研究的期刊论文、硕博士论文和专著。从研究视角上看，女性主义、解构主义、历史批评、新历史主义、神话原型、族裔研究、心理分析、伦理批评、生态女性主义、文化批评和非裔美国文学喻指理论等研究视角被广泛采用，显现出多元发展的蓬勃势头。

① 《外国文学评论》《外国文学研究》《国外文学》《外国文学》《当代外国文学》。

从目前的国内研究来看，莫里森一直是国内的研究热点。国内对莫里森的研究主要集中在以下几个方面。

第一，主题研究。国内对非裔美国文学的研究中主题研究备受青睐。对莫里森的研究主要涉及以下主题：①由于黑人女性的特殊地位，性属、种族和阶级问题一直是研究莫里森作品的重点之一，大多数的批评文章都会涉及这三方面的问题；②关于黑人女性身份或主体性建构；③母爱或母性主题；④历史主题；⑤黑人男性主题；⑥黑人社群或个人与黑人群体之间的关系。①

第二，叙述策略研究。由于莫里森小说具有复杂的叙述模式，因此，国内研究者对莫里森作品中的叙述策略也尤为关注。例如，胡笑瑛对《宠儿》中的叙述话语研究；冯平对《宠儿》中碎片式叙述的研究；高继海对托妮·莫里森小说的叙述特色的研究；王晓兰对《宠儿》中叙述视角转换的研究等。此外，除了采用经典叙述学作为切入点对莫里森的小说进行解读外，也有研究关注莫里森小说的空间叙事，如胡妮的博士论文《托妮·莫里森小说的空间叙事》。

第三，创作思想、创作特征研究。在这一方面，国内的研究主要关注了莫里森创作中的以下几个方面：①修辞艺术；②后现代风格；③魔幻现实主义技巧及神话元素；④象征艺术；⑤哥特艺术；⑥对黑人传统的继承，如口头传统及黑人音乐对她的影响。②

第四，比较研究。在这一方面，国内研究主要是将莫里森的作品与其他白人主流作家或黑人男性、黑人女性作家的作品进行比较研究。例

---

① 例如，荆兴梅的博士论文《托妮·莫里森作品的后现代历史书写》；王烺烺的博士论文《托妮·莫里森〈宠儿〉、〈爵士乐〉、〈天堂〉三部曲中的身份建构》；曹威：《给黑色亚当命名——托妮·莫里森喜爱说中黑人男权批判意识流变》，载《外语学刊》2009 年第 2 期；田亚曼：《母爱与成长：托妮·莫里森小说》，北京：中国社会科学出版社，2009 年；邢利娜的博士论文《黑人社群创作：托妮·莫里森的权力空间》。

② 例如，毛信德：《美国黑人文学的巨星：托妮·莫里森小说创作论》，杭州：浙江大学出版社，2006 年；孙艳芳：《莫里森小说的修辞艺术》，昆明：云南大学出版社，2012；李美芹的博士论文《在精神荒野中重建精神家园：论黑人音乐对托妮·莫里森小说的影响》；习传进：《魔幻现实主义与〈宠儿〉》，载《外国文学研究》1997 年第 3 期；王晋平：《心狱中的藩篱——〈最蓝的眼睛〉中的象征意象》，载《外国文学研究》2000 年第 3 期；林意新、周海霞：《托妮·莫里森小说中的哥特元素探析》，载《学术论坛》2012 年第 11 期。

如，莫里森与福克纳的对比研究；郝俊杰对《看不见的人》和《所罗门之歌》中的布鲁斯音乐运用的研究；范革新对莫里森和艾丽斯·沃克作品的比较研究等。

第五，采用精神分析、女性主义、生态女性主义、非裔美国文学理论、伦理批评、文化批评等多种西方文学批评理论对莫里森的作品进行分析阐释。①

艾丽斯·沃克是继莫里森之后在中国最受关注的黑人女性作家。中国国内的艾丽斯·沃克研究专著和博士论文相对较少，但硕士论文和文学批评文章却是层出不穷。据粗略统计，截至2019年8月，国内关于艾丽斯·沃克研究的硕士论文就有 200 多篇。“黑人女性”是国内艾丽斯·沃克研究中的关键词。从研究主题上来讲，国内主要聚焦于艾丽斯·沃克作品中的黑人女性意识、黑人女性身份建构及艾丽斯·沃克的妇女主义思想发展；从研究方法上来讲，国内关于艾丽斯·沃克作品的解读也主要集中于通过妇女主义思想及生态女性主义的观点来对其加以阐释。国内王晓英的博士论文《走向完整的生存——艾丽斯·沃克妇女主义文学创作研究》关注艾丽斯·沃克的妇女主义文学创作研究，王冬梅的博士论文《种族、性别与自然》关注艾丽斯·沃克小说中的生态女性主义。另外，国内大多数的硕士论文均关注艾丽斯·沃克小说中的黑人女性问题，而妇女主义与生态女性主义成了众多学子阐释艾丽斯·沃克作品的主要工具。除了关注艾丽斯·沃克作品中的黑人女性以外，批评家们对艾丽斯·沃克作品的叙事研究、非洲问题研究、语言艺术研究、比较研究等也散见于其中。②

---

① 例如，上海外国语大学田亚曼的博士论文：《弗洛伊德精神分析视域下莫里森小说研究》；东北师范大学修树新的博士论文：《托妮·莫里森小说的文学伦理学批评》；朱小琳：《回归与超越：托妮·莫里森小说的喻指性》；李喜芬：《艰辛的“自我建构”之旅——对莫里森小说〈秀拉〉的女性主义解读》。

② 例如，王晓英：《颠覆的艺术——〈父亲的微笑之光〉的叙事结构与叙事声音》，载《当代外国文学》2006 年第 2 期；王成宇：《〈紫色〉与艾丽斯·沃克的非洲中心主义》，载《外国文学评论》2001 年第 4 期；王成宇：《〈紫色〉的空白语言艺术》，载《外国文学研究》2000 年第 4 期；孙薇、程锡麟：《解读艾丽斯·沃克的“妇女主义”——从〈他们的眼睛望着上帝〉和〈紫色〉看黑人女性主义文学传统》，载《当代外国文学》，2004 年第 2 期。

在中国，除了莫里森和艾丽斯·沃克之外，赫斯顿可位居黑人女性作家研究热点的第三位。2005 年上海外语教育出版社率先出版了由程锡麟教授撰写的《赫斯顿研究》专著，该书从作家小传、代表作品的分析、赫斯顿在欧美的研究历史与现状及在我国的译介情况等方面较全面深入地介绍了赫斯顿其人及其作品研究；另外，张玉红也撰写了赫斯顿研究专著《佐拉·尼尔·赫斯顿小说中的民俗文化研究》，运用文化人类学、民俗学、解构主义及身份建构等相关理论，结合小说生成的历史文化语境，对其中的民俗文化元素进行了阐释。从研究内容上来看，国内对赫斯顿的研究主要集中于如下方面：①赫斯顿小说中的性别和种族问题[①]；②民俗文化对其作品的影响或是其作品所体现或借鉴的民俗文化[②]；③对其小说的叙事策略研究[③]；④对赫斯顿与其他女性作家的比较研究，特别是与艾丽斯·沃克的比较研究。[④]从研究方法上来看，对赫斯顿的研究包括女性主义、生态女性主义、后殖民及文化研究等方法。

本书除了以上三位作家外，还将涉及美国黑人女性小说家中的另外四位：马歇尔、琼斯、威廉姆斯和内勒。国内对这几位作家的研究还很少。

在以上几位作家中，内勒在国内刚刚开始得到学界的关注，出现了少许对其研究的硕士学位论文和期刊文章：截至 2019 年 8 月，国内有关内勒研究的硕士学位论文仅有 10 多篇，期刊论文也仅有 20 多篇。大多数的硕士学位论文和期刊文章主要研究内勒小说中的种族、性别

---

① 例如，杨金才：《书写美国黑人女性赫斯顿》，载《外国文学研究》2002 年第 4 期；孙薇、程锡麟：《解读艾丽斯·沃克的“妇女主义”——从〈他们的眼睛望着上帝〉和〈紫色〉看黑人女性主义文学传统》，载《当代外国文学》2004 年第 2 期；陈光明：《〈她们的眼睛望着上苍〉：一部反映性别歧视的黑人小说》，载《外国文学》1997 年第 6 期。

② 例如，陈广兴：《〈他们眼望上苍〉的民间狂欢节因素探讨》，载《外国文学研究》2005 年第 4 期；秦苏珏：《〈他们眼望上苍〉中的恶作剧精灵意象解读》，载《国外文学》2008 年第 3 期。

③ 例如，程锡麟：《〈他们的眼睛望着上帝〉的叙事策略》，载《外国文学评论》2001 年第 2 期；李权文：《论〈他们眼望上苍〉的叙事话语建构》，载《求索》2012 年第 6 期；杜业艳：《呼唤与应答——〈他们眼望上苍〉与〈紫颜色〉的叙事策略》，载《外国文学评论》2001 年第 2 期。

④ 例如，刘英：《赫斯顿与沃克：美国黑人女性文学史上的一对“母”与“女”——兼谈美国女性文学传统的建构、继承与发展》，载《四川外语学院学报》2002 年第 2 期；杜业艳：《影响抑或互文性？——〈紫颜色〉和〈他们眼望上苍〉评析》，载《淮海工学院学报》2010 年 7 月；郭鑫：《非裔美国文学中的“母女”：赫斯顿与沃克》，黑龙江大学硕士学位论文，2007。

问题[①]；另外，也有文章讨论了内勒小说的叙事、意象分析、魔幻现实主义等。

国内对马歇尔的研究才刚刚起步，有关其研究的期刊论文仅有 10 多篇，只出现了四五篇硕士学位论文。在对该作家的研究中，空间问题是学者们关注的焦点。申昌英讨论了小说《褐姑娘、褐砖房》中各种社会空间的相互冲突问题[②]，胡俊通过探讨《褐姑娘、褐砖房》中开放的场所精神来研究非裔女性的新身份问题[③]；李俊婕等学者则讨论了该小说中的女性发展空间。[④]苏州大学周婉莹的硕士学位论文《追寻自我的希冀》（2012）从家庭空间、社会空间和心理空间来分析小说中各种空间的冲突和对立，以及它们对女主人公自我身份认同的影响，从而揭示作为边缘人群的黑人女主人公在构建自我身份之路上所遭遇的危机。东北师范大学刘喜波的《成长小说的典范：〈棕色姑娘，棕色砖房〉的体裁分析》（2006），以成长小说为切入点，分析了小说主人公的成长；苏州大学唐逸馨的《构建理想的流散身份》（2011）以后殖民理论为指导，阐释了小说中的流散主题；武汉理工大学陶阳的《〈棕色姑娘，棕色砖房〉的棕色梦》（2009），从女主人公棕色梦想的解构和重建角度来分析《棕色姑娘、棕色砖房》的成长主题。另外，李敏讨论

① 例如，关立凤：《格罗丽亚·奈勒四部曲中的黑人女性主义》，河北师范大学硕士学位论文，2011；马永峰：《论格洛丽亚·内勒〈戴妈妈〉中的魔幻现实主义》，厦门大学硕士学位论文，2009；李苏：《格洛丽亚·内勒的布鲁斯特街小说中黑人的困境与生存》，四川师范大学硕士学位论文，2011；杨帅：《对〈戴家嬷嬷〉中百衲被主题的黑人女性主义研究》，中南大学硕士学位论文，2007；朱姗姗：《歌劳莉亚·内勒〈妈妈·戴〉中的女性力量》，湖南科技大学硕士学位论文，2012；林文静：《姐妹情谊：一个被延缓的梦——解读格洛丽亚·内勒小说〈布鲁斯特街的女人们〉》，载《北京第二外国语学院学报》2008 年第 10 期；林文静：《玛利亚、夏娃故事的重写——格洛丽亚·内勒小说〈贝利的小餐馆〉的女性主义解读》，载《北京第二外国语学院学报》2010 年第 10 期；曾艳钰：《再现后现代主义语境下的种族与性别——评当代美国黑人后现代主义女作家歌劳莉亚·奈勒》，载《当代外国文学》2007 年第 4 期；朱姗姗：《黑人女作家格洛丽亚·内勒〈妈妈·戴〉中黑人母亲形象解读，载《长春理工大学学报》2011 年第 4 期。

② 申昌英：《社会空间的流浪汉——评葆拉·马歇尔的“褐姑娘，褐砖房”》，载《外国文学》2007 年第 6 期。

③ 胡俊：《〈褐姑娘、褐砖房〉中开放的场所精神》，载《外国文学评论》2017 年第 2 期。

④ 李俊婕、高楠、肖咏梅：《空间批评视角解读波·马歇尔〈棕色姑娘，棕色砖房〉中的女性发展空间》，载《河北工程大学学报》（社会科学版）2017 年第 3 期。

了《寡妇颂歌》中的民俗文化及“单一神话”母题。①

国内有关琼斯和威廉姆斯的研究更是凤毛麟角，国内对琼斯的研究只有为数不多的几篇文章。曾艳钰讨论了盖尔·琼斯小说中的布鲁斯音乐元素及小说《柯瑞格多拉》中的母亲、记忆与历史问题；傅婵妮也讨论了其中的文化创伤言说问题。②而对于威廉姆斯的研究则颇为罕见。

从国内研究现状来看，目前国内对非裔美国女性文学的研究已经取得不少成绩，在研究内容和研究方法上都取得了巨大进步，然而也呈现出一些问题。

第一，研究对象单一。目前国内的研究只集中于两三个主流作家的几部作品，如莫里森的《宠儿》（*Beloved*）、《最蓝的眼睛》（*The Bluest Eyes*）、艾丽斯·沃克的《紫色》和赫斯顿的《他们眼望上苍》。因此，国内尚缺乏对作家作品的系统研究。另外，将黑人女性作为一个群体的研究也极为缺乏，尚未从整体上把握非裔美国女性文学的传统及社会历史、社会意识形态对黑人女性创作的影响。

第二，研究视野狭窄，视角单一。虽然国内研究在研究内容和研究方法上都显示出一定的多样性。但是总的来说，国内对非裔美国女性文学的研究还是主要偏向于对作品中的种族、性别问题的研究。目前的研究过于集中，政治化因素较大。研究方法也大都采用女性主义、妇女主义或是生态女性主义等相关理论。

三、美国黑人女性声音研究现状

对黑人女性小说中“声音”的研究由来已久。作为长期被剥夺了声

① 李敏：《从葆拉·马歇尔〈寡妇颂歌〉中的民俗事象说起》，载《山东社会科学》2011 年第 12 期；李敏：《葆拉·马歇尔〈寡妇颂歌〉与“单一神话”母题》，载《山东社会科学》2012 年第 12 期。

② 例如，曾艳钰：《美国当代黑人女作家盖尔·琼斯的布鲁斯小说》，载《英美文学研究论丛》2008 年第 1 期；曾艳钰：《记忆不能承受之重——〈考瑞基多拉〉及〈乐园〉中的母亲、记忆与历史》，载《当代外国文学》2008 年第 4 期；傅婵妮：《文化创伤的言说与愈合——解读盖尔·琼斯的小说〈科里基多拉〉》，载《安徽文学》（下半月）2009 年第 7 期。

音而寂静无声的黑人女性来说，声音已经成为身份和权力的代称。她们用自己的声音讲述自己的故事，定义自己的身份，捍卫自己的权力。约翰·卡拉汉（John F. Callahan）认为“20世纪的非裔美国小说对叙述形式的追求就是对声音的追求”[①]。可见，无论是从内容还是从形式上来讲，“声音”都是黑人女性小说研究中的关键要素。

对黑人女性声音的研究目前主要分为三大类：①女性主义视角下的声音；②非裔美国文学口述形式中的声音；③叙事学视角下的声音。

在现存的对声音的研究中，学界主要是从女性主义切入。某小说的黑人女性在斗争中，从失语到获得并发出黑人女性自己的声音，或是黑人女性作家在赋予失语的黑人女性声音的同时也通过自己的作品发出了黑人女性作家自己的声音。事实上，“声音”一直以来都是研究非裔美国女性文学的重点。在过去，学界认为黑人女性的声音被剥夺，黑人女性一直处于失语状态。因此，无论是恢复文学作品中女性的社会历史地位，还是恢复文学史中美国黑人女性作家的地位，都是一种帮助黑人女性恢复话语权或找回声音的方式。申丹认为这里的“声音”具有广义性和政治性的特点。它的指涉范围较广：可以指以女性为中心的观点、见解，甚至行为。例如：女性主义者可能去评价一个反抗男权压迫的文学人物，说她找到了一种声音；[②]也可以说某位作家因为创造了一个这样的人物或是采用了某种颠覆传统男性写作的方式，从而发出了自己不一样的声音。这样的研究在非裔女性文学的研究中俯拾皆是。例如，在现存的研究中，评论家们都纷纷认为《他们眼望上苍》中的珍妮、《所罗门之歌》中的派拉特、《紫色》中的西丽、《柯瑞格多拉》和《戴莎·罗丝》中的同名女主角都获得了自己的声音。同时创作这些作品的作家赫斯顿、莫里森、艾丽斯·沃克、琼斯、威廉姆斯等一批黑人女性作家也通过作品发出了黑人女性作家自己的声音。

---

① John F. Callahan. *In the African-American Grain: The Pursuit of Voice in Twentieth-Century Black Fiction*. p.14.

② 申丹、王丽亚：《西方叙事学：经典与后经典》，北京：北京大学出版社，2010 年，第200页。

非裔美国文学中的口述传统也一直是批评家们关注的焦点。既然涉及“口述”，自然就与声音天然联系起来。因此，也有一些批评家将非裔美国文学中的各种口述形式与声音相联系对非裔美国文学加以研究。约翰·卡拉汉以非裔美国文学传统中的呼喊与回应（call and response）形式为切入点，探讨了 20 世纪黑人小说中对声音的诉求。他认为，呼喊与回应形式促成了故事讲述人与群体之间的关系变化。作为一种叙述技巧，呼喊与回应建立起了作者与读者之间的潜在关系，这种关系就类似于演员与观众间的互动。①琼斯在其批评专著《解放的声音：非裔美国文学的口述传统》（*Liberating Voices: Oral Tradition in African American Literature*）中探讨了非裔美国文学的诗歌、短篇小说和长篇小说中的声音问题。她认为非裔美国文学有自己特殊的口述形式，她探讨了诗歌、短篇小说和长篇小说中与口述传统和声音相关的技巧问题，既包括口头言说，也包括音乐形式，如方言、民间传说、黑人圣歌、布鲁斯音乐、爵士乐等形式。②

第三种对非裔美国女性文学的声音研究主要是从叙述学的角度入手。笔者所指的叙事声音主要是特指各种类型的叙述者讲述故事的声音，是一种重要的形式。女性主义批评主要关注故事中人物的声音或行为，这在非裔美国女性文学中已经取得了重要成果；而叙事学则往往聚焦于作为表达方式的叙述故事的声音。“女性主义叙事学家一方面采用叙事学的‘声音’概念，借鉴了叙事学对于不同类型的叙述声音进行的技术区分，另一方面将对叙述声音的技术探讨与女性主义的政治探讨相结合，研究叙述声音的社会性质和政治含义，并考察导致作者选择特定叙述声音的历史原因。”③非裔美国女性文学中对叙事声音的研究相对缺乏，特别是对黑人女性作家群在小说中所采取的叙事声音特点的研究更为罕见。当然，对黑人女

① John F. Callahan. *In the African-American Grain: The Pursuit of Voice in Twentieth-Century Black Fiction*. pp.16-17.

② 参考 Gayl Jones. *Liberating Voices: Oral Tradition in African American Literature*. Cambridge: Harvard University Press, 1991, pp.1-14.

③ 申丹、王丽亚：《西方叙事学：经典与后经典》，第 201 页。

性叙述声音的研究也并非是无源之水，如伊冯娜·约翰逊（Yvonne Johnson）的《非裔美国女性的声音：哈丽雅特·雅各布斯、佐拉·尼尔·赫斯顿和艾丽斯·沃克作品中的叙述声音和作者型声音的运用》（*The Voices of African American Women: The Use of Narrative and Authorial Voice in the Works of Harriet Jacobs, Zora Neale Hurston, and Alice Walker*）中主要选择了三个具有相互继承性、作品间具有互文性的作家来探讨作品中的作者型叙述声音。在她的讨论中，作者型叙述声音主要是指"作者的声音"是一种"自传性的声音"。它并非主要讨论这种叙述声音形式的作用，而是通过作家的生平来讨论作家的观点在小说中的体现，如小说中各种评论性的话语是如何体现了某个作家的观点。[①]另外斯蒂芬妮·西弗斯（Stefanie Sievers）在其专著中也从女性主义叙事的角度切入，讨论了非裔美国作家奴隶制小说书写中的黑人女性声音的权威。她结合具体的历史语境主要讨论了新奴隶叙事作品《禧年》（*Jubilee*）、《戴莎·罗丝》和《宠儿》中的声音问题，探讨不同时期的黑人女性作家是如何赋予她们的女主人公以声音的权威。[②]

第三节　章节架构

本书选取哈莱姆文艺复兴以来的 20 世纪美国黑人女性小说作为研究对象。在此期间，黑人女性小说从崭露头角到逐渐走向繁荣。黑人女性的创作一步步建立了其智力上的可信度、意识形态上的有效性和美学价值，从而逐渐建立了自己声音的权威。本书以经典叙述学、后经典叙述学及巴赫金对话理论为指导，通过研究小说文本中的叙述交流尝试探

① Yvonne Johnson. *The Voices of African American Women: The Use of Narrative and Authorial Voice in the Works of Harriet Jacobs, Zora Neale Hurston, and Alice Walker*. New York: Peter Lang,1998.

② 参考 Stefanie Sievers. *Liberating Narratives: The Authorization of Black Female Voices in Black Women Writers' Novels of Slavery*. New Brunswick: Transaction Publishers, 1999, pp.3-24.

讨小说文本的意义生产理论，并将此理论运用到研究黑人女性的小说文本中，试图阐释黑人女性小说中声音权威的建构。一方面，本书用意义生产理论辅助阐释黑人女性小说文本；另一方面，也让该理论在实践中接受小说文本的检验。本书主要研究思路如下。

本书主要分为五章，分别讨论了小说中的声音、叙述策略和社会历史语境之间的关系变化。本书第一章是理论研究。在该部分，笔者具体阐释了小说文本的意义生产理论，这一理论作为研究方法主要用于指导后面各章的具体文本分析。同时，在第一章中，笔者对本书所采用的关键术语“声音”及“声音的权威”等进行了具体的定义。该部分的理论研究主要以巴赫金（Mikhail Bakhtin）的对话理论和叙事学理论作为指导。长篇小说是用艺术方法组织起来的社会性杂语现象，在这里各种声音间的相互斗争最终服务于生产文本的意义。主流文化的小说家允许从属阶级的声音进入自己的文本，经过各种声音的对话、协商，最终生产出符合自己利益的文本意义，从而巩固了自己的主导地位；而亚文化的小说家则在引入主导阶级的权威声音的同时，通过斗争生产出自己的文本意义，从内部解构主流文化霸权并建构自己的权威。可见小说既是对权威的解构，也同时是对新权威的巩固与重构。叙述者、受述者与叙述的对象之间呈现出一种权力关系。该章具体分析了文本内和文本外主要叙事要素之间的叙事交流关系，主要关注叙述者、受述者、人物、隐含作者、隐含读者之间在相互争夺意义和生产意义时产生的关系，关注叙述交流的各要素在意义生产过程中如何相互斗争与合作从而共同生产出隐含作者所代表的文本意义、价值观，从而取得声音的权威。

第二章主要从宏观上探讨了 20 世纪美国社会历史语境变化与黑人女性小说的叙述策略选择问题。本章主要从政治、经济和文化教育三方面探讨了 20 世纪黑人女性小说所处的社会历史背景变化。政治、经济和文化的变化会影响黑人女性小说家和读者群的变化，同时也会影响小说家的创作及读者对文本的阐释。随着美国政治、经济和文化教育的变化，为了能够更好地将文本信息传递给读者并获得有效回应，黑人女性小说家根据不同的社会历史语境积极主动地采取了有效的叙述交流模式进行小说创作。本书在该部分主要讨论了黑人女性小说中主要采用的三种叙述交流模式：作者型叙述交流模式、个人型叙述交流模式、集体型叙述交流模式。本章不仅讨论了黑人女性小说家采用这三种交流模式的历史背景及原因，同时也讨论了这三种叙述交流模式本身所具有的结构特点。

第三章主要讨论黑人女性小说家如何应用作者型叙述交流模式获得其声音的权威。在该时期，由于社会历史条件的限制，黑人女性作家选择戴着面具进行叙述的方式来获得其声音的权威。为了维护自己话语的权威性，她们在叙述交流中无法显露自己的性别身份，而总是带着性别模糊的“他”面具来讲述故事。本章选择赫斯顿的《他们眼望上苍》为开端以标示黑人女性声音的觉醒。通过叙述交流，赫斯顿让文本内外的听众意识到黑人女性声音的强大力量。第二节主要讨论马歇尔的《褐姑娘、褐砖房》中黑人女性与男性抢夺话语权并取得初步胜利。第三节以莫里森的《所罗门之歌》为主要研究对象，重点讨论黑人女性从自己的视角，用自己的声音定义了男性世界，继承并传递了家族历史，从而建立了其声音的权威。

第四章主要研究黑人女性小说家如何通过个人型叙述交流模式获得其声音的权威。随着外界环境的改变，黑人女性在 20 世纪 70 年代以来逐渐摘掉了叙述面具，开始用自己的声音讲述自己的故事。本章第一节以琼斯的代表作《柯瑞格多拉》为研究对象，讨论了该小说中黑人女性声音的戏剧性展示。在接下来的两个小节中，本书分别讨论了黑人女性的声音在私下空间和公开空间所取得的权威。艾丽斯·沃克的代表作《紫色》采取书信体小说这种私下叙述模式但却利用小说这种公开的艺术形式建构了其私下声音的权威；而威廉姆斯在其代表作《戴莎·罗丝》中，通过各种叙述竞争，建构了黑人女性公开声音的权威。

第五章主要关注声音与集体的问题，讨论黑人女性作家如何通过叙述来展示其对集体的不同认识和阐释。20 世纪 80 年代以来，黑人女性作家开始书写群体的故事，集体不再只是构成主要人物生活的背景，而是被推到了前台，成为故事的主角。不同的作家对群体有不同认识，她们都试图用不同的视角、不同的声音重新书写和阐释集体的故事。内勒主要关注黑人群体中男性与女性的故事。受到妇女主义思想及泛非主义思想的影响，艾丽斯·沃克关注的集体主要是将整个世界看作一个整体；而莫里森更多关注的是美国社会的问题，她认为集体是一个不断建构的过程。本章以内勒的《布鲁斯特街的女人们》与《布鲁斯特街的男人们》、艾丽斯·沃克的《殿堂》和莫里森的《天堂》为研究对象讨论了小说中声音与集体的关系。该章试图通过讨论小说中声音与集体的相互建构关系来考察作者是如何建构了集体声音的权威。

本书以“声音”为关键词，系统讨论了 20 世纪黑人女性小说家所采用的叙述策略背后的社会意识形态意义。本书的讨论跨越了形式、内容与社会历史语境之间的界限，并将三者有效地结合于黑人女性小说文本的研究之中，系统详细地讨论了黑人女性所采用的叙述策略和具体社会历史语境之间的辩证关系。笔者试图从整体研究的角度出发，探讨哈莱姆文艺复兴以来黑人女性作家群体创作思想的发展轨迹及通过黑人女性声音所再现的美国历史，这对于宏观把握非裔美国文学的研究及重新审视美国的历史文化具有重要意义。本书在原有的叙述学理论和巴赫金对话理论的基础上，尝试探讨小说文本意义生产理论，并将该理论运用到实践中以指导文本的阐释，同时也接受文本的检验。

第一章

声音的权威：文本中的意义生产理论

“声音”（voice）是一个经常被使用却又长期难于被定义的术语，学界对其一直没有统一明确的定义。“声音”的意义随着其所在语境的变化而发生变化，从而发展出了丰富的内涵。字典上最常见的有两种定义：①声音是人们说话时发出的声响（sound）；②声音是个人观点或意见的表述。从两种最常见的定义，我们可以看到以下几点。首先，每当提到声音，人们总是将声音与发出声音的主体相联系，从而声音也就渐渐成了声音主体的一个转喻：听到声音，就会联想到说话者。其次，声音总是与话语联系在一起，只要有话语的地方就有声音。声音甚至成了发声主体的一个提喻，声音代表了个人的观点或意见，是个人价值观的体现，因此声音即说话者。随着声音意义的发展，人们认为声音是一种话语行为（口头和书面的）。人们在听到声音的同时，也就听到了声音所传达的话语意义。这种将声音的两个意义有机结合的方式则很好地体现在了叙事文本中。

“声音”这个术语在叙述学中是由热拉尔·热奈特（Gerard Genette）首先提出的，用于区分叙事文中“谁说”的问题。该概念伴随着聚焦概念诞生，界限分明地区分了故事的叙述者和故事的感知者，从而将声音与叙述者联系起来。在经典叙述学那里，“声音”主要是指叙述者讲述故事的声音。只要提到声音，我们自然联想到声音的主体——叙述者。经典叙述学对声音的定义虽然明确区分了“谁说”

的问题，即在叙事文中是谁发出了声音，却忽略了不同声音的不同特点，不同的说话者在不同语境下由于自身情况不同，会发出不同的声音。这一点在巴赫金的话语理论中有很好的体现，巴赫金认为话语体现了处于交流中的说话者的各种意向。话语不仅有体裁和职业区分，更有社会性区别与分化：不同的话语中渗透着不同的世界观、价值观；在每一具体历史时刻，不同社会阶层的每一代人都有自己的独特话语。①可见，话语不仅是一种个人习得也是一种社会文化建构。既然话语有其各自的特色，那么与话语不相分离的声音也自然有自己的特色。不同的个体在特定的语境下出于某种目的会用某种特殊的方式发出区别于别人的具有个人特色的声音，这种声音携带着该个体的独特观点、价值观、意向。我们可以通过声音的不同来确定不同的发声主体。詹姆斯·费伦（James Phelan）也认为“声音既是一种社会现象，也是一种个体现象。它是文体、语气和价值观的融合”②。可见，说话者的措辞、态度和意向等都有其声音的标志。我们可以通过个人不同的声音标志来判断不同的说话者。因此，在这个意义上，声音更多的是话语或是说话者的一个提喻。事实上，“声音”一直与文学批评理论关系紧密。在文学批评中，我们常用声音喻指某种观点或看法得到了表达或书写，无论这种观点是否在文本中由特定的叙述者或是人物说出。例如，某一小说人物在斗争中，从失语到获得并发出自己的声音，而该书的创作者——作家则在赋予失语的群体以声音的同时也发出了自己的声音，在文学史上获得自己的一席之地。这种司空见惯的用法，也可以说明声音与文学批评颇有渊源。总的来说，声音携带意义，同时又与发声主体之间密不可分。因此，本书的研究不仅关注作为转喻的声音，探讨声音与发声主体之间的关系，关注发声的主体，同时，也关注作为提喻的声音，关注声音所表述的意义、价值观、意向等。

---

① 巴赫金：《小说理论》，白春仁、晓河译，石家庄：河北教育出版社，1998 年，第 69-71 页。

② 詹姆斯·费伦：《作为修辞的叙事：技巧、读者、伦理、意识形态》，陈永国译，北京：北京大学出版社，2002 年，第 20 页。

第一节 解构与建构：作为（反）权威声音的小说

“文化是那些有权者和无权者之间永恒的斗争场所。”在这里，各种声音相互交汇，从而在交流中实现意义的生产。可以说，文化领域声音权力的斗争是“争取意义的斗争。在这个斗争中，主宰阶级企图将服务于自身利益的意义‘自然化’，使其变为整个社会的‘常识’；而从属阶级则利用各种办法，在不同程度上抵制这一过程，并且努力使意义服务于他们自身的利益”①。这种争取意义的权力斗争在文学中则表现为主流文化——西方白人男性父权制文化采用自己的文学形式生产出符合自己利益的意义，使其成为被整个社会认可的文化，从而实现其声音的权威；而那些被压抑而寂然无声的亚文化群体也采用其相应的特殊形式，试图在主导话语内部生产出自己的意义，从而与主流文化形成一种权力协商，以争取自己声音的权力。能够很好地体现这种声音的权力斗争的文学形式则是小说。

一、权威的解构：作为反权威声音的小说

从小说作为一种文类来看，与其他文类相比，小说“是局外人，它与其他文类和‘诗学’（传统文学理论）特有的规则相对立”②。与诗歌、戏剧这些文学形式相比，小说作为一种新兴的文类，从诞生之日开始，就缺乏严格的规则，没有诗歌的“韵”的要求，也没有戏剧“三一律”的标准……。由于缺乏严格的规则，小说一直以来也难于被定义。小说的创作由于缺乏严格的规范，因此，该文类跳出了文学精英的标准。虽然最初不被少数的精英文化所容，但是因其迎合了新兴的中产阶

---

① 约翰·费斯克：《英国文化研究与电视》，选自《重组话语频道：电视与当代批评理论》，罗波特·艾伦编，牟岭译，北京：北京大学出版社，2008 年，第 264 页。

② 华莱士·马丁：《当代叙事学》，伍晓明译，北京：北京大学出版社，2005 年，第 34 页。

级的阅读兴趣而得到迅速发展。可见，作为一种文类，小说本身就是对传统的反叛，是作为反对声音而存在的。它与诗歌、戏剧这些严格遵守文类规范的文学形式相异，它完全不遵守所谓的现有规则，它的存在本身就显示了不同规则的冲突、不同价值的对抗。“当批评家将其各种规则加以法规化时，小说家却通过滑稽模仿，或是创作新的形式而与这一‘小说规范’作对。”①

从小说的内容和题材来看，很多批评家认为小说是生活多样性的表现，其由于脱离了老套的形式和虚假的情境从而获得了生命。②小说被认为是对社会现实的刻画，它的兴起使文学的内容和题材发生了巨大的变化。文学作品的选材不再局限于讲述神、英雄、贵族的故事，或是表达上层阶级的观点。它结束了“文学把贵族之外的一切人物都描绘成粗鲁的、滑稽的或不值得认真看待的”③时代。小说采用了一种全新的方式来表现生活，它“力图描绘人类经历的每一个方面，而不限于那些适合某种特殊文学观的生活”④。由于要全面表现生活，小说不得不描写那些“在公认的价值体系中没有一席之地的人与环境，从而使现有的价值体系受到潜在的怀疑”⑤。也就是说，反映主导阶级价值的小说也会引入在该价值体系中没有一席之地的从属阶级的思想与价值取向，从而使另一种价值得以呈现。作为对生活的刻画相对比较全面的小说，它的选材和内容呈现了不同价值体系和不同思想的相互碰撞与斗争，同时也体现了不同声音的冲突。

从表现形式来看，“长篇小说是用艺术方法组织起来的社会性的杂语现象，偶尔还是多语种现象，又是个人独特的多声现象。小说通过社会性杂语现象及以此为基础的个人独特的多声现象，来驾驭自己所有的题材，自己所描绘和表现的整个实物和文意世界”。社会性杂语借小说

---

① 华莱士·马丁：《当代叙事学》，第 34 页。

② 同上条文献，第 4 页。

③ 同上条文献，第 5 页。

④ 伊恩·P. 瓦特：《小说的兴起：笛福、理查逊、菲尔丁研究》，高原、董红钧译，北京：生活·读书·新知三联书店，2003 年，第 3 页。

⑤ 华莱士·马丁：《当代叙事学》，第 35 页。

中的“作者语言，叙述人语言，人物语言等”进入小说，构成一个统一体。[①]“这些社会性的各种语言并不是用规范的形式组织起来的抽象的系统，而是用杂语表现出的关于世界的具体见解。”[②]因此，不同的语言中渗透着不同的意识与观点。不同声音间的对话即不同意识和观念之间形成的一种相互对话和相互斗争的关系。小说由多种社会声音、意识和观念构成，这些不同的社会声音之间相互对话，相互斗争，从而生产出文本的意义。小说的多声现象天然是对唯一权威的解构。从小说本身的形式来看，小说家允许各种声音进入自己的文本，这些不同的声音、不同的意识、不同的观念相互对话而形成一种多声部共存的状态，从而解构了单一声音的霸权。

二、权威的建构：作为权威声音的小说

上文分别从文类、内容与题材和表现形式三方面阐述了作为一种反对声音的小说对单一权威的解构。同时我们也可以看到，小说通过一种权力协商，在解构一种长期占据统治地位的权威的同时也在建构一种新权威。

从文类来看，小说作为一种新文类，不遵守任何既有的规则。但所谓无规则也是一种规则。可以说，小说的规则就是不遵守任何规则。它融合了诗歌、戏剧等文学形式的特点，用自己的无规则建立了属于自己独特文类的规则，并使之流行起来。不得不说小说在不断的发展中建立了其独特文类的新权威。这一文类一旦被新兴的中产阶级掌握，就成了他们反对旧有的单一权威而重建新权威的武器。由于小说的读者大众不断扩大，主导阶级也不得不重视小说的影响，无法固守所谓的传统，因此，在新旧文类的斗争与协商中，主导阶级也不得不借用小说这种形式来试图巩固和重建自己的新权威。因此，小说在解构权威的同时，也是对新权威的建构。

---

① 巴赫金：《小说理论》，第 41 页。

② 同上条文献，第 74 页。

由于小说含纳了各种不同的价值观，小说的诞生使主流意识形态以外的价值体系也获得了发出声音的机会。小说力图表现生活的全貌，其内容和选题本身决定了小说不仅能够阐发言说者的价值观，而且能呈现与言说者价值观相对立的价值观。在小说中，一切类型的人物、主题等都可以被认真对待而不被阶级或文体所隔离。值得注意的是，既然小说试图再现生活的所有方面，那么，可以做出以下推论：一方面，主宰阶级虽然在小说中不得不引入各种不同的价值观，但最终他们会以符合本阶级利益的内容和题材来含纳各种不同的观点，从而使自己的价值观得到最大的体现，因此，小说在解构唯一权威的同时，也是对权威的巩固和再次建构；另一方面，从属阶级的小说也同样如此，他们也同样试图讲述符合自己阶级利益的故事，选择相应的故事内容和题材，在质疑和揭露主宰阶级的统治权威的同时，建构属于自己的权威，发出自己的声音。

从表现方式来看，小说虽然容纳各种话语，但是文本中代表不同阶级和意识形态的个人依然会以特定的话语为自己的阶层发言。文本中掌握话语权的阶级使用适合某一群体的说话方式和态度阐发符合本阶级的价值观，从而诱导目标读者从属于他们的权威。因此可以说，小说中虽然允许杂样语言存在，不同语言也体现了不同的意向，从而构成了多声共存的现象，但是在这一多声共存的小说中，必然有一个主声部，这一主声部则折射出作者的主题意义，隐含作者的价值观，生产出作者的文本意义。

从小说的文类、题材和表现方式等方面来看，小说文本体现出解构与建构权威的双重性。小说是争取意义的权力斗争的场所，在这里，各种声音间的相互斗争最终服务于生产文本的主导意义。主流文化的小说家允许从属阶级的声音进入自己的文本，经过各种声音的对话、协商，最终生产出符合自己利益的文本意义，从而巩固自己的主导地位；而亚文化的小说家则在引入主导阶级的权威声音的同时，通过斗争生产出自己的文本意义，从内部解构主流文化霸权并建构自己的权威。可见小说既是对权威的解构，也同时是对新权威的巩固与重构。从小说对权威的解构与建构的双重性来看，任何阶级只要掌握小说这种文学形式都可以为其所用。对于长期被剥夺声音的亚文化群体来说，小说正能体现他们解构一种旧的权威而建构一种新权威的愿望。美国黑人女性长期处于美国文化的最边缘地带。然而在 20 世纪，随着美国社会历史语境的变化，黑人女性小说家开始利用小说这种文学形式，试图在反抗、解构旧有权威的同时，建构属于自己的新权威。本书以 20 世纪美国黑人女性小说文本为依托，结合经典叙事学与后经典叙事学及巴赫金对话理论，试图探讨小说文本中各种不同声音主体间是如何通过相互对话、斗争、合作，从而生产出文本的主导意义以实现权威的解构与建构。

第二节　声音与交流：小说文本的叙述交流

声音只有在交流中才产生意义。声音的交流使信息、价值观等得以相互传递，从而产生新的意义。从修辞的角度来讲，“叙事是指某人在特定场合出于特定目的向某人讲述某事的发生”[①]。申丹认为每一种叙事都涉及交流。叙事交流是叙事作品得以产生的基本途径。交流行为的根本目的在于向读者传递故事及其意义[②]。从两位专家的观点来看，叙述交流涉及以下几个因素：作为交流主体的信息发送者和接受者（某人）、语境（特定场合）、意义生产（特定目的）和信息本身（某事）。因此，对于小说文本来说，小说作者在特定的社会历史文化语境下试图对读者讲述某个故事，希望在与读者的交流中实现其生产意义的目的，并希望读者能够阐释出自己的意义，使自己的意义合法化、自然化。而在小说文本内，故事的叙述者也出于同样的目的在特定的环境中对受述者讲述某一个故事，从而在交流中实现其意义。本书所说的意义生产并非是指单方面由信息发送者将文本意义传送给接受者，而是指文本的说者与听者作为平等的对话主体共同生产文本的意义。在小说中，一个叙事包含两个叙述化过程：信息发送者的叙述和信息接受者的叙述。在编码与解码的过程中，发送者与接受者相互对话、相互协商，甚

① 詹姆斯·费伦：《作为修辞的叙事：技巧、读者、伦理、意识形态》，第 172 页。

② 申丹、王丽亚：《西方叙事学：经典与后经典》，第 68-86 页。

至是相互斗争，从而让文本的意义得以实现。

一、叙事交流模式的构成

从以上对叙事交流的定义，我们可以看出，与日常语言交际一样，文本的叙事交流也涉及信息的传递与接受过程：作者——文本——读者。

作者、文本和读者都是具体的、历史的，因而我们必须要考虑具体历史语境下作者的创作和读者的阐释。因此文本意义的生成也是具体的、历史的，不能脱离作者与读者所处的具体历史语境。我们在阐释文本时，不仅要重视文本本身，还要重视文本外的作者和读者，文本内与文本外是不能割裂的统一整体。

经典叙事学由于重文本而轻社会历史语境，作者与读者通常被排除在讨论的范围外。就文本而言，在叙述交流中，叙述学家们通常考虑到以下四个要素之间的交流：隐含作者、叙述者、受述者、隐含读者：

隐含作者——叙述者——受述者——隐含读者

由于文本内与文本外在文本意义的生产中都是不可分割的重要因素，文本意义的产生离不开具体历史语境下作者的创作与读者的阐释，因此，我们将以上两个信息传递交流过程合而为一则得出一个较为完整的叙述交流过程：

真实作者┈隐含作者⟶叙述者⟶受述者⟶隐含读者⟶真实读者①

相对于故事外的作者与读者大众来说，叙事文本是真实读者唯一能够真正接触的相对稳定的因素。因此，经典叙述学家对文本的阐释主要集中在文本内，考察的主要对象是隐含作者、叙述者、受述者和隐含读者。然而，文本意义的生成又不能脱离具体的社会历史语境，因此，不能抛弃对真实作者和真实读者的考虑。后经典叙事学将作者与读者纳入考虑范围内，从而也就将文本与社会历史语境相联系起来。事实上，后经典叙事学依然以文本为主要研究对象，只是他们并不否定社会历史语境对作者的创

① 申丹、王丽亚：《西方叙事学：经典与后经典》，第 75 页。

作意图及读者的阐释方式的必然影响，也就是说，他们将文本的意义生产与具体的社会历史语境联系起来，不将它看作孤立的个体。

经典叙事学与后经典叙事学之间也是一种相辅相成的对话关系。经典叙述学为后经典叙述学提供了进行文本分析的相对完整和系统的分析方法，而后经典叙述学则对经典叙述学的缺失进行了相关补充。经典叙事学虽重文本，但是在讨论中，也提出了一些可将文本内外进行有机结合的术语及研究方法。

申丹认为，在新批评弥漫整个批评界的时候，布斯提出了“隐含作者”这一重要概念。“我们通过作品本身，而不是通过各种史料来了解‘隐含作者’。因为‘隐含’一词以文本为依托，故符合内在批评的要求；但是‘作者’一词又指向创作过程，使修辞批评家得以考虑作者的意图和评价，得以探讨作者如何与读者进行交流，如何通过叙述策略引导读者领悟作品总体上的修辞效果。”①这个概念将文本内与文本外有机地结合起来，因为我们若考虑“作者”这个文本外因素，必然会涉及文本产生的社会历史语境。“隐含作者”这一概念既涉及作者的编码又涉及读者的解码，“就编码而言，‘隐含作者’就是处于某种创作状态，以某种立场来写作的作者”，可见隐含作者代表了文本中真实作者的某种立场与观点。然而，这种观点与立场又要依靠读者的解码来完成，因此，就“解码而言，‘隐含作者’则是文本‘隐含’的供读者推导的这一写作者的形象”②。因此，在小说文本中，文本意义的产生涉及编码与解码两个过程，也就是持某种观点和立场的作者与读者间的相互交流。

与“隐含作者”相对应的概念本应该是“隐含读者”，但是在具体实践中，处于叙事交流的实际接受者是读者。因此“我们在阐释作品本身的意义时，可以把自己摆在隐含读者的位置上，批评家可以用‘读者认为’暗指‘隐含读者认为’”③。虽然读者不能完全等同于隐含读

① 申丹、王丽亚：《西方叙事学：经典与后经典》，第 73 页。

② 同上条文献，第 72 页。

③ 同上条文献，第 77 页。

者，但是在实践中，是真实的读者在与文本内的各要素进行交流。当我们讨论文本内的隐含作者与隐含读者时，必然涉及文本外的真实作者与真实读者，这样，文本内与文本外则可以有机结合起来。文本意义的讨论不再孤立于某个社会历史语境，而是具体的、历史的。

除了作者—读者、叙述者—受述者、隐含作者—隐含读者以外，在叙事文本中，我们还能听到人物的声音，但是，由于人物属于文本的故事层，因此其并不是经典叙述学的讨论范围，因此，申丹所描述的叙事交流过程没有人物这个环节。文本的形式与内容、故事与话语之间并非无法跨越。首先，人物具有自己的主观意识，能够与叙述者、受述者等形成交流的主体，他们是杂语借以进入小说、从而形成小说多声共存的一种载体，他们代表不同的声音、不同的观点、不同的意识，对文本意义的生产做出了必不可少的贡献。其次，处于小说故事层的人物在一定的情况下是可以向话语层转化的；或者我们也可以说，处于小说话语层的叙述者和受述者在一定情况下也是可归属于故事层的。例如，当小说用第一人称进行故事叙述时，小说中的叙述者，同时也是小说中的人物。另外，当小说出现叙事分层时，高一层的人物则转换为低一层的叙述者，如在小说《他们眼望上苍》中，珍妮是外故事叙述层的人物，但是却成为内故事叙述层的叙述者。而对于受述者来说，如果小说中的受述者是显身的，如《他们眼望上苍》中的菲比，其既是受述者，同时也是人物。最后，正如费伦所认为的那样，文本中的人物也参与了叙述。人物间的对话本身就承担了叙事文本中的叙述任务。①因此，虽然叙述学界大都将人物归在故事层，但是其并非不能与话语层的叙述者和受述者等进行对话，其在一些情况下也会具有跨越故事层与话语层的双重身份，而这时候这种双重身份，或是游离于两个世界的边界身份，对于文本意义的产生是不可忽略的。因此，在以上分析的基础上，本书同意费伦的观点，试图将人物也纳入以下的叙事交流过程中：

作者----隐含作者——叙述者——人物——受述者——隐含读者——读者

① 此观点由费伦在 2011 年湖南师范大学举办的叙述学年会上提出。

二、叙述交流中的声音对话

从上面的叙述交流过程中，我们可以看到，小说文本的意义生产不仅包括文本内各声音主体间的对话，也包括文本外各声音主体间的对话。

（一）文本与文本外的对话

在《镜与灯：浪漫主义文论及批评传统》中，艾布拉姆斯（M. H. Abrams）提出了艺术批评的四个坐标（见图 1-1）：

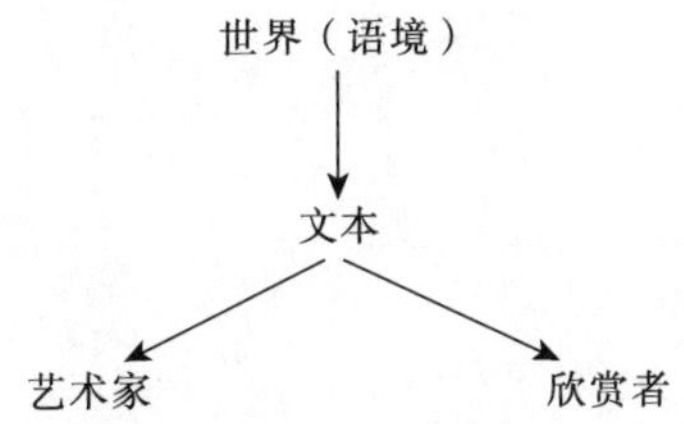

图 1-1　艺术批评的四个坐标[①]

艾布拉姆斯认为几乎所有力求周密的理论总会在大体上涉及对作品（艺术产品本身）、艺术家（作品的生产者）、世界（作品主题的现实来源），以及欣赏者（作品的听众、观众和读者）的探讨。在此基础上，他将对艺术品的阐释方式划为四大类：模仿说将艺术解释为基本上是对世界万物的模仿，其主要关注作品与世界的关系；实用说以欣赏者为中心，将作品当作一种以感染欣赏者为目标的制品，因此主要关注作品与欣赏者之间的关系；表现说则将艺术家本身变成创造艺术品并制定其判断标准的主要因素，因而它主要关注作品与艺术家之间的关系；最后一种就是所谓的“客观说”，它在原则上把艺术品从外界的参照物中

① M. H. 艾布拉姆斯：《镜与灯：浪漫主义文论及批评传统》，郦稚牛、张照进、童庆生译，北京：北京大学出版社，2004 年，第 6 页。

孤立出来，只关注作品本身。①尽管这些阐释方式或多或少都考虑到了这四个要素，然而，同时我们也需要注意，这四种方式都明显地倾向于其中一个要素而忽略其他三个要素：它们要么只关注单个外部要素，如世界、艺术家、欣赏者；要么只关注内部要素，如文本。批评家们似乎在这些要素之间划分出了明显界限。事实上，对于艺术作品的欣赏，以上四个要素缺一不可。艺术品是具体历史语境下的产物，对它的阐释既离不开具体历史环境下作者的编码，也离不开具体历史语境下读者的解码。我们应该跨越各个要素间的界限，不仅要关注作品的内部要素，还要关注作品外部要素之间的对话。

对文学作品的解读也理应如此，文学批评的坐标见图 1-2：

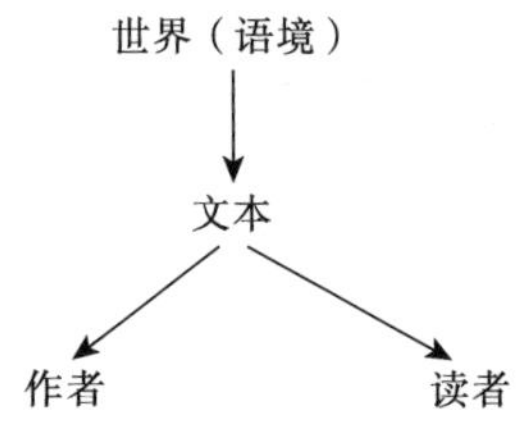

图 1-2　文学批评的坐标

由图 1-2 我们可以看到，产生文本的要素包括语境、作者和读者。19 世纪的传记批评和 20 世纪初的心理批评主要关注作者，小说是作者创作的文本，那么文本的意义应该从作者的意图来考虑。因此，在文学批评早期，作者对文本意义的权威是无可厚非的。随着 20 世纪 20 年代俄国形式主义，以及后来的新批评、结构主义的发展，人们逐渐将眼光转到了文本本身，认为文本才是文本意义的来源。我们只有通过对文本的研究才能真正理解文本的意义。20 世纪七八十年代接受理论和读者反应批评的到来又将读者提到了首要位置。相对温和的批评家认为文本意义的产生依赖于读者与文本的相互配合，读者积极、主动的阐释至关重要，如沃尔夫冈·伊泽尔（Wolfgang Iser）；另外，也有比较激进的批评家认为文本意义的产生完全依靠于读者的主观阐释，

① 参照 M. H. 艾布拉姆斯：《镜与灯：浪漫主义文论及批评传统》，第 2-34 页。

如斯坦利·菲什（Stanley Fish）。无论是持温和还是激进的观点，读者反应批评将读者提到了至高无上的地位，而弱化了文本外其他要素的作用；同时，与读者反应批评同样活跃的还有女性主义批评，以及后来的性属研究、新历史主义、文化研究、后殖民研究等，它们将研究的重点转移到了文本外的世界，强调文本产生的社会历史语境对文本意义产生的重要作用。纵观整个文学批评史，我们可以看到，各个流派都在文学批评的发展中做出了重大贡献，为文学的解读提供了多种视角。然而遗憾的是，这些流派一直处于一种“你方唱罢我登台”的态势：各个流派为了突出各自的特点，均有意回避彼此间的共性，大都是孤立地对文本进行阐释。事实上，正如图1-2所示，意义的产生是文本、作者、读者和世界（语境）合力的结果，四者缺一不可。这些要素之间相互对话、相互斗争，最终生产出文本的意义，因此只有将这四个要素结合起来，才能够对文本进行相对全面的阐释。对于小说的阐释也理应如此：作者、小说文本与读者都处于一定的社会历史语境下，作者将社会历史经验编码进小说文本中，而处于一定社会历史条件下的读者则通过解码读出文本中的时间和意义向度，从而在编码与解码过程中结合社会历史语境完成文本意义的生产。因此，从文本外看，我们要跨越四个要素间的界限，将四个要素结合起来进行有效的考察，倾听来自作者、文本、读者和世界（语境）的共同声音，文本的意义因这四个要素间的通力合作而得以实现。在接下来的部分，本书将进一步讨论文本内各要素之间的对话关系。

（二）文本内各要素之间的对话

从文本内来看，长期以来理论界一直存在着内容—形式、故事—话语的对立。然而内容与形式，故事与话语从来都是相反相成的。毕竟没有人能够将表达的对象（内容、故事）与表达的方式（形式、话语）完全割裂开来。

“叙事作品的意义，很大程度上源于故事与话语这两个层面。故事涉及叙述了什么，包括事件、人物、背景等；而话语则涉及是怎么叙述的，包括各种叙述形式和技巧。”[①]由于经典叙事学重形式而轻内容，因此，研究多聚焦于话语层而忽略了故事层。在叙事文本中，我们能听到三组主体的声音：人物（属于故事层）、叙述者和受述者（属于话语层）。叙述学由于轻故事而重话语，因此其自然聚焦于叙述者与受述者而较为忽略人物。经典叙述学只注重叙述者与受述者之间的交流，而忽略人物在这一交流过程中所发挥的重要作用。另外，在前文中笔者已经提到，本书中所说的“声音”并非仅是指叙述者的声音或是文本内代表人物声音的直接引语，同时也指涉各种思想、意识、观念的交流与斗争。因此，除了人物、叙述者、受述者以外，笔者还要引出两个叙事文本中不可或缺的主体概念：隐含作者与隐含读者。在文本内我们可以得出一个文本意义产生的示意图，见图 1-3：

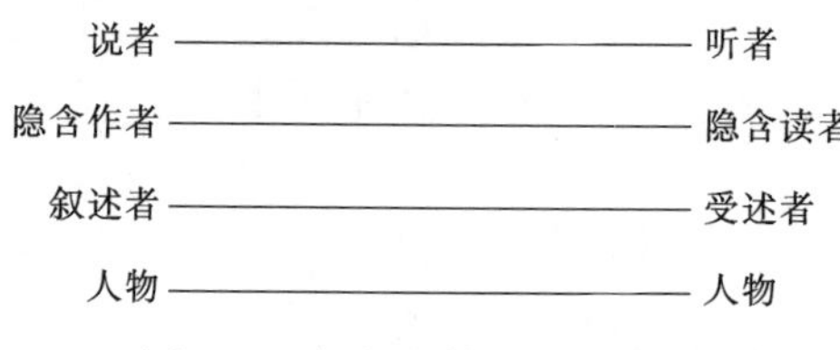

图 1-3　叙事主体之间的交流

我们将隐含作者与叙述者归到说者一栏，而将隐含读者与受述者归到听者一栏，而人物则从属于两边，因为人物总是在说与听之间转换。值得注意的是，这里所提到的说者与听者之间并非是说与听的主动与被动的关系，而是一种主体间相互交流的关系。

文本内与文本外本密不可分，如果我们割裂文本内与文本外，就犯了将产生文本的社会历史语境与文本完全割裂的错误。因此，本书试图跨越文本内与文本外的边界，结合经典叙事学的工具和后经典叙事学的观念，探讨文本内外的各个声音主体通过叙事交流生产文本意义的过程。那么则需要在图 1-3 的基础上再加上作者与读者这两个与文本外社会历史语境紧密相连的要素，从而得出图 1-4：

① 申丹、王丽亚：《西方叙事学：经典与后经典》，第 13 页。

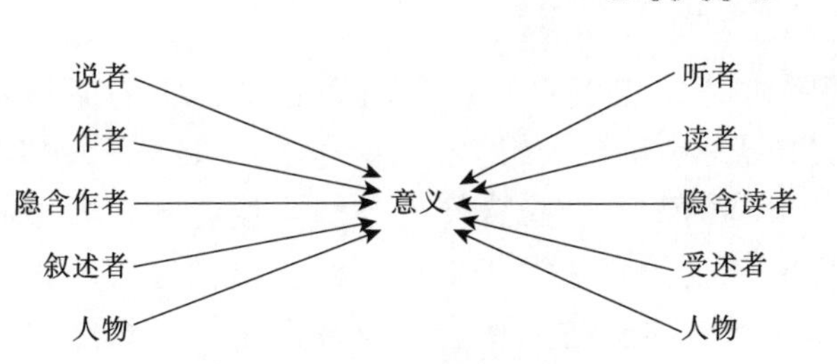

图 1-4　叙事交流与意义生产

本书所讨论的文本意义生产所涉及的主体之间的交流则是图 1-4 所提到的作者与读者、隐含作者与隐含读者、叙述者与受述者，以及人物与人物之间的交流。我们可以看到，所有的声音都指向意义，它们都试图发出自己的声音，生产出自己的意义。通过他们之间的相互交流、相互对话，同时又彼此斗争，从而生产出文本的意义。

第三节　叙述交流中的声音主体：意义生产的各环节

讨论了叙事文本中的各个声音主体之间通过相互交流生产出文本意义的问题之后，我们将通过研究各个声音主体在交流中的相互关系来探讨小说文本中各种声音在意义生产各环节中怎样生产出了小说文本的中心意义和价值取向。

从理论上来讲，在意义生产过程中分别有四组声音主体构成了四组交流环节：作者与读者；隐含作者与隐含读者；叙述者与受述者；人物与人物。这四组要素之间相互交流而生产出各自的意义，这些不同的意义相互交流，并最终合力生产出文本的意义。事实上在实践中，我们能够听到的（或感知到的）只是其中三组主体的声音：斯蒂芬·罗斯（Stephen Ross）将其称为模仿的声音（mimetic voice），因为它们来源于言辞的模仿与再现，包括作者的声音（文本：来自虚构世界之外）、叙述者的声音（讲述虚构世界的故事）、人物的声音（虚构世界的人物对话）。[①]简单地说，也就是在这几组声音中，我们能感知到参与交流的声音主体，作者—读者、叙述者—受述者、人物—人物之间的交流我们都是可以“听到的”；而隐含作者与隐含读者却是两个构想概念，他们之间的交流所产生的意义源于对前三组交流的阐释。因此该部分首先讨论作者与读者、叙述者与受述者，以及人物与人物之间的关系。

一、作者与读者

这里所说的作者与读者都是指有血有肉的现实生活中的人，作者是文本的创作者而读者则是真正阅读文本的人，作者与读者之间是一种相互交流的关系。作者创作了文本，赋予了文本意义，然而这种意义只有通过读者的阅读才能实现。作者与读者间的交流可能是和谐的，也可能是剑拔弩张的，因为一个作者不可能同时满足所有读者的口味和要求，有的读者会对作者的文本采取合作式阅读，也有的读者会采取抵抗式阅读。读者对于作者来说，永远是难于驾驭的因素。在交流中，作者只能尽量满足一部分人的阅读要求，尽量争取更多读者。作者的创作除了受到自己本身条件的影响外，还受具体历史条件下的政治、经济、文化等因素的影响。由于作者与读者之间是一种交流关系，因此，作者在创作中必须要考虑在具体社会文化语境下，他要如何有效地将自己的信息传递到尽可能多的读者那里，并得到读者的有效回应，建构自己的权威。作者对于读者来说也是个永远的谜，读者很难了解真实的作者究竟是什么样子，读者只能通过作者的自传、传记、采访录等非虚构性的二手资料对所谓的真实作者有个大概了解，了解其基本的价值取向及创作诗学。在文学批评中有重视作者创作意图的传统传记批评和心理批评等，也有读者至上的接受理论。可见对作者和读者的研究有助于对文本意义加以阐释。

---

① Stephen M. Ross. “ ‘Voice’ in Narrative Texts: The Example of *As I Lay Dying*.” *PMLA*, 94.2 (Mar., 1979), pp. 300-301.

二、叙述者与受述者

叙述者是叙述故事的人，而受述者是接受叙述的人，他们之间构成了彼此交流的关系。通常，叙事研究都主要关注叙述者而忽略了受述者。事实上，受述者在叙事文本中也起着不可忽略的作用。他并不仅是叙事的被动接受者，而同时是与叙述者进行对话的声音主体。事实上，在一些叙事文本中也强调了受述者的重要性，如在《一千零一夜》中，受述者才是终极意义的阐释者，拥有至高无上的权威，叙述者试图用叙述来推迟自己的死亡时间，但最终她能否成功不仅取决于她的叙述，更依赖于受述者是否接受她的叙述。①

从受述者与叙述者的交流关系来看，分析受述者与叙述者之间的不同关系对文本意义的阐释方式有直接的影响，从而对文本意义的生成产生重要影响。有的叙述者与受述者之间是一种主导与从属的关系。叙述者对受述者表现出自己绝对优越的地位，叙述者为说者，而受述者是被动的听者，叙述者认为自己在知识、智力、道德等方面都高于受述者。因此，在这种关系中，叙述者与受述者之间的交流关系是说与听的关系，而不是平等的对话关系，如小说《汤姆·琼斯》中的叙述者。叙述者与受述者之间的关系也可以是平等的对话关系，在这种关系中，叙述者的叙述依赖于受述者的主动配合，叙述者可能在各方面优于受述者，但是他尊重受述者的主体地位，将其视作平等的对话主体，希望将自己的信息传达给受述者，并得到其相应的有效回应，如在小说《他们眼望上苍》中则是如此。也有这样的一种叙述：受述者的地位远远高于叙述者，他是终极意义的掌控者，叙述者的叙述是否能够继续，是否能够产生叙述的预期效果很大程度上取决于受述者，如前文中提到的《一千零一夜》中的受述者。可见，叙述者与受述者之间的关系是复杂多样的，对他们之间关系的研究对文本意义的阐释有着不可忽视的积极作用。

---

① Gerald Prince. "Introduction to the Study of the Narratee." *Essentials of the Theory of Fiction*. Ed. Michael J. Hoffman, and Patrick D. Murphy. Durham: Duke University Press, 1988, pp.313-335.

三、人物与人物

在文本虚构世界中，人物与人物之间的对话也构成一种交流关系。人物与人物之间的对话对文本主题意义的折射起着非常重要的作用。在文本中，读者除了能够真切地听见叙述者的声音外，还能听见人物的声音。人物间的对话本身也承担叙述的功能，对叙述者的叙述起着辅助作用。另外，因为我们认定人物的对话是来自叙述者对人物话语的直接引用，所以人物与人物之间的交流产生其自身的意义。这种意义有可能与叙述者一致，也有可能与叙述者大相径庭。正如斯蒂芬·罗斯所说："由于我们一致假定就算是最不可靠的叙述者也会如实地引用人物的对话，因此，直接引语在叙述文中所代表的某种真实性是不可置疑的。"[①]人物间的对话不仅可以辅助读者判断叙述者是否可靠，同时读者也可以从两种不同的声音所表达的价值观的差异中窥探出文本的意义。另外，正如费伦所说："说话者的言语不仅可以用来揭示自我和自己的视角，同时也用来揭示其他人物。用每一个其他人物的看法可以帮读者形成对每一个人物的更为全面的理解。"[②]由此推之，读者也可以通过观察文本中的人物对某个人物的看法，再比较叙述者对该人物的看法，从他们的异同中可以窥探文本所要表达的意义与价值观。最后，处于虚构世界的人物可以被看作是对现实世界人物关系的模拟。作者将现实经验加以编码并写入文本，因此人物与人物之间的关系就构成了虚构世界对现实世界人物关系的模拟。虚构世界中的人物处于不同阶级，来自不同的背景，他们之间的相互关系构成了各种权力关系，这些关系也就同时反映出了文本的主题意义。

从上面对三组关系的讨论，我们可以看出作者与读者、叙述者与受述者，以及人物与人物这三对交流关系都对阐释文本的主题意义有着极其重要的作用。他们在意义生产的各环节都发挥着自己不可代替的作

① Stephen M. Ross."'Voice' in Narrative Texts: The Example of *As I Lay Dying*." p.301.

② 詹姆斯·费伦：《作为修辞的叙事：技巧、读者、伦理、意识形态》，第 14 页。

用。将这三个交流环节加以综合考虑，将他们在每个环节得到的意义进行比较与整合，就可以得出文本的主题意义，即作者在文本中所要表达的自己的价值取向，而这种价值取向也正是隐含作者与隐含读者通过交流所产生的意义。然而正如我们前面提到的，隐含作者与隐含读者只是两个构想的概念，并非是存在的实体，因此，要讨论他们之间的交流，我们需要借助其他几个声音实体。

四、隐含作者与隐含读者

在叙述文中，叙述者讲述故事，承担信息传递的任务，是叙述中的编码者，因此叙述者一直是大家阐释文本时所关注的焦点。然而，无论叙述学家采取何种方式试图对作者避而不谈，作者毕竟是文本的创作者，可以说叙述者本身也是由作者创造，因此，作者的声音必然也会通过各种方式散落在文本的各处，因为任何一个作者在创作作品时，都会试图获得一种权威，让他/她的作品能够达到说服、劝解、命令或警示等目的。这种权威可能是一种单纯的知识权威，也可能是一种以实现其意识形态为目的政治权威。然而，读者在对文本进行阐释时很难认识真正的作者，很难获悉作者本人的价值取向和意图。此外，作者的创作要产生意义也必须在读者的阅读中得以实现，没有阅读就不能产生意义。因此，一味地试图还原作者的意图不仅会陷入意图的谬误，还否定了读者在交流中应起到的积极主导作用。当然，我们也不能只关注读者的能动反应，这又会陷入情感的谬误。我们也不能只孤立地关注文本，因为文本与具体的社会历史语境不能割裂。我们既要注重文本，又要注重文本与文本外世界的关系。因此，在叙述交流中必须考虑作者与读者、叙述者与受述者、人物与人物之间的交流关系。隐含作者与隐含读者之间的交流则可以将这三组关系有效地结合起来从而获得文本的主体意义。

热奈特认为隐含作者是“作者在文本中的一个形象”①，查特曼

① Gerard Genette. *Narrative Discourse Revisited*. Ithaca: Cornell University Press, 1988, p.141.

也认为隐含作者是“文本意图的体现”[①]。申丹同意布斯的观点，指出隐含作者是“进入创作过程，处于某种创作状态，以某种立场来写作的作者”，可见隐含作者代表了文本中真实作者的某种立场与观点。然而，这种观点与立场又要依靠读者的解码来完成，因此，就“解码而言，‘隐含作者’则是文本‘隐含’的供读者推导的这一写作者的形象”[②]。因此，对隐含作者声音的讨论本身就是对作者与读者之间交流的探讨，因为该概念以文本为依托，同时又考虑到具体的社会历史语境下作者的编码与读者的解码。所以，在考察隐含作者的声音时，我们既要考察作者与读者之间的交流，又要注意文本内叙述者与受述者、人物与人物之间的交流。可以说，“隐含作者实际上也就是成为文本间接地、通过结合其他所有资源再现或表现出来的意识形态价值系统的同义词”[③]。因此，理论上本书所讨论的文本的意义生产就是讨论隐含作者与隐含读者之间的交流是如何产生意义的。这一意义代表文本的意义，表达了文本的价值取向，同时也可以说表达了作者的某种观点和价值取向。但是在实践中，我们无法直接讨论隐含作者和隐含读者之间的交流，而只能借助于作者、读者、叙述者、受述者和人物这些声音的实体来考察隐含作者的声音。

在讨论隐含作者与隐含读者之间的交流何以可能之前，我们首先要明确几组概念之间的关系：作者、隐含作者、叙述者三者之间的关系，以及受述者、隐含读者和读者之间的关系。

由于真实作者和读者之间的交流本身是一个难于了解的因素，而隐含作者与隐含读者是一对构想出的概念，无实体可依托。文本是读者唯一能够接触的相对稳定的研究对象，因此，在实践中，隐含作者主要由具体历史语境下的读者通过对具体社会历史语境下的作者、文本中的叙述者、受述者和人物的分析来推导出。叙述者是小说文本中故事的讲述

---

① Seymour Chatman. *Coming to Terms: The Rhetoric of Narrative in Fiction and Film*. Ithaca: Cornell University Press, 1990, p.104.

② 申丹、王丽亚：《西方叙事学：经典与后经典》，第 72 页。

③ 雅各布·卢特：《小说与电影中的叙事》，徐强译，北京：北京大学出版社，2011 年，第 19 页。

者，因此其一直是研究的焦点，我们主要通过探讨叙述者在与受述者交流中所体现出的价值取向，以及文本外的具体社会历史语境下真实作者的价值观来推测隐含作者的价值观。当叙述者的声音所代表的价值观与我们所了解的文本外的具体社会历史语境下真实作者的价值观接近时，叙述者的价值取向就是隐含作者的价值取向。同时，对人物之间交流的研究对这一价值观的揭示有一定的辅助作用。而当我们在两种声音所表达的价值观之间窥见裂隙时，我们就要综合考察叙述者与受述者、人物与人物之间的交流关系，并尽可能地去了解真实作者与读者的相关情况，从而综合评估文本的价值取向。

可以说，隐含作者的声音（或是文本的价值取向）取决于读者所阐释出的作者与叙述者的价值观之间的距离。这句话的重要之处是指出所谓的作者的价值观或是叙述者的价值观都离不开读者的阐释。因此该理论并非是陷入作者决定论或叙述者决定论的意图谬误，而是强调声音主体之间的相互交流。这里需要进一步理清一组关系：受述者、隐含读者和读者。这三个概念存在于不同的层次。受述者与叙述者在同一层，隐含作者与隐含读者在另一层，而读者与作者在同一层。受述者与读者和隐含读者并不是一个层面上的概念，不应该放在一起讨论，但是在实践中，所有的阐释均由真实的读者来完成。因此，在阅读中，读者既要将自己放在受述者的位置上，进入叙述者存在的虚构世界，去了解他的故事；同时又要将自己置于隐含读者的位置，“成为作者为之写作的读者，具备作者所假想的知识与信仰，完美地理解文本”①。同时，作者还要做生活在具体历史语境下的有血有肉的自己，用自己的视角去读文本，去考察文本外具体的、历史的、文化的语境。读者就是在这几个位置上不断地转换，在实践中分别扮演了受述者、隐含读者和有血有肉的读者三种角色，分别与叙述者、隐含作者和作者都产生了不同的交流。而由于读者所处的位置不一样，通过这些交流所获得和阐释的信息就不一样。这也就是为什么我们在对文本加以阐释时要综合考虑各个层面上

① 詹姆斯·费伦：《作为修辞的叙事：技巧、读者、伦理、意识形态》，第 169 页。引文是费伦对“作者的读者”的定义，费伦认为作者的读者等于隐含读者。

的交流，最后才能得出文本的主题意义和价值取向。在实践中我们可以用图 1-5 来表示叙述文本中的声音交流：

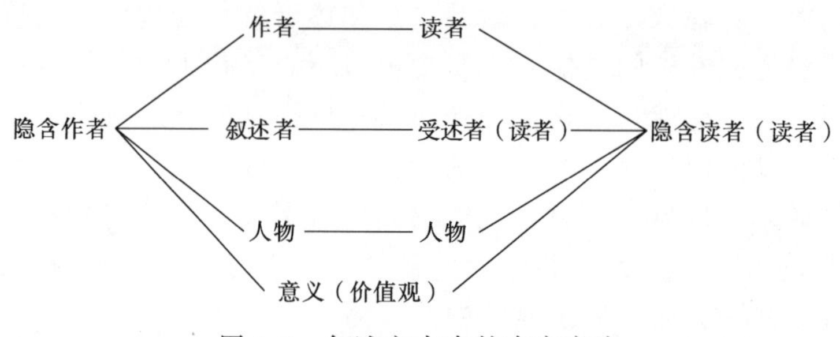

图 1-5　叙述文本中的声音交流

从图 1-5 我们可以看到，作者与读者、叙述者与受述者，以及人物与人物之间的交流搭建起了隐含作者与隐含读者之间的交流。在实践中，读者积极地变化位置，分别与作者、叙述者进行相互交流，最终与其他主体共同生产出文本的意义，同时也明确了隐含作者的价值取向。

本书不仅是要关注作为说者的作者和叙述者对发出信息和发出自己声音权利的捍卫，更重要的是要研究说者是如何将信息传递给听者（读者与受述者）并获得其有效的回应，以实现彼此间的交流，从而生产出文本的意义。而笔者所定义的声音的权威是指在叙述交流中生产出的意义符合哪一方的利益，那么哪一方就获得了声音的权威。

第四节　小　　结

本章主要讨论了小说文本中的意义生产理论。小说文本中的意义生产离不开作者、读者与社会历史语境的相互作用。在一定的社会历史语境下，作者对文本的编码和读者对文本的解码都会产生一系列的变化。文本、作者、读者都受到具体社会历史语境的影响。同时，文本内部的叙述者、受述者、人物、隐含作者和隐含读者各要素之间通过相互交流，在合作、对话、斗争中合力生产出文本的意义，即文本的隐含作者所代表的价值取向。要了解小说的意义生产和隐含作者的价值取向，必须要关注文本内外的各要素：作者、读者、叙述者、受述者、人物、隐含作者和隐含读者之间的相互关系。小说的意义生产一方面巩固或重构原有的权威，另一方面解构旧有权威并重建新的权威。因此，任何群体或阶级均可以利用小说这种形式，生产出符合自己利益的意义并将其自然化，从而实现其声音的权威和意识形态目的。

本书试图研究在具体的社会历史语境下美国黑人女性小说家采取怎样的叙述策略让文本生产出符合自己利益的意义，使自己的利益及意义自然化、合法化，从而建立自己声音的权威。在研究中，我们不仅要关注黑人女性作家对声音权力的捍卫，更重要的是要考察她们采取什么样的策略在叙述交流中将自己要发送的信息发送到目标听众那里，并且得到积极有效的回应以生产出文本的意义。由于文本意义的产生离不开作者、读者和社会历史语境之间的通力合作，因此，在具体研究黑人女性小说文本时，笔者认为首先应讨论当社会历史语境、作者与读者发生变化时，它们之间会产生什么样的相互作用，或形成什么样的新关系，即文本与文本外的各要素之间的交流关系。具体到本书的研究中是指 20 世纪美国黑人女性小说家、黑人女性小说所面对的读者群和小说产生的社会历史背景之间的关系。作者、读者与社会历史语境之间的关系加以讨论后，本书的第二章至第四章分别探讨 20 世纪黑人女性小说文本中的意义生产和声音权威的建构。美国黑人女性通过小说这种艺术形式，采取不同的叙述交流模式，通过叙述这种方式在主流文化的边缘建立了一个新的世界，并生产出符合自己利益的意义从而实现了其声音的权威。

本章主要说明、定位和论证了小说文本中的“意义生产理论”的基本原则、适用范围和使用方法。在后续几章中，“意义生产理论”将接受美国黑人女性作家的小说文本对其进行的检验、修正或补充。笔者并不是试图用“意义生产理论”来解决文本阐释中的一切问题，也不是要提供一个唯一鉴定“声音权威”的方法，毕竟没有任何一种理论可以包罗万象，毕其功于一役。本书只是尝试运用一种新的方法，从一个新的视角来重新审视 20 世纪黑人女性的小说文本，探讨黑人女性小说家在 20 世纪对声音权威的建构。

第二章

文本的生产、发送与接受：20 世纪黑人女性小说的叙述策略选择

文本的意义生产涉及文本内外的各要素。文本外的作者、读者与社会历史语境的变化会影响作者的叙述策略选择，而作者叙述策略的选择变化又会导致文本内各要素之间的关系变化。本章首先讨论 20 世纪黑人女性小说文本内外各要素的变化和相互作用，探讨在具体社会历史语境下，黑人女性小说家叙述策略的选择变化。

作者和读者的意识和文本的意义都会受到构成社会规约的各种权力关系的影响，构成这种权力关系的因素则包括在具体历史语境下相互作用的政治、经济和文化等不同因素。不同的社会历史条件不仅会影响作者的创作也会影响读者的接受。在不同的社会历史语境下，黑人女性小说家因自身所处的环境不同，对自我身份的定义会发生变化，从而其创作也会有所不同；同时，在不同的社会历史条件下，黑人女性小说家面对不同的读者群，她们的创作也自然会发生变化以满足读者的阅读期待。基于具体的社会历史语境，黑人女性小说家会采取不同的叙述策略来将自己的信息有效地传递给读者从而实现自己声音的权威。也就是说，由于政治、经济和文化等社会历史因素的变化，说者与听者之间也会产生相应变化，从而影响小说中声音之间的交流。

每位作家都希望自己的作品能对读者产生一定的权威，话语权威在相互作用中得以形成，它的实现依靠说者与观众的相互交流，是对话双

方进行叙述与阐释的产物。作者要通过文本意义的生产来实现自己的话语权威，那么与文本相关的各因素（作家、叙述者、人物等）必须要获得一定的知识名誉和意识形态地位，同时作品的美学价值也不可忽视。①也就是说，在小说的意义生产过程中，说者必须要具有智力上的可信度，生产出的文本意义要实现其意识形态的有效性，而作为文学作品，其审美价值也不可被忽略。实现这三点离不开话语接受群体的参与，判定说者是否值得信任，文本的意义是否产生影响及文学作品是否具有美学价值都离不开话语接受群体的阐释。因此，作者对叙述策略的选择，叙述者表述自己的方式，作者与读者之间、叙述者与受述者之间建立的联系，以及双方的意识形态和情感方面的立场都产生相互作用，共同影响着文本意义的生产和话语权威的实现。本章主要讨论在具体社会历史语境下作者和读者之间的关系变化和黑人女性的叙述策略选择。

第一节 作者、读者与社会历史语境

在西方文学传统中，话语权威大都自然地属于主导意识形态中受过教育的白人男性，只是话语权威和这一主导社会权力的紧密程度有所不同而已。因此，说者的地位在何种程度上贴近这一主导社会权力，文本的意义在何种程度上得到这一主导社会权力的肯定，以及文本的写作策略和技巧在何等程度上符合这一主导社会权力的审美标准都影响了作家话语权威的实现与否。虽然从宏观上来讲，这一主导社会权力基本掌握在少数人手中，然而在不同的历史条件下，不仅这种权力的张弛程度会发生变化，同时从属阶级也会采取自己的方式反抗这一统治，从而为自己挣得一席之地。不过，为了实现自己的话语权威，“这些非主流的作家、叙述者不得不与这一主导社会权力保持微妙的平衡，对主导的写作策略及技巧、方式等或吸纳挪用，或拒斥颠覆以建构自己的话语权威”②。

① 参考苏珊·兰瑟：《虚构的权威：女性作家与叙述声音》，第5-6页。

② 苏珊·兰瑟：《虚构的权威：女性作家与叙述声音》，第6页。

从政治角度来看，在 1865 年之前，非裔美国人无论是南方的奴隶还是北方的自由人都被禁止参与政治。美国南北战争结束了奴隶制，同时也增加了黑人参与政治的机会。美国宪法第十三号修正案废除了奴隶制，第十四号修正案确认了黑人民权不得被否定，第十五号修正案保证了黑人男性的选举权。[①]美国重建时期，南方的黑人在政治上取得了一定的进步，特别是获得了选举权。1869—1901 年，共有 20 名黑人进入了美国国会（U.S. House），两名美国黑人进入了参议院。[②]然而在 19 世纪 70 年代末和 80 年代，南方反对势力将重建扼杀在摇篮中。到了 20 世纪初，强制性的种族隔离已经遍及南部各州。在北方，20 世纪 20 年代大量黑人北迁，使得少许黑人走到了美国政治的前台。然而总的来说，在 20 世纪 30 年代之前，美国虽然废除了奴隶制，黑人男性也获得了选举权，但是由于严重的种族隔离及反对势力的反扑，黑人选民登记受到各种阻力而发展非常缓慢，黑人并未获得真正的权力。有学者甚至认为："19 世纪最后十年和 20 世纪的头一个十年，南方的白人完全将黑人排除在了美国的政治进程之外，同时也严重地限制了他们参与美国的经济发展。"[③]1901—1929 年，美国国会没有黑人成员；1929 年—1945 年也只出现了一个。[④]1933—1940 年的美国新政时期是继重建时期以来联邦政府第一次真正关注美国黑人的需要，在此期间，罗斯福总统任命了 100 多名黑人担任了政府要职。20 世纪 40—70 年代，黑人在南方的选民登记数量开始逐渐增长，从 25 万增长到了 70 年代的 400 万，而这一增长主要是发生在 1965 年的联邦《选举权法案》（Voting Rights Act of 1965）通过之后。1965 年美国南方选举产生了大概 70 位黑人官员。[⑤]1964 年、1965 年和 1968 年的《民权法案》及后来一系列修正案的通过虽然没有消除种族歧视，但是它们明文规定了种族歧视的不合法，

---

① Joe R. Feagin, and Clairece Booher R. Feagin. *Racial and Ethnic Relations*. 9th edition. Boston: Prentice Hall, 2011, p.188.

② 同上条文献，第 189 页。

③ John E. Fleming, Gerald R. Gill, and David H. Swinton. *The Case for Affirmative Action for Blacks in Higher Education*. Washington, D.C.: Howard University Press, 1978, p.18.

④ Joe R. Feagin, and Clairece Booher R. Feagin. *Racial and Ethnic Relations*. p. 191.

⑤ 同上条文献，第 190 页。

这些都对缓解种族歧视发挥了一定的作用。总的来说，自 20 世纪 60 年代末，特别是 20 世纪 70 年代以来，由于美国种族政策相对宽松，相较于 20 世纪 30 年代以前，美国黑人在政治上取得了巨大的进步，也通过美国国家政策获得了一些政治权力。

20 世纪 60 年代以来，美国黑人获得了比过去大得多的政治权利，这不仅是因为美国采取了相对宽松的种族政策，同时也是因为黑人民众的不懈斗争。几个世纪以来，美国黑人民众一直在为反抗压迫与歧视和争取自由与平等而抗争。他们的斗争形式包括法律策略、选举、非暴力抵抗及暴力反抗等。在斗争过程中涌现出了一批优秀的黑人领袖，如布克·华盛顿（Booker T. Washington）、杜波依斯（W. E. B. DuBois）、马丁·路德·金，以及出色的黑人组织，如全国有色人种协进会（National Association for the Advancement of Colored People, NAACP）。在这些领袖和组织的带领下，黑人民众开展了轰轰烈烈的民权运动。20 世纪初，杜波依斯与其他领导人为给黑人争取合法权益而组织了黑人民权运动——“尼加拉运动”。20 年代的哈莱姆文艺复兴中涌现出了大量赞颂黑人思想、传统和历史的文学、艺术作品，文化民族主义一时盛行起来。NAACP 经过长期的努力，在 30 年代联合民权律师打赢了一系列案件，从而不仅帮助黑人在住房、教育等方面获得了更多的合法权益，同时还捍卫了黑人的选举权等。20 世纪五六十年代黑人民众的反抗进一步加强。1963 年，在马丁·路德·金和其他黑人领袖的带领下，黑人民众发起了各种游行、联合抵抗、静坐等反抗运动。同时在 60 年代—70 年代，很多城市都经历了黑人反抗压迫的起义。20 世纪 60 年代的民权运动在为黑人争取平等权利、在促使政府通过相关法案以维护黑人权力方面起到了极大作用。

通过讨论美国的民族政策和黑人民众的不懈斗争，我们可以看到以下几点：从政治上来讲，20 世纪，特别是 30 年代以来，一方面，美国政府采取了相对宽松的种族政策，黑人群体获得了一定的权利；另一方面，黑人民众通过各种斗争形式为自己的自由和权利不断抗争。由于历史原因，在 60 年代后半期—70 年代，通过各种政治斗争及民权运动等形式，黑人群体在政治上取得了一定的成果。值得注意的是，在这个争取自由和正义的斗争过程中，黑人女性和黑人男性一道发挥了非常重要的作用。尽管黑人民权运动的领袖都由黑人男性担任，但是黑人女性在五六十年代的民权运动中发挥了不可替代的作用。因此在这个过程中，随着历史环境的改变，黑人女性小说家的写作主题也随之发生了变化，她们的社会责任也在发生变化，从而她们所选择的叙述策略也发生了变化。另外，从读者来看，随着外部世界的变化，无论是黑人与白人读者，还是男性与女性读者对文本的阐释也都随之发生了细微的变化。

从经济的角度来看，美国南北战争结束了奴隶制，但是奴隶们并未因此过上幸福的生活。共和党计划赐予黑人奴隶的“40 英亩土地与一头骡子”并没有实现。美国南部的黑人既没有经济来源又得不到法律保障，同时还要面临各种歧视，他们根本无法获得土地而成为独立的自由人；而迁移到城市中的黑人也因为缺乏技术，没有接受教育，以及受到严重的种族歧视而只能出卖劳力，从事收入低、工作环境恶劣的服务工作，失业是最正常不过的现象。总的来说，19 世纪末 20 世纪初，黑人虽然获得了自由，但是却被排除在了美国经济发展之外。在此期间，政府采取了很多经济上的优惠政策，但是由于严重的种族隔离，受惠的只有白人，而黑人却被排除在外。第二次世界大战期间是黑人经济状况改变的一个关键时期，由于工业上对劳动力的需求，再加上黑人民权领袖的施压，美国在新政时期采取了一些相对宽松的经济政策，为黑人提供了好于以前的就业机会。1941 年罗斯福总统签发了总统令 8802（Executive Order 8802），要求工业企业在招员工时不分种族、信仰、肤色或是血统，成立公平就业运动委员会（Committee on Fair Employment Practices），对各种不平等现象进行调查。接下来的两位总统，杜鲁门、艾森豪威尔，也分别在 40 年代末和 50 年代签发了总统令，提倡提供平等机会，消除种族歧视。虽然这些举措在一定程度上改善了黑人的经济状况，但是由于没被强制执行，因此也只是走走形式，黑人并没有在经济上获得太大的改善。直到 60 年代肯尼迪上任，政府才开始强制执行相关措施。肯尼迪于 1961 年 3 月 6 日签发了总统令 10925，创建了平等就业机会总统委员会（President's Committee on Equal Employment Opportunity），呼吁政府承建商消除就业中存在的种族歧视，并出台了相关政策制裁和惩罚不遵守相关规定的承建商。马丁·路德·金的伯明翰运动及肯尼迪被刺杀，进一步刺激了美国的立法部门采取进一步行动。1964 年，美国国会通过了民权法案，提出了禁止种族歧视的相关规定，并制定了强制执行的措施。1965 年 9 月 24 日，约翰逊（Lyndon B. Johnson）总统签发了总统令 11246，强制实施平权法案（Affirmative Action），要求承建商采取相关扶助政策确保就业者无论何种种族、肤色、宗教和血统都能获得公平的就业机会。劳工部部长（Secretary of Labor）同意调查并取消违反规定的承建商的合同。1967 年 10 月 23 日，约翰逊总统又签发了总统令 11375，在以前平权法案的基础上补充了禁止性别歧视这一条。值得注意的是，该法令并没有出台相关政策强制执行禁止性别歧视这一点。1972 年 3 月 24 日，美国国会进一步通过了平等就业机会法案（Equal Employment Opportunity Act of 1972），进一步从法律上保障了平权法案的实施，这一法案将涵盖范围扩大到各联邦州、地方政府及教育系统。①

20 世纪美国的经济政策和黑人的经济状况显示，南北战争后的黑人虽然成了自由人，但是在经济上并未得到扶助和保障。19 世纪末 20 世纪初，黑人被排除在了美国经济发展之外。20 世纪三四十年代，由于新政的实施，黑人在经济上获得了些许改变，然而由于政府并未强制执行相关政策，黑人在就业中依然面临各种严重的歧视。直到 20 世纪 60 年代，这一现象才得到相对明显的改善。政府对平权法案的强制实施，黑人民权运动的高涨都为黑人在经济上的改善提供了契机。1955—1972 年，由于民权运动的开展和经济的扩张，黑人劳工在专业层、管理层、营销、办公室职员、手工艺和技工等工作岗位上的比例都有了大幅增长。虽然黑人的经济状况与白人还有明显的差距，但是到 1970 年，黑人的平均家庭收入达到了白人的 61%，而据统计黑人的平均家庭收入在 2008 年才仅是白人平均家庭收入的 62%。②可见，以

① 以上相关法案内容参考 John E. Fleming, Gerald R. Gill, and David H. Swinton. *The Case for Affirmative Action for Blacks in Higher Education*. pp.55-70.

② Joe R. Feagin, and Clairece Booher R. Feagin. *Racial and Ethnic Relations*. p.186.

当时的情况来看，黑人在20世纪六七十年代以来在经济上取得了较大的改善，这与当时他们在政治上取得的成果是分不开的。黑人的经济发展直接影响到他们对文化的追求。在20世纪之初，在落后的经济条件下，鲜有作家可以通过创作而生存，创作对于黑人女性作家来说更是天方夜谭。30年代—50年代，随着经济的发展和政治的进步，黑人男性作家逐渐活跃在文化舞台上。在这个过程中，一些黑人女性作家崭露头角。直到70年代，随着政治与经济的发展，再加上女权运动的高涨，黑人女性才走到了文化的前台。从读者群构成的角度来讲，对于黑人作家来说，在19世纪末20世纪初，由于政治经济问题，他们无法拥有大量固定的黑人读者群，他们的读者主要是上层阶级的白人读者。在60年代经济政治改革之后，黑人在经济和政治上都得到了一定改善，此时的黑人作家才能寄希望于为黑人读者写作。因此，政治经济的变化不仅会影响作者，同时也会影响读者群的构成，从而又从另一个侧面影响作者的创作。

黑人在政治和经济上的发展，同时又影响了黑人在文化方面的发展，特别是黑人在教育方面的进步。同样，黑人受教育的程度和广度也影响着黑人作家的创作及黑人读者群的构成。黑人教育的发展与政治经济的发展是分不开的。政治上争取到权力，黑人才有机会享受平等的教育；而经济上得到改善，才能让黑人有进入学校学习的条件。美国南北战争以后的重建时期，南方的黑人首次获得了教育机会。然而由于种族隔离政策，在所谓的“隔离但平等”的虚伪政策下，黑人并没有获得平等的教育机会。黑人学校的硬件设施、师资配置及教育资金投入等各项指标都与白人学校相差甚远。虽然20世纪30年代NAACP等组织领导黑人进行斗争，争取到了一些合法权益；但到1940年，美国24岁以上的一大半黑人的教育程度不到6年级，只有不到6%的黑人高中毕业；直到50年代的布朗案才真正开始了废止学校的种族隔离。20世纪60年代—70年代初，经过各方努力，美国南方的学校基本废止了种族隔离，在北方也有些学校被法庭明令禁止种族隔离。在60年代以前，黑人几乎只能上黑人大学。随着60年代废止种族隔离运动的开展，北方的很多白人大学也逐渐向黑人开放。到70年代，3/4的黑人大学生都在传统的白人大学上学。[①]1964年的民权法案和1965年的高等教育法案（Higher Education Act of 1965）对于六七十年代以来黑人教育的发展有着很大的积极作用：从1966年到1976年，黑人的大学入学注册人数增长了277个百分点。同时，60年代—70年代，黑人高中毕业人数也出现了大幅度增长。[②]70年代末80年代初，美国25岁以上的黑人有一半以上具有高中毕业文凭。[③]值得关注的是，随着民权运动及女权运动的高涨，黑人女性也获得了受教育的机会。根据数据统计，从1976年—1994年，黑人女性在大学的注册人数超过黑人男性，到1994年，黑人女性接受高等教育的人数远远超过了黑人男性（黑人女性：898 605，黑人男性：549 603）[④]。

从以上对黑人教育的分析来看，19世纪末20世纪初，黑人虽然获得了受教育的机会，但是由于种族隔离和严重的种族歧视，黑人并不能获得良好的教育，以至于到20世纪40年代，不到6%的黑人成人高中毕业。由此可见，在这段时间内，无论是要成为黑人作家还是成为黑人读者都并非易事。随着美国种族政策的相对宽松，特别是五六十年代以来的民权运动的发展，黑人教育在60年代—70年代发生了巨大的变化。哈莱姆文艺复兴时期以来，涌现出了一大批从事非裔美国文学创作的黑人作家，其中也有少数黑人女性作家散落其中。同时，在这个时期，我们也看到，随着黑人教育的发展，黑人作家也逐渐拥有了自己的黑人读者群。70年代以后，随着美国教育、女权运动及民权运动的发展，美国的女性享受了与男性一样的受教育权利。根据专家统计，特别是1976年以来，美国黑人女性接受高等教育的人数超过了男性。70年代以来，美国文学史上出现了大量的黑人女性作家，她们的数量赶超男性。同时，对于黑人女性作家来说，她们的读者群在以

① Joe R. Feagin, and Clairece Booher R. Feagin. *Racial and Ethnic Relations* p. 199.

② Michael M. Myers. *Total, Black, and Hispanic Enrollment in Higher Education, 1980: Trends in the Nation and the South*. Atlanta: Southern Regional Education Board, 1982, p. 13.

③ Joe R. Feagin, and Clairece Booher R. Feagin. *Racial and Ethnic Relations*. p.196.

④ Michael T. Nettles, and Laura W. Perna. *The African American Education Data Book Volume I: Higher and Adult Education*. Fairfax: Frederick D. Patterson Research Institute, 1997, p. 54. 值得注意的是，在该时期，美国国内女性接受高等教育的总人数超过男性。

前的基础上又增加了大量与她们的身份和背景等相接近的女性，甚至是黑人女性。历史背景的变化和读者群的变化，都对黑人女性的创作产生了巨大的影响。

第二节　20世纪黑人女性小说的叙述策略选择

从对政治、经济和教育的分析可以看出，20世纪30年代以来，黑人在各方面都慢慢得到改善。60年代至70年代是黑人历史的一个重要分界点。一方面，由于美国政府相关政策的变化，另一方面，由于黑人民众的不懈斗争，黑人的政治、经济和教育状况得到了很大改善。随着外部环境的变化，非裔美国文学也发生了巨大的改变：20年代的哈莱姆文艺复兴，四五十年代的抗议文学，以及70年代的非裔美国文学的再一次繁荣都与外部环境的变化密不可分。无论是在哈莱姆文艺复兴还是在民权运动中，虽然黑人女性都发挥了重要的作用，但是70年代以前的各种运动都是以男性马首是瞻，黑人女性均是被边缘化的群体。正如谢里尔·沃尔（Cheryl A. Wall）所说，“在哈莱姆时期，人们所说的新黑人（New Negro）似乎只是指黑人男性”[①]。乔·费金（Joe R. Feagin）和克莱尔瑞斯·费金（Clairece Booher Feagin）也认为虽然女性在民权运动中发挥了相同的作用，但是通常来说，领导的位置全部预留给了黑人男性。[②]直到70年代，黑人女性作家群走到了美国文学的中心，成了美国文学殿堂中的一支主力军。同时，在60年代之前，无论是黑人男性作家还是女性作家（黑人女性作家的境遇更加困难）所面对的读者群和60年代末—70年代所面对的读者群有很大不同。在60年代之前，由于政治、经济和教育条件的限制，黑人作家面对的读者群是以少数白

① Cheryl A. Wall. *Women of the Harlem Renaissance*. Bloomington: Indiana University Press, 1995, p.4.

② Joe R. Feagin, and Clairece Booher R. Feagin. *Racial and Ethnic Relations*. p.195.

人男性为主的进步阶级、少许白人女性有闲阶级，以及少数能识字和经济条件相对宽裕的黑人。对于黑人女性作家来说，这些读者群的构成很难称作是理想读者。60 年代末以来，随着政治经济的发展和教育的进步，从种族上来讲，越来越多的白人开放了思想，更愿意接受黑人作家的作品；从性别上来讲，越来越多的女性读者可以接触并欣赏到黑人作家的作品。特别是 1976 年以来，美国的女性受教育的程度明显提高，甚至是黑人女性接受高等教育的人数也远超黑人男性。这样一来，黑人女性的读者群发生了天翻地覆的变化，她们不仅拥有进步的白人男性和白人女性作为读者，同时也拥有自己的黑人男性同胞，以及与自己的身份背景更为接近的黑人女性作为读者。面对这样的变化，不同时期的黑人女性则采取了不同的叙述策略，将自己的信息有效地传递给读者，以实现自己声音的权威。在接下来的部分，笔者主要介绍黑人女性小说家在不同历史语境下，面对不同的读者群而选择的不同叙述交流模式。①

“叙述者，是故事‘叙述声音’的源头。至今一个多世纪的叙事学发展，核心问题是小说叙述者的各种形态，以及叙述者与叙述的其他成分（作者、人物、故事、受述者、读者）之间的复杂关系”②，而受述者的二次叙述则是故事意义得以实现的必要条件。因此，根据 20 世纪黑人女性小说文本中叙述者与受述者的关系变化，结合社会历史语境及黑人女性小说文本的叙述特点，笔者将黑人女性小说中的叙述交流模式划分为三类：作者型叙述交流模式、个人型叙述交流模式、集体型叙述交流模式。

① 兰瑟将叙事声音主要分为三种类型：作者型叙述（通常指全知全能叙述或第三人称有限视角叙述）；个人型叙述（通常指第一人称同故事叙述）；集体型叙述（以女性社群或社区的存在为前提。在叙述过程中，某个具有一定规模的群体被赋予叙事权威）。她主要是根据叙述者声音的变化（叙述者的变化）来划分这三种不同的叙述声音。由于叙述者在交流中所扮演的重要角色，笔者沿用兰瑟的划分标准，并同时考虑到读者在叙述交流中所起的重要作用。参考苏珊·兰瑟：《虚构的权威：女性作家与叙述声音》，第 17-24 页。

② 赵毅衡：《广义叙述学》，成都：四川大学出版社，2013 年，第 102 页。

一、作者型叙述交流模式

要讨论黑人女性小说中的叙述交流模式，首先就应该介绍黑人女性小说家最为青睐的作者型叙述交流模式。20 世纪 70 年代之前美国黑人女性作家大都一致采用这种叙述交流模式。作者型叙述交流模式主要由以下因素构成：作者—隐含作者—叙述者—人物—受述者—隐含读者—读者。在这个模式中，由于叙述者没有被人格化，所以读者易于将叙述者与作者画上等号，而同时也易于将自己与受述者画上等号。从结构上来看，叙述者似乎等同于作者，因此当叙述者获得权威时，作者也就名正言顺地获得了权威。

在作者型叙述交流模式中，叙述者无须具有性别特征。由于在此模式中，叙述者由第三人称显示，因此叙述者的性别没有被标出。当然，由于女性长期被排除在社会话语权力之外，社会上作者的声音权威长期以来都是男性所有的，这已成惯例。①但是在这个交流模式中，由于叙述者性别没被标出，叙述者没有等同于小说中的女性人物，那么黑人女性小说家就可以通过这种模糊性别权威的叙述模式来参与男性权威。通过对男性权威模式的挪用来“偷偷”建构自己女性的权威。

从话语接受群体来看：这个叙述交流模式能否实现声音的权威，首先要看读者是否愿意将自己置于受述者的位置，是否愿意倾听这个故事；当然更重要的是，看叙述者能否争取到这些愿意倾听她故事的人来与其积极配合以完成小说的二次叙述，从而成功生产出有利于隐含作者的文本意义，赢得更多的理想读者。

从历史背景介绍我们可以看出，在 20 世纪 60 年代之前，由于政治、经济和文化教育的限制，黑人女性读者群的构成非常有限。在这个时期，黑人女性一方面不得不迎合占主导地位的社会权力，以保证自己的作品能够获得主流意识形态的支持；另一方面，黑人女性又必须对权威机构和主流意识形态持有批判的态度，这样才能生产出符合本阶级利益的文本意义，以获得更多的理想读者。黑人女性只有同时争取到这些

① 苏珊·兰瑟：《虚构的权威：女性作家与叙述声音》，第 18-20 页。

读者，才能够实现自己声音的权威。在这种情况下，如果作者把自己表述为女性声音，那么她有可能遭到明确的拒斥。因为在当时的历史语境下，在人们的阅读期待中，只有受过教育的白人男性才具有智力上的可信度，只有白人男性的作品才具有美学价值。这样一来，无论是男性读者，还是那些几乎不存在的黑人女性读者及不明身份的读者均有可能拒绝将自己置于受述者的位置，拒绝接受这个性别标出的女性声音的叙述是真实可靠的。因此在这个时期，黑人女性普遍采取这种性别模糊的叙述模式作为面具来讲述女性的故事。同时，值得注意的是：在这个时期，几乎所有的小说都采用了全知的叙事模式。虽然声音与眼光分别指称叙述者和视角，但是在具体的分析中，声音和视角问题却很难不加以综合考虑。当读者愿意倾听这个无性别的叙述者来讲述故事后，接下来最重要的是，看这些读者能否认同叙述者。如果叙述者总是从同一个人物的视角来讲述故事，那么不同身份的读者大众就无法从小说中找到自我认同。黑人女性小说家主要讲述的是女性的故事，那么通常情况下，黑人女性为主要人物。然而，在当时的社会历史条件下，复杂的读者群很难产生与黑人女性在身份、认识及情感上的认同。全知全能的作者型叙述者则不同，她掌控叙述中的所有信息，有一种高高在上的感觉。她讲述故事时不局限于任何一个人物的视角。这样一来，读者在阅读时，也不用局限于通过一个人物（黑人女性）的视角来了解这个故事，反而有一种像全知全能的叙述者那样掌控全局的优越感。这样，读者在阅读中更容易接受小说的隐含作者想要传递的信息。黑人女性小说中的叙述声音没有明确的女性标记，这些作品就可能负载更为有效的公众权威，从而可以争取到各种读者，以实现其声音的权威。

二、个人型叙述交流模式

随着20世纪70年代到来，黑人女性作家们开始采用不同的叙述模式，个人型叙述交流模式就是其中最重要的一种。在个人型叙述交流模式中，叙述者是戏剧化的叙述者。叙述者本身是虚构世界的一个实体，因此，叙述者与作者在形式上就截然区分开来，这种叙述形式产生两种叙述交流模式：公开的叙述交流模式和私下的叙述交流模式[①]。公开的叙述交流模式为作者—隐含作者—人格化叙述者—人物—受述者—隐含读者—读者。由于叙述者并不是对虚构世界中特定的人物讲述故事，对受述者没有任何的介绍和描述，读者就比较容易将自己放在受述者的位置上，认为叙述者直接在向自己讲故事。在私下的叙述交流模式中，叙述者是给特定的故事内人物讲述故事。如果叙述者对受述者的姓名、身份等个人信息有所交代，那么读者与受述者之间的距离就相对较远，作为读者，我们更像是在受述者旁边“偷听”到同一个故事的叙述接受者。因此，私下的叙述交流模式为作者—隐含作者—人格化叙述者—人物—人格化受述者—隐含读者—读者。

在个人型叙述交流模式中，叙述者是小说中的主要人物，她致力于讲述自己的故事。与采用性别模糊的作者型叙述交流模式不同，黑人女性作家在 20 世纪 70 年代以后开始采用个人型叙述交流模式，用女性自己的声音讲述自己的故事。黑人女性小说中的个人型叙述者是虚构世界中的一个实体，性别明确标出为女性。与作者型叙述模式相比，黑人女性选择个人型叙述模式可能面临以下危险。

首先，个人型叙述交流模式中的叙述者由于性别明显标出为女性，因此，她不仅无法采取无性别的中性掩饰手段或所谓超然的“第三人称”，也无法藏匿于所谓的男性文类中参与其话语权。[②]

其次，作者型叙述交流模式中的叙述者拥有发挥知识和判断的宽广余地，而个人型叙述者由于视角的自限，叙述者只能够申明个人解释自己经历的权利及其有效性。[③]

再次，由于男性作家也建构了女性的声音，那么在争夺叙事权的竞

---

① 兰瑟根据受述者在叙事文本中的结构位置，将叙述划分为“公开叙述”（public narration）和“私下叙述”(private narration)。公开叙述是指此叙述的接受对象存在于文本世界之外，可以等同于公众读者；而私下叙述则指此叙述的接受对象存在于文本之内，是一个显身受述者。兰瑟将公开叙述的叙述者与受述者的关系定义为近似于作者与读者，而私下叙述的叙述者与受述者是文本内虚构世界的故事讲述者与听者（人物）Susan Lanser. “Toward a Feminist Narratology.” *Style* 20.3 (Fall, 1986), pp.341-363.

② 苏珊·兰瑟：《虚构的权威：女性作家与叙述声音》，第 21 页。

③ 同上条文献，第 21 页。

争中，女性还需要与男性作家展开竞争，以决定谁是合法正统的女性声音的代言人。

最后，个人型叙述声音里的虚构在形式上往往与自传难以区分。黑人女性小说家在20世纪70年代之前不采用这种模式，也有可能是因为担心自己的作品被定义为对自我的再现，是直觉的产物，而不是艺术的结晶。①

以上四点可以说是女性作家采用个人型叙述交流模式可能要面临的困境，男性作家并没有这些顾忌，毕竟长期以来的话语权威都是属于男性的。他们无论采取作者型还是个人型都是彰显男性权威。黑人女性作家采用作者型叙述交流模式虽然可以在性别面具下偷偷参与男性权威，但同时也是对男性权威的一种肯定与让步。女性作家采用个人型叙述交流模式虽然会面临巨大的威胁和挑战，但是这一方式却使得黑人女性作家反抗男权和建构自己声音权威的行为名正言顺。因为，采用女性个人型叙述交流模式标志着女性可以摘掉模糊的性别面具，通过艺术手段用自己的声音讲述自己的经历，并通过自己作品的艺术魅力为自己赢得更多的共鸣从而实现其声音的权威。

黑人女性小说家在这个时期能够采用个人型叙述交流模式与当时的时代背景是分不开的。20世纪60年代末，特别是70年代以来，美国黑人的政治、经济地位和教育状况随着美国种族政策的改进和黑人民众的斗争而发生了巨大的变化。虽然种族、性别、阶级问题依然随处可见，但相比之前，问题已经解决了不少；再加上女权运动的发展，黑人女性作家也渐渐从边缘走到中心，她们的知识权威、作品的意识形态有效性和美学价值逐渐得到肯定。黑人女性的经历不再只是微不足道的男性世界的点缀，她们的判断为认识世界提供了另一种阐释。黑人女性用自己的声音讲述自我故事的有效性和合法性得到肯定，从而促进了她们声音权威的建构。与此同时，黑人女性作家的读者群也发生了巨大变化。如果说在60年代之前，黑人女性作家很难找到自己的理想读者，那么70年代之后，由于教育的发展，无论是黑人的受教育权还是女性的受教育权都得到了很大提高。更

① 苏珊·兰瑟：《虚构的权威：女性作家与叙述声音》，第21页。

值得注意的是，70年代以后美国国内女性接受高等教育的人数超过男性，黑人女性接受高等教育的人数远超黑人男性。这些女性读者或是不明身份的理想读者开始愿意通过黑人女性的视角去感受、观察并接受她们的世界，仔细聆听她们的故事。这样一来，黑人女性通过创作赢得更多读者的概率大大增加，更有利于实现其声音的权威。

除此之外，个人型叙述交流模式本身也有自己的结构优势。黑人女性小说中个人型叙述交流模式中的叙述者的性别明显标出为女性，这使得建构黑人女性声音的权威名正言顺。由于小说的所有故事是由女性叙述声音讲述，女性统筹了所有其他的声音，所以女性的声音、经历与视角自然成了小说的中心。读者必须通过她的视角来观察这个虚构世界，也必须通过女性经历来重新认识这个世界。因此这个声音虽然面对很多困境，但是一旦成功也就名正言顺地彰显了黑人女性声音的权威。

三、集体型叙述交流模式

“在西方小说中，由于叙事和情节的结构都是个人化的和以男性为中心的，要明确地喊出某种集体女性的声音就不只是一个语篇问题，而是几乎总要涉及故事这一层。”①对集体的书写一直是黑人女性所关注的焦点，然而直到20世纪80年代，黑人女性才得以将对群体的书写推到前台，使建构群体的声音成为可能。笔者所说的集体型叙述交流模式是指该模式中的叙述者的叙述代表了某一群体的共同声音，或者说某一群体中的各种不同声音汇聚成为一个群体的故事。因此，这种集体声音的建构与群体的建构是互为表里的。另外，本章所研究的集体是指具有一定规模的任何群体，小到一个黑人女性群体，大到整个人类群体。而群体的声音则是指代表这个群体讲述这个集体故事的单个叙述者的声音或是这个集体中的不同成员共同讲述故事的声音。因此，对黑人女性小说中的集体型叙述交流模式的研究主要分为两类。

第一类：作者—隐含作者—（人格化或非人格化）叙述者—人物群

① 苏珊·兰瑟：《虚构的权威：女性作家与叙述声音》，第23页。

体—受述者—隐含读者—读者。在这一模式中，叙述者为单数。她可以是小说中的人物，也可以是故事外叙述者。她以某个集体为主角，通过集体中的人物视角来讲述该集体的故事。在这一模式下，集体中每一个人物的故事都得以讲述，同时同一个叙述者又将每一个个体的故事联合起来汇集成为一个集体的故事。

第二类：作者—隐含作者—（人格化）叙述者（复数）—人物群体—受述者—隐含读者—读者。在这一模式中，叙述者是虚构世界的人物。小说以某个集体为主角，集体中的每一个成员用自己的声音轮流讲述自己的故事。在这一模式下，小说中的叙述者并不局限于黑人女性，读者可以听到各种不同的声音。

集体型叙述交流模式本身也具有作者型叙述交流模式和个人型叙述交流模式所不具备的特点。

第一，不同的叙述声音互相协作，共同创立一种具有集体性权威的话语实体。[①]由于小说以某个集体为主角。集体中的各个人物得以发出各自的声音。这些单个的声音汇集成为代表整体的集体声音。

第二，声音、视角的多样性相对客观真实，但又有选择性地呈现了历史。在个人型叙述交流模式中，读者只能听到叙述者个人的叙述声音，只能通过主人公一个人的视角来观察这个虚构世界。而与个人型叙述交流模式不同，在集体型叙述交流模式中，读者能听到不同的声音，又能通过不同的视角来观察虚构世界，读者可以比较、权衡各种声音，这样使得叙述者的叙述显得相对客观真实。与作者型叙述交流模式相比，集体型叙述模式中的叙述者有选择性地聚焦于某个集体中的几个主要人物，这样使故事的呈现更具有选择性，对读者的阐释更具有诱导性。

第三，在集体型叙述交流模式中，由于叙述者和视角人物的多样化，女性作家一方面可以在自己的作品中发出或诠释女性自己的声音，另一方面也可以含纳或诠释男性的声音。她们可以从自己的视角来书写男性世界，让女性的声音与男性的声音形成一种竞争与协商的关系。

---

① 苏珊·兰瑟：《虚构的权威：女性作家与叙述声音》，第23页。

在集体型叙述交流模式下，黑人女性小说家通过呼出集体的声音而壮大了黑人女性的声音力量；同时，通过对各种不同群体故事的书写，黑人女性从自己的视角重新认识和书写这个世界。更为重要的是，黑人女性通过对集体声音的书写，她们不仅建构黑人女性的声音，同时还开始像男性作家建构女性声音那样建构并含纳男性声音。

第三节　小　结

本章主要讨论了 20 世纪黑人女性小说家在具体社会历史语境下所采取的不同叙述策略。作者、读者、文本与社会历史语境之间是相互作用的关系。随着社会历史语境的变化，作者的创作和读者的阐释都会相应发生变化。因此，根据不同的社会历史条件，20世纪的黑人女性主动采取了不同的叙述策略来创造生产出文本的意义，并试图使之自然化，对读者产生影响，从而实现其声音的权威。

从哈莱姆文艺复兴到 20 世纪 60 年代，黑人女性由于受到政治、经济和教育等方面的限制，她们只能采取有限的叙述策略，借用主导意识形态所能接受的叙述策略及技巧，以为自己争取发出声音的权利。在这个时期，黑人女性作家大都采用了作者型叙述交流模式。在这一交流模式中，由于叙述者的身份没有明显标出为女性。因此，女性可以在模糊的性别面具下参与男性的社会话语权威建构。60 年代末，特别是 70 年代以后，随着政治、经济和教育等外部社会历史语境的变化，黑人女性不仅赢得了发出自己声音的权利，同时也敢于摘下面具，用自己的声音讲述自己的故事。她们采用个人型叙述交流模式，叙述者的性别明确标出为女性，也就是说黑人女性在这一时期开始用公开的女性身份参与社会话语权威建构。80 年代见证了黑人女性用自己的声音讲述群体的故事，她们或是将讲故事的权利赋予代表集体的单个叙述者或是让集体中的成员轮流发言，通过集体型叙述交流模式来讲述整个集体的故事，从而一步步建构了拥有群体力量的集体声音的权威。

20 世纪见证了非裔美国女性文学的蓬勃发展。在这个时期，黑人女性采用多种叙述交流模式，既不脱离她们各自所处的时代和环境中的叙事常规与社会习俗，同时又积极地采用了自己的写作策略来书写不同的主题，从而实现了其声音的权威。在接下来的各章中，本书将分别讨论作者型叙述交流模式、个人型叙述交流模式和集体型叙述交流模式在黑人女性小说文本中的应用及黑人女性小说家在这三种模式下声音权威的建构。

第三章

声音与他/她：模糊的性别面具

20 世纪哈莱姆文艺复兴以来，黑人女性小说家在美国文学界开始崭露头角。然而，在这个时期，由于社会历史语境的限制，黑人女性没有参与社会话语的权利。讲讲故事犹可，但要通过叙述将自己作为权威推至前台则时机尚未成熟。在社会上，长期以来声音的权威都自然归属于男性，因此，这个时期是黑人女性获得声音权力的预备期，她们通过叙述证明自己声音的力量，并通过选择适合自己的叙述策略唤醒大众，试图在男性主宰的父权制社会为自己争取平等的发声机会和权利。20 世纪 60 年代以前，由于作者、社会历史语境和读者群体构成的不同，几乎所有黑人女性小说家都倾向于选择作者型叙述交流模式来传达自己的信息，因为这种模式让黑人女性可以在模糊的性别面具遮蔽下参与男性的社会话语权威建构。

本章主要分三个部分来阐释这种性别模糊的作者型叙述交流模式在黑人女性小说中的应用，以及黑人女性在这个模式中是如何取得了声音的权威的。在 20 世纪 70 年代之前，内拉·拉森、福塞特、赫斯顿、佩特里、布鲁克斯、马歇尔、艾丽斯·沃克等重要作家都不约而同地采用了这种叙述交流模式。笔者主要选择了赫斯顿和马歇尔这两位在今天依然备受学界关注的黑人女性小说家和她们的代表作《他们眼望上苍》和《褐姑娘、褐砖房》作为主要研究对象。由于这种模式在 70 年代以后依然为黑人女性小说家所广泛采用，因此本书选择了莫里森的《所罗门之歌》作为研究对象，进一步探讨这种模式在 70 年代所取得的声音权威。在具体社会历史语境下，这三位作家虽然都戴着“他”的面具，却都能自主地采用她们特殊的叙述策略来实现自己声音的权威。

第一节　声音的觉醒：《他们眼望上苍》中黑人女性声音的力量

在美国文学史上，赫斯顿无疑是一位非常重要的作家。尽管她的作品基本在20世纪30年代发表，但她毫无疑问是美国哈莱姆文艺复兴的产物，同时也是该时期最杰出的作家之一。①《诺顿美国文学选读》也给予了赫斯顿极高的评价，认为赫斯顿是第二次世界大战之前最重要的黑人女性作家。②赫斯顿在生前没有在美国文学史上得到其应有的地位，但是她影响了一大批20世纪美国黑人作家，其中包括莫里森、艾丽斯·沃克、内勒等一大批黑人女性作家；另外，拉尔夫·埃利森（Ralph Ellison）这样的男性作家也受到了她的影响。③可见赫斯顿当之无愧是艾丽斯·沃克等黑人女性作家口中的“文学母亲”。

要讨论黑人女性小说文本中的作者型叙述声音，赫斯顿最具代表性的作品《他们眼望上苍》当为首选。④通过对该小说中的叙述交流模式的研究，笔者试图探讨赫斯顿是通过怎样的策略将自己的信息传

---

① Henry Louis Gates Jr., and Nellie Mckay, eds. *The Norton Anthology of African American Literature*. New York: W. W. Norton & Company, 1997, p. 996.

② Nina Baym. *The Norton Anthology of American Literature*. 5th edition. New York: W. W. Norton & Company, 1998, p. 1426.

③ 程锡麟：《赫斯顿研究》，上海：上海外语教育出版社，2005年，参考引言第1页。

④《他们眼望上苍》无疑是赫斯顿最重要的作品：《诺顿非裔美国文学选读》认为《他们眼望上苍》是赫斯顿最好的作品(Henry Louis Gates Jr., and Nellie Mckay, eds. *The Norton Anthology of African American Literature*. p. 997)；《诺顿美国文学》评价该小说为赫斯顿最喜爱的作品(Nina Baym. *The Norton Anthology of American Literature*. p. 1427)；《非裔美国文学百科全书》认为该书是赫斯顿最钟爱的作品 Wilfred Samuel, ed. *Encyclopedia of African-American Literature*. New York: Facts on File, 2007, p. 259. 类似的评价在各种权威工具书中屡见不鲜。

递给读者并得到有效的回应，使文本在叙述交流中生产出符合隐含作者利益的意义。

根据叙述者的变化，《他们眼望上苍》主要由两个叙述层构成，因此文本中有两个叙述者：一是作为故事外叙述者的第三人称全知叙述者，即作者型叙述者；二是故事内叙述者，即珍妮。①作为故事内叙述者，珍妮向菲比讲述自己的成长故事；而故事外的第三人称全知叙述者则是对故事外的大众讲述珍妮给菲比讲故事这件事。简单来说，叙述的第一层为第二层提供了珍妮这个叙述实体——一个黑人女性，而叙述的第二层中珍妮的“叙述”行为本身成了第一层的故事。因此，读者至少需要明白，该小说至少讲述了两个故事，有两个叙述声音：一是珍妮的成长故事；二是关于珍妮“叙述故事”的故事。因此，《他们眼望上苍》不仅是在叙述故事，也同时在讲述关于“叙述”的故事。当读者将自己放在受述者菲比的位置上时，我们听到的只有珍妮的成长故事；读者只有灵活变换自己的位置，积极配合作者完成第二次叙述才能听到第二个故事。对于珍妮的成长故事及其中所折射出的文章主题，学界早已备述累议：小说通过讲述珍妮的成长，反映了美国黑人女性寻找自我的故事。②珍妮向菲比讲述了自己在人生的三段重要婚姻中从依附到反抗，再到独立的成长过程。这一点笔者无须赘述。然而值得注意的是，虽然珍妮是自己个人故事的讲述者，小说表面上主要讲述了珍妮的成长，但是事实上，珍妮在小说中与其说是一个重要的叙述者，不如说珍妮是一个重要的人物。因为作为叙述者，珍妮对自己故事的讲述只有寥寥几页，而故事外叙述者基本承担了故事的全部叙述；而作为小说的主人公，她的行动推动了整个故事的发展。由此，本节的研究重点则从珍妮的成长故事转移到研究人物珍妮如何讲述故事。那么珍妮的“声音”则成了研究的重点。

① 叙述分层概念是由热奈特首先在《叙述话语》中提出的，主要是根据叙述者的变化来划分小说的叙述层次。对该概念的具体阐述，请参阅方小莉：《叙述分层：一个旅行的概念》，载《江西社会科学》2011 年第 11 期。

② Nina Baym. *The Norton Anthology of American Literature*. p.1427.

一、“叙述”的欲望与“倾听”的渴望

首先，笔者通过对叙述者与受述者之间的交流关系来研究构成珍妮“讲述”故事的必要条件，以及珍妮“讲述”这一行为的重要性。

小说文本的意义是通过说者与听者之间的相互交流而实现的。《他们眼望上苍》的第一叙述层为第二叙述层提供了构成叙述的最基本的条件：一个是叙述者珍妮；另一个是受述者菲比。从叙述者的描述我们可以看出叙述者与受述者之间搭建了非常良好的沟通桥梁。小说在这个叙述框架内为我们展现了一个非常理想的对话条件，即一个理想的对话空间：故事的讲述发生在门廊下面，那是一个曾经只属于男人们谈话的地方，现如今却为珍妮所拥有，她有权在这里向自己的朋友讲述自己的故事；叙述者渴望向受述者讲述自己的人生经历，而受述者也对叙述者的人生冒险充满好奇。珍妮和菲比之间几十年的友谊是她们能够彼此信任和彼此理解的坚实基础。可见叙述者与受述者之间是一种和谐平等的关系，叙述者渴望向受述者分享而且也相信自己的朋友能够理解自己的故事；而受述者也乐于倾听叙述者的故事并积极合作。正如程锡麟教授所说：“一方面，‘珍妮充满了人类最古老的欲望——自我揭示’，在饱经人生的沧桑后希望向朋友倾诉；另一方面，菲比是一个理想的倾听者，‘菲比如饥似渴的倾听帮助珍妮讲述她的故事’。”[①]

那么珍妮的“讲述”为何如此重要？叙述者珍妮为何如此渴望讲述自己的经历呢？

小说开篇交代了珍妮回到镇上的情况。她没有“停下来，让人知道她过得怎么样”[②]。也就是她没有向人们讲述自己的经历，因此，镇上的人们产生了很多无端的揣测：

> 这个四十岁的老太婆干吗要像个年轻姑娘那样让头发披到后背上一甩一甩的？——她把和她一起离开这里的那个年

① 程锡麟：《赫斯顿研究》，2005 年，第 126 页。

② 佐拉·尼尔·赫斯顿：《他们眼望上苍》，王家湘译，北京：北京十月文艺出版社，2000 年，第 3 页。

> 轻小伙子扔在哪儿了？——还以为她要结婚呢？——他在哪儿扔下她了？——他把她那么些钱怎么着了？——打赌他和哪个小得还没长毛的妞儿跑了——她干吗不保持自己的身份地位？——①

菲比告诉她："你知道要是你走过某些人身边而不按他们的心意和他们谈谈，他们就会追溯你的过去，看你干过些什么。他们知道的有关你的事比你自己知道的要多。心存妒忌听话走样。他们希望你出什么事，就'听到'了这些事。"②可见，如果你不自己讲述自己的经历，那么当别人替你讲的时候，他们只会讲述自己愿意听的，不管它是否是事实。"只要他们能逮住一个名字来嚼舌，他们才不在乎是谁的名字，是什么事情呢，尤其是如果他们能把它说成坏事的话。"③正如克里斯蒂安所说："如果黑人女性不自己讲述自己是谁，那么她们的机会就会被不怀好意的人窃取，并发出对她们不利的言论。"④因此，"讲述"本身至关重要，因为只有通过自我讲述，黑人女性才能从被叙述的客体转变为叙述的主体，用自己的声音讲述自己的故事，通过对自己的正确定义而构建自己的真实身份。因此，读者可以看到珍妮的故事必须由自己来叙述，这样才能还她一个真实的自我。她的"叙述"就是对真实自我的见证，是在用自己的声音定义自己的身份。如果她不自己讲述自己的故事，那么事实就会被扭曲，造成自我真实身份的丧失。

珍妮深知这一危害，她知道"全能的嘴巴还在某处发威，而且我猜他们嘴里说的就是我"。她对菲比说："你要是想说，可以把我的话告诉他们，这和我自己去说一样，因为我的舌头在我朋友的嘴里。"⑤从珍妮与菲比的对话，我们可以看出，珍妮深知如果自己不亲自讲述自己的故事，那么那些"全能的嘴巴"将会把事实扭曲。她

① 佐拉·尼尔·赫斯顿：《他们眼望上苍》，第 2 页。

② 同上条文献，第 6 页。

③ 同上条文献，第 7 页。

④ Barbara Christian. "Preface." *Black Feminist Criticism: Perspectives on Black Women Writers.* p.xii.

⑤ 佐拉·尼尔·赫斯顿：《他们眼望上苍》，第 6 页。

知道菲比是一个理想可靠的倾听者，她将自己的故事讲述给菲比听，再借菲比之口将这个故事真实地转述给镇上的其他人，以此恢复其缺失的真实身份。

在小说的后续发展中，珍妮一直在努力争取一切机会讲述自己的故事，告诉人们真相，因为她知道一旦别人窃取了自己的机会，那么真实的自己将不复存在。

她的第二任丈夫乔迪因为珍妮的反抗而在众人面前尊严尽丧，之后一病不起。“自从店里那桩事发生后，人们就在说乔给‘斗败了’，是珍妮干的事。”她“和乔迪一起过了二十年了，现在还得担上要毒死他的恶名！”镇上的人们对她产生了一系列的误会，真相将因她的沉默而遭到掩盖。“这简直要她的命。她的心里是一阵接一阵地痛。”为了给自己正名，“那天早上她起床时下定决心要到病室去和乔迪好好谈谈”。她“知道乔迪不会听她说，但是她就是不走出这个房间，也不闭嘴。就要让乔在死之前听她这么一次，要让他知道珍妮是什么样的一个人，不然就来不及了”。[①]因此，无论乔迪如何赶她出去，她就是坚持要跟乔迪谈。她在乔迪死之前唯一要做的事情，就是要用自己的声音让乔迪知道自己是什么样的人，攻破那些不实的谣言和对自己的刻意扭曲。

同样，珍妮对失去叙述权利的焦虑也体现在第三段婚姻中。迪·凯克死后，珍妮在审判的过程中一直所担心的就是真相被掩盖，自己会被误解。因此，在法庭上，她最想做的事情就是要讲出事情的真相，对此她小心翼翼，万分重视。站在法庭上面对那些和她敌对的人，“她感到他们以肮脏的思想对她痛加质问，他们的舌头已装好子弹上好扳机”，随时可能将她打得体无完肤。然而“她惧怕的不是死，而是误解。如果他们裁决她不要迪·凯克，要他死，那么这就是真正的罪孽，是可耻的。这比谋杀还要遭”。因为这完全扭曲了真相，是对珍妮与迪·凯克爱情的否定，也是对珍妮人生的否定、人格的玷污。所以，“她在审判室中，和某样东西斗争着，而这样东西并不是死神。它比死神更糟。是错误的想法。她不得不追溯到很早的时候，好让他们知道她和迪·凯克

---

① 佐拉·尼尔·赫斯顿：《他们眼望上苍》，第89-93页。

之间是怎样的关系”。而这一追溯自然是用自己的声音回顾了自己真实的经历，以证明“她永远也不会出于恶意而向迪·凯克开枪”。[①]

由上述分析可以看出，珍妮对“叙述”的重视及“叙述”的重要性。因为如果失去自我叙述的权利，那么真实的自我将消失在别人的叙述中。只有自己拥有话语权，用自己的语言和自己的声音去讲述自己的故事，才能向外界展示一个真实的自我，给自己下一个正确的定义，从而建构自己的身份。明确了小说中对“叙述”行为本身的重视后，接下来我们将继续探讨赫斯顿如何向读者展示黑人女性声音的力量，宣告黑人女性有能力进行自我讲述和自我定义，建构自我真实的身份的。

二、黑人女性声音的力量

从对叙述者与受述者的分析，我们明确了“叙述”的必要性与重要性。珍妮作为人物的功能远远大于她作为叙述者的功能。通过叙述者的叙述我们不仅可以明白“叙述”的重要性与必要性，还可以看到在珍妮在成长过程中声音力量的变化。

学者们在研究珍妮这个人物时，主要将重点放在她如何反抗男权社会、从失语走向拥有话语权的过程。也就是说学者们更多的是关注男权社会中对女性的压迫及女性的反抗。然而当我们把焦点锁定在珍妮的声音时，笔者发现珍妮一方面的确如学者们所说，其声音遭到了男权社会的压制；但更重要的是看到珍妮本身所具有的那种巨大的反抗能力，而这种强大的力量主要体现在她个人声音的发出。从她的第一段婚姻开始，她就处处显示了自己声音的力量，无论是其私下的声音还是公共的声音都非常强烈。这种力量让受述者明白黑人女性跟男性一样拥有声音的权威，她们有能力用自己的声音讲述自己的故事，有能力进行自我定义，从而建构自己黑人女性的真实身份。在此，笔者试图从权力和话轮转换的角度入手来分析珍妮如何用自己黑人女性的声音捍卫了自己的个人权利，从而证明黑人女性声音的巨大力量。该部分主要通过分析人物

① 佐拉·尼尔·赫斯顿：《他们眼望上苍》，第200-203页。

与人物之间的对话交流来研究珍妮声音的力量。

从珍妮的第一段婚姻我们可以看到，珍妮私下的声音，即在家庭内部的声音是具有力量的。在她与洛根的话语交战中，明显能看到珍妮占上风。在此，我们选择文本中她与洛根的最后一次对话①作为研究对象，通过研究对话中话轮转换②引起的权力转换来分析珍妮是怎样用声音显示了自己的话语权力，见表 3-1：

表 3-1　珍妮对话洛根　　单位：个

话轮数与词数	人物		合计
	珍妮	洛根	
话轮数	9	10	19
词数	157	317	474
平均话轮词数	17	32	25

从表 3-1 中，我们可以清晰地看到在珍妮与洛根的对话中，他们一共说了 474 个词，组成 19 个话轮，平均每一个话轮的词数是 25 个。珍妮在19个话轮中占9个，而洛根占10个，数量基本相等。从词数来看，洛根总共说了 317 个词，平均每个话轮的词数多达 32 个，大大超过珍妮。而珍妮在这 9 个话轮中只说了 157 个词，大大少于洛根的词数，其平均话轮词数也大大少于洛根的平均话轮词数。从话轮长度来看，珍妮好像在对话中处于劣势，但当我们再仔细分析他们的对话，具体考察对话的内容时，我们则可以看出洛根只是在话轮长度上占了优势，真正掌握话语主控权的是珍妮，并且在对话的过程中，珍妮的话语对洛根造成了巨大的杀伤力。

首先，发起对话的是珍妮，不断提出新问题的也是珍妮。而洛根很少提出新的话题，虽然他一直用凶狠的语言反对珍妮，但是却总是跟着

① Zora Neale Hurston. *Their Eyes Were Watching God*. Chicago: University of Illinois Press, 1978, pp. 50-53. 由于篇幅有限，引文请参照英文文本“Logan, you ’sleep?” … “Don’t you change too many words … God damn you’ hide!.”

② 刘世生、朱瑞青：《文体学概论》，北京：北京大学出版社，2006 年，第 175 页。“一般认为，话轮转换是指发话者与受话者不断交换所扮演的角色而形成的，即 ‘发话者变为受话者，受话者变为发话者。’权力关系和人物之间的话轮转换关系十分密切。”

珍妮的话题走。可见整个对话的掌控权是在珍妮手里。珍妮总是能够主动发话，掌握了话题的控制权，而洛根则总是被动回应。在整个对话过程中，珍妮的话具有很大的伤害力。当珍妮说“要是有一天会离开你逃跑呢？”时，洛根觉得“珍妮说出了他压抑在心中的恐惧。她很可能会逃跑的。这个念头使他身上产生了巨大的痛楚”。于是他采取了逃避的方式，想要结束话题“我困了，珍妮，咱们别再谈了”。然而珍妮却坚持继续，并告诉他“我可能会找到一个相信我的人，和他一起离开你”。虽然洛根表面说着狠话，认为“不会再有像我这样的傻瓜”会去干活养活珍妮，但是他同样还是采取了逃避的方式：“我困了，不想再听你说那些假如了，我不想愁得肚胀都细成琴弦。”[①]他翻转身去假装睡着，她伤害了他，他希望自己也使她受到了伤害。由此可见，从表面的话轮长度来看，洛根似乎在对话中处于优势地位，但是经过仔细分析，我们发现珍妮才是真正掌控对话的人，她主动发问，从头至尾都掌握着话题的控制权。无论洛根怎么打断对话，或是企图结束对话，她总是坚持说完自己想说的话。同时她的语言虽简短，却总能一语中的，直刺洛根的痛处。而洛根却是一直处于被动挨打的地位，无论他说了多少话，话语听起来如何凶狠，但却没有杀伤力，而且从头至尾一直只是被动回应珍妮的话题。由此可见，在她的第一段婚姻中，虽然珍妮对洛根处于一种依附状态，话语时常受到压制，但是她却具有强大的反抗能力，能够用自己的声音争取自己的权利。

如果说珍妮在第一段婚姻中所表现出的是一种声音在私下空间的权威，那么在第二段婚姻中，赫斯顿向我们展示的则是珍妮的声音走向公众的空间。乔迪本身是一个非常善于言辞的人，从第一次见面，他就不断告诉珍妮他要成为一个大人物（big voice）。虽然珍妮知道他不是她心目中所要寻找的爱人，但是乔迪用成为“大人物”的梦想让渴望声音的珍妮愿意追随他，去追寻她心目中那远方的地平线。从某种程度上来讲，珍妮最初是被乔迪的话语力量所征服。他们到了新

① 佐拉·尼尔·赫斯顿：《他们眼望上苍》，第 32-35 页。此处在做话轮分析时，为了精确性，数据参考英文原版，但引文参考王家湘的译本。

的镇上以后，乔迪成了那里的镇长，拥有最高的决策权，他的确成了名副其实的大人物。然而就是这么一个看似声音充满巨大力量的大人物，最终在与珍妮的话语交战中也败下阵来。当珍妮在公开场合反抗乔迪，发出自己黑人女性的声音时，乔迪不堪一击，从此一蹶不振、卧床不起，进而走向死亡。“珍妮对乔的反驳是对他的致命一击，严重刺伤了他的虚荣心，打碎了他在家庭和在该镇的权威。”[①]我们再来看珍妮与乔迪的最后一次对话。[②]与前面跟洛根的对话相比，珍妮此时已经在各方面都占据了话语优势。她的声音已经从私下走向了公开，力量变得更为强大，见表 3-2：

表 3-2　珍妮对话乔迪　　单位：个

话轮数与词数	人物		合计
	珍妮	乔迪	
话轮数	11	10	21
词数	411	133	544
平均话轮词数	37	13	26

从表3-2我们可以看到，跟表3-1相比，珍妮的话轮长度发生了质的飞跃。她和乔迪的对话由 544 个词组成，其中 411 个都出自珍妮之口，约占总词数的76%。而她的平均话轮长度达到37个词，是乔迪平均话轮长度的将近三倍。我们再来考察话题的提出和控制：在这组对话里，乔迪从一开始就拒绝谈话，因为珍妮在前面已经用话语将他打倒。因此，当珍妮进屋跟乔迪谈话时，乔迪的反应是告诉她“我到这间屋子里来为的是躲开你，可是看来没有用。出去，我需要休息”。接下来，在话轮16中乔迪让珍妮“离开这儿，珍妮，别上这儿来——”；在话轮 18 中，他让珍妮“闭嘴！”；话轮 20 中他让珍妮“滚出去”。[③]他不断打断对话，不想让谈话

① 程锡麟：《赫斯顿研究》，第 118 页。

② Zora Neale Hurston. *Their Eyes Were Watching God*. pp. 131-134. 由于篇幅有限，引文请参照英文文本“Whut you doin'in heah, Jnie?” ... “All dis bowin'down... find out about you.”

③ 佐拉・尼尔・赫斯顿：《他们眼望上苍》，第 92-94 页。此处在做话轮分析时，为了精确性，数据参考英文原版，但引文参考王家湘的译本。

继续下去，然而珍妮却对此充耳不闻，依然坚持讲完了自己要说的话，坚持要让大家知道她是一个什么样的人。

对于珍妮的第三段婚姻，评论界普遍认为珍妮在遇到迪·凯克后获得了话语权，发出了自己的声音。笔者对此无须赘言。

从珍妮与洛根、乔迪的对话分析可以看出珍妮强大的发声能力。虽然在当时的社会背景条件下，黑人女性的声音不可避免地会遭到压制，但面对巨大的压力，珍妮本身具有强大的声音力量，她完全有能力讲述自己的故事并进行自我定义，用自己的声音建构自己的真实身份。那么分析到这里，我们是不是就走到了赫斯顿要表达的终极目的了呢？文本意义的实现离不开文本所产生的社会历史语境，因此在接下来的部分，笔者将通过对社会历史语境与具体社会历史背景下小说作者的研究进一步挖掘小说文本的深层意义。

三、黑人女性声音的觉醒

小说自发表以来，评论界在珍妮的声音获得和身份建构问题上主要有两种观点："女性主义批评家认为它标志着黑人女性叙述声音的开端。小说记录了简妮·克劳福德为获得个人的声音进而获得自我身份的奋斗历程。这个问题在批评界已备述累议。"持这一观点的学者包括温迪·麦克里迪（Wendy J. McCredie）、玛丽亚·泰·沃尔夫（Maria Tai Wolff）、芭芭拉·约翰逊（Barbara Johnson）、盖茨、伊丽莎白·A.米斯（Elizabeth A. Meese）、玛丽·海伦·华盛顿（Mary Helen Washington）等。同时兰瑟、罗伯特·斯特普托（Robert Stepto）等一些批评家却指出小说终未把叙述声音赋予小说中似乎正在讲故事的人物[①]，这暗示珍妮从某种意义上并没有完全获得自己的声音并定义自己的身份。[②]对叙述者与受述者、人物与人物之间的交

① 苏珊·兰瑟：《虚构的权威：女性作家与叙述声音》，第 231 页。

② Michael Awkward, ed. *New Essays on Their Eyes Were Watching God*. Beijing: Peking University Press，2007, p.19.

流的分析，揭示了“叙述”的必要性与重要性，同时还证明了珍妮作为黑人女性拥有强大的声音力量。既然自己叙述自己的故事如此重要，那么故事外叙述者就应该将讲故事的声音完全赋予珍妮，这样更能体现其声音的力量，但是为什么赫斯顿没有让珍妮讲述自己的故事，而是用一个作者型叙述声音来代替珍妮讲述这个故事呢？这不是很矛盾吗？

此时的读者则需要站在虚构故事之外，不仅要考察文本，同时还应该通过对具体社会历史语境的研究来评价叙述者的叙述。当读者综合文本内外的各要素对小说加以综合考察后会发现文本内类似的矛盾俯拾皆是。

珍妮声音的强大力量在她前两次婚姻中早已展现无遗，但是在最需要听到珍妮讲话的地方，她却沉默了。文本中最令人吃惊的沉默发生在迪·凯克打了珍妮后。在小说第 17 章中，当迪·凯克动手打了珍妮后，读者震惊之余，也必然期待珍妮对此的反应。然而，让我们更为吃惊的是作者在文章的后续部分没有向读者做任何交代，我们读不到珍妮对此的任何反应。这样，文本叙事中就出现了矛盾，因为在随后第 18 章中他们两个奇迹般地就和好了，似乎打人事件从未发生过一样，也没有对两人的关系产生任何影响。文本在这里的矛盾是显而易见的。珍妮在前两次婚姻中显示了如此强大的声音力量，那么面对如此不公的对待，她却保持沉默，这的确匪夷所思。

另外，在小说的高潮部分，当珍妮站在法庭上时，读者本期待听到她发出自己的声音为自己辩护，故事外叙述者本可以在这里用珍妮在法庭上的个人陈述，也就是说作者在这里完全可以采用直接引语来突显珍妮声音的力量，然而作者在这里却没有让珍妮自己开口说话，而采用了作者型叙述这种第三人称全知模式来概括出珍妮在法庭上的言语：

> 她竭力要他们明白，命中注定，甜点心摆脱不了身上的那只疯狗就不可能恢复神智，而摆脱了那只狗他就不会活在世上，这是多么可怕的事。他不得不以死来摆脱疯狗。但是她并没有

要杀死他，一个人如果必须用生命换取胜利，他面临的是一场艰难的比赛。她使他们明白她永远也不可能想要摆脱他。她没有向任何人祈求，她就坐在那里讲述着，说完就闭上嘴。①

在这个最能显示珍妮公开叙述声音的地方，为什么作者却不将话语权交给珍妮呢？如此之多的“矛盾”的确让我们不能将其简单地看作小说的失误或是巧合。

面对这些矛盾，我们不得不重新来审视隐含作者的目的。要研究隐含作者的意图，我们必须要综合考虑叙述者与受述者、人物与人物的交流及文本产生的具体社会历史语境。当我们进一步来研究这些缺失和矛盾时，笔者发现这些矛盾是文本为接受者提供的参与空间，希望读者能从这些缺失、空白或矛盾入手，在字里行间读出叙述者的真实意义，从而产生共鸣。赫斯顿借助自己特殊的叙述策略想要呼唤整个黑人女性自我意识的觉醒，让她们意识到声音的重要性，更要意识到自己声音的巨大力量，让她们明白她们每一个人都像珍妮一样有能力叙述自己的故事，建构自己的身份。

从当时的社会历史语境来看，哈莱姆文艺复兴是黑人文化复兴和黑人自我意识苏醒的黄金时期。在这个时期，产生了大量的黑人作家及作品。作家们通过作品抒发自己作为黑人的骄傲，宣告自己的黑人性；声明自己有能力用自己的语言自我定义并建构自己的黑人身份；同时哈莱姆文艺复兴也为黑人知识分子和领袖们提供了一个唤醒黑人群众种族意识和种族骄傲的机会。②作为哈莱姆文艺复兴时期最重要的作家之一，赫斯顿活跃在当时的文坛上，必然也会受到这些思想的影响，肩负起唤醒黑人大众的责任。特别是对于黑人女性这一长期受到压迫而沉默无语的群体来说，赫斯顿的目的就是要唤醒她们，告诉她们声音的巨大力量，让她们发出自己的声音，讲述自己的故事。因此小说不仅是要讲述一个黑人成长的故事，更重要的是要将故事的信息有效地传递到接收者那里，并得到有效的回应。

① 佐拉·尼尔·赫斯顿：《他们眼望上苍》，第 202 页。

② Eva Lennox Birch. *Black American Women's Writing: A Quilt of Many Colours*. p. 34.

首先我们来看小说中珍妮的叙述。珍妮的叙述有一个很重要的目的，就是要将自己的故事传播出去，让听到的人了解她，并产生共鸣。

小说开篇就为我们呈现了以下场景：一个特定的叙述者（珍妮）在一个特定的环境下（门廊下）出于某种目的对特定的一个人（菲比）讲述一个故事。而这个特定的目的就是珍妮不仅要让自己的好朋友听到自己的故事，同时还希望菲比将自己的故事告诉其他人，这跟她自己去说一样，因为她的舌头在朋友的嘴里。而菲比也承诺“要是你有这个愿望，我就把你要我告诉他们的告诉他们”[①]。而我们也知道，菲比一定会将珍妮的故事告诉常聚集在她家门廊边的那些黑人女性。

小说的主体部分由作者型叙述者来叙述。菲比在小说的叙述框架内是属于显身的受述者。然而在小说的主体叙述部分，她却一直隐身，直到小说回到珍妮的叙述才再次显身。因此，读者在阅读小说时，容易产生一种身份认同，无意识地将自己等同于小说中的受述者，认为叙述者是在向自己直接讲述故事。这也是为什么小说在主体部分要采取第三人称叙述，因为叙述的目标不仅仅是菲比一人，而是为了争取更多的读者大众。而对于大众来说，一个性别模糊的第三人称全知叙述的声音在当时比黑人女性的声音更具有话语权威性。珍妮认为有必要让菲比将自己的故事告诉镇上的其他人，因为“那些人由于无知都干瘪了”[②]，她们需要被唤醒。

明白了作者的这一目的后，我们再来看小说中的矛盾。当读者看到珍妮在被打后保持沉默，将会坐立难安。因为当故事叙述到这里，大家已经看到了珍妮巨大的声音力量。威廉姆斯在小说序言中指出：“在珍妮显示服从的地方，就是佐拉奋起反抗的时候。”[③]珍妮被打后的暴风雨、疯狗及珍妮因自卫而“杀死”迪·凯克就是最好的证明。那么，在这里我们读到了珍妮的沉默，同时也听到了沉默的声音在说话。作者在这里为读者预留了分享的空间，期待他们置身于作品的裂缝中，做出相

① 佐拉·尼尔·赫斯顿：《他们眼望上苍》，第 7 页。

② 同上条文献，第 208 页。

③ Anne Williams. “Foreword.” Zora Neale Hurston. *Their Eyes Were Watching God*. Chicago: University of Illinois Press, 1978, p.x.

应的回应。作者在这里用沉默代替声音是因为：一方面，这一方式可以逃避意识形态的监管，用女性的沉默表现女性的顺从；另一方面，她相信她的读者能够出于彼此的默契读出她字里行间隐藏的意义，能够解开她的密码。珍妮的沉默是为了激发千千万万读者反抗的声音。这样，我们就不难解释，为什么赫斯顿没有采用第一人称叙事，而把主要叙述声音赋予作者型叙述者。正如卡拉汉所说，“赫斯顿采取第三人称口述的方式来讲故事，无形中她将自己的感情投射到叙述者身上。另外她还采用了黑人布道词的形式，这种布道人与听众相互应答呼应的形式增加了作品的亲近感”①。一方面，采用作者型叙述可以使故事的叙述显得客观，带有普遍性和权威性；“另一方面，赫斯顿也如布道一般邀请她的读者们积极投入到作品中，这样读者不仅是作品的倾听者，还同时成了故事的参与者”②。如此一来，虽然文本中珍妮被打后保持沉默，但她的沉默引起了万千读者的疑惑，作者这样的安排也就激起了万千读者发出了反抗的声音。所以叙述者用珍妮第一人称声音的缺席建立了公众声音的在场，试图用女性的“沉默”建立其声音的权威。

在小说的高潮部分，接受者一直在期待珍妮的声音，看她如何在法庭上为自己做无罪辩护。而这种期待则与小说最后剥夺珍妮的第一人称叙述构成了某种张力，这种张力更加激发了受述者对声音的渴望。在法庭上，我们看到叙述者对白人男性、白人女性、黑人男性都有所描述，却唯独缺少了对黑人女性的描述。而从整本小说来看，我们也能看到除了珍妮以外，黑人女性作为群体是缺失的：小说中除了菲比作为受述者正面出场以外，赫斯顿还对另外两个黑人女性用了些许笔墨。一个是珍妮的情敌，而另一个人却与所有黑人为敌，她喜欢珍妮是因为她认为珍妮肤色淡，不像黑人，而对其余黑人女性则都是一笔带过。这样的一个缺失，同样是在呼唤黑人女性的倾听。珍妮在法庭上找不到任何的依靠，因为没有人能够真正懂得她的故事，而读者则填补了这个空缺。

---

① Michael Awkward, ed. *New Essays on Their Eyes Were Watching God*. p.19.

② 同上条文献，第 19 页。

故事的结尾处，当菲比满怀激情地告诉珍妮："天啊，光是听你说说我就长高了十英尺，珍妮。我不再对自己感到满足了，以后我要让山姆去捕鱼时带上我。他们最好别在我面前批评你。"[①]我们知道叙述者达到了唤醒黑人女性的目的。故事讲完，我们已经可以预计到，菲比会将这个故事传下去，讲给镇上的女人们听，甚至是讲给男人们听。有越来越多的人会跟她一样"长高了十英尺"，越来越多的人将自此不会对自己感到满足。她们会知道虽然在男权社会制度下，她们遭到了不同程度的压迫，但是她们本身有能力去反抗，她们跟珍妮一样拥有强大的声音力量，可以用自己的声音讲述自己的故事，建构自己的身份。

《他们眼望上苍》写于一个男权占绝对优势地位的父权制社会，作为一个黑人女性作家，在具体的社会历史语境下只有采取某些特殊的叙述策略才能将自己要传达的信息成功地传达到作者的读者那里，并希望更多的人能成为自己的读者，获得自己的信息。赫斯顿让一个黑人女性给另一个黑人女性讲述故事而构筑了一个私下的叙述模式。在这个模式下，赫斯顿一方面让自己的读者看到黑人女性声音的强大力量，另一方面让主流意识形态的监管者们认为这只是一个私下叙述，只是一个黑人女性在给自己的朋友私下讲述自己的罗曼史，对监管者没有威胁。[②]同时，赫斯顿又用故事外叙述者向大众讲述这个故事，争取将信息传递给更多的读者，达到自己的意识形态目的。赫斯顿在小说的形式上采用了公开的叙述声音（作者型叙述声音）和私下的叙述声音（珍妮的第一人称叙述）相结合的方式，在私下叙述的结构中让珍妮能够堂而皇之地向菲比讲述她的故事，同时又使用故事外叙述者以一种异故事的叙述声音为珍妮的故事做见证，并将其传递给更多人。在当时的社会条件下，赫斯顿为读者建构了一个如此理想的交流场景：一个善于讲述故事的叙述

① 佐拉·尼尔·赫斯顿：《他们眼望上苍》，第 208 页。

② 兰瑟认为当某种"形式"被认为不具有威胁性时，那么依靠这种形式传递的信息也就失去了威胁性。事实上，女人与女人间的私房话就被当时的主流社会认为是无意义的小事。参考 Susan Lanser, and Joan N. Radner. "The Feminist Voice: Strategies of Coding in Folklore and Literature." *The Journal of American Folklore*, Vol.100, No. 398, *Folklore and Feminism* (Oct.-Dec., 1987), p. 420.

者，一个渴望倾听的忠实听众，这也无疑是赫斯顿对黑人女性作家及读者大众的呼吁。她希望有更多的黑人女性站出来讲述自己的故事，同样也希望赢得更多的理想读者。

在证明了黑人女性声音的巨大力量之后，我们将继续讨论马歇尔的《褐姑娘、褐砖房》中的反抗声音。在《褐姑娘、褐砖房》中，黑人女性明白了自己声音的巨大力量，以话语为武器，反抗男性话语霸权，并在私下空间以男性身份为掩护参与男性社会话语权威建构，成功夺取了话语权力。

第二节　声音的反抗：《褐姑娘、褐砖房》中的话语武器①

马歇尔是非裔美国文学史中一个不可或缺的重要作家，她被认为是美国最重要的小说家之一；②同时也有人认为马歇尔是第一个全面深入剖析黑人女性心理的当代小说家。③马歇尔的创作精力可谓是经久不衰。她的创作始于20世纪50年代，其旺盛的创造力一直延续到21世纪的今天。在长达半个多世纪的创作中，马歇尔创作出版了许多脍炙人口的作品，长篇小说包括《褐姑娘、褐砖房》（1959）、《上帝的选地、永恒的人民》（*The Chosen Place, Timeless People*，1969）、《寡妇礼赞》（*Praisesong for the Widow*，1983）、《女儿们》（*Daughters*，1991）及《渔王》（*The Fisher King*，2000）④。其中，《褐姑娘、褐砖房》是马歇尔最具有影响力的小说，同时这本小说的诞生也使马歇尔成为非裔女性小说史中一个承前启后的作家。她的创作继承了赫斯顿、布

① 马歇尔的小说《褐姑娘、褐砖房》目前在国内尚未有译本，本节使用的中文引文均由笔者翻译，采用的书名《褐姑娘、褐砖房》和小说中人物的中文译名则参考王家湘：《20世纪美国黑人小说史》，南京：译林出版社，2006年。

② Henrietta Buckmaster. "I'm Somebody Now, Recognize Me." *CLC*, 27(1992): 310.

③ 同上条文献，第308页。

④ Yolanda Williams Page, ed. *Encyclopedia of African American Women Writers*. p.382.

鲁克斯，与她们一起率先成功塑造了非裔美国文学史中的新型女性形象；她的创作同时也开启了当代非裔美国女性文学的创作，在女性个人成长、性别定义及母女关系等创作主题方面影响了莫里森、艾丽斯·沃克、内勒等一批20世纪70年代以后从事小说创作的重要作家。①

《褐姑娘、褐砖房》主要讲述了20世纪四五十年代生活在纽约市布鲁克林区一个从巴巴多斯移民美国的黑人家庭的故事。小说也可以说是主人公赛琳娜（Selina）的成长故事。她在父母的不同理想与性格的斗争之间寻找自己的身份认同与自我的生命价值，最终在各种力量的影响下成长起来。在赛琳娜的整个成长过程中，她始终面临身份认同的困境：是要认同于“夏天”般温暖热情却又缺乏责任感的父亲，还是“冬天”般冷漠、易怒但又不懈奋斗的母亲。②赛琳娜就在这种矛盾斗争中不断成长，最终找到了自己的出路。

在对该小说的研究中，西拉（Silla）的形象分析一直颇受批评家们关注。小说主要采取了赛琳娜的视角，她眼中的母亲更多留给读者的是一些负面印象：母亲对待家里的每一个人似乎都冷漠残忍，她为了改变经济地位不惜欺骗丈夫的姐姐，背着丈夫卖掉了他的土地，目的是要在布鲁克林买房子；为了实现自己的目标，她威胁自己的女儿，逼走女儿的朋友，恐吓同楼的一个老租客并间接导致了她的死亡。最后她还向美国移民局告发自己的丈夫非法入境，导致丈夫在被遣返回国的路上自杀身亡。正如小说中对她的描写那样，她身上冬的气息“甚至让太阳在她那黑色的力量前退避三舍”③，从以上种种看来，小说中的母亲似乎是一个彻彻底底的反面角色。刘易斯·麦克劳

---

① Laura Weiss Zlogar. “Paule Marshall: Overview.” *Reference Guide to American Literature*. 3rd edition. Ed. Jim Kamp. Detroit: St. James Press, 1994. 该文作者认为，正如赫斯顿与布鲁克斯滋养了马歇尔的想象，马歇尔也为内勒、艾丽斯·沃克及麦克米伦等年青一代的作家提供了一个强大的文学榜样。另外，克里斯托认为《褐姑娘、褐砖房》的创作一方面建立在早期的女性作品的基础上，另一方面又具有20世纪七八十年代的女性小说中的重要特点。参见 Helene Christol. “Paule Marshall’s Bajan Women in *Brown Girl, Brownstones*.” *CLC*, 72 (1992), p. 248.

② 在小说中，叙述者通过赛琳娜的视角将父亲德顿与夏天的意象相联系，他总是沐浴在阳光之中；而母亲则是与冬天的意象相联系，她将冬天的寒冷气氛带到每一个地方。

③ Paule Marshall. *Brown Girl, Brownstones*. Mineola: Dover Publications, INC., 2009, p. 13.

德（Lewis Macleod）认为西拉既不是一个慈祥的母亲也不是一个女性主义的先驱，她完全操演了一个父权制下保守的男权主义角色，为了金钱与名誉不惜一切代价。她为了满足自己的个人欲望，毁灭了整个家庭成员之间的关系。[①]虽然有以上对西拉负面形象的各种描写和评价，奇怪的是，在大多数的文学批评中，学者们却一致为西拉辩护，认为她是一个伟大的母亲，坚强、勇敢、独立的黑人女性，女性主义的先驱等。海伦妮·克里斯托尔（Helene Christol）认为西拉代表了整个黑人女性社区的积极价值取向：拥有力量、勇气又坚忍不拔，能将屈辱的经历转换为创造性的能量[②]；她不醉心于社会地位，能够勇敢地为最基本的生存而斗争。有的批评家也为她的“恶劣”行为找到了正当的理由：她卖掉丈夫的土地不是出于一种自私的物质主义而是她绝望地意识到现实的残酷，丈夫的幻想无法实现；她之所以告发丈夫而害他被遣返，是因为她无法眼睁睁看着丈夫在这个不公平的美国社会遭受白人的压迫。她的这一行为不仅是保护丈夫也是在保护孩子们，不让她们为父亲所受的屈辱而感到痛苦。[③]为什么对于同一个人物，读者会有如此截然相反的解读呢？从小说中的描写来看，西拉似乎是一个穷凶极恶的母亲，然而小说却选择了其特殊的叙述策略让读者对此产生不一样的解读。

首先从作者来看，马歇尔将该小说“献给我的母亲”[④]。现实生活中，母亲在她生命中扮演了极为重要的角色，而父亲却在马歇尔 13 岁时就抛妻弃子加入了圣父教（Father Divine），走出了她们的生活。[⑤]不仅如此，在接受采访时，马歇尔无数次提到她创作小说的灵感主要来

① Lewis Macleod. “You Ain No Real-Real Bajan Man: Patriarchal Performance and Feminist Discourse in Paule Marshall’s *Brown Girl, Brownstone.*” *ARIEL: A Review of International English Literature* 37 (2006), p.178.

② Helene Christol. “Paule Marshall’s Bajan Women in *Brown Girl, Brownstones.*” p. 251.

③ Heather Hathaway. *Caribbean Waves: Relocating Claude Mckay and Paule Marshall.* Bloomington and Indianapolis: Indiana University Press, 1999, p. 105.

④ 小说开篇的献词就是“To My Mother”。

⑤ Joyce Pettis, and Paule Marshall. “A MELUS Interview: Paule Marshall.” *MELUS*, Vol.17, No. 4, *Black Modernism and Post-Modernism* (Winter, 1991-Winter, 1992), p. 121.

源于母亲与她的朋友们在厨房中的对话。她认为母亲们是“厨房里的诗人”。她们的对话让马歇尔体会到母亲们的话语及声音的强大力量。在谈到《褐姑娘、褐砖房》的创作时，马歇尔提到：

> 当我说似乎早有什么事情等在那儿让我去书写时，我是指过去所经历的一切，特别是我在厨房中倾听母亲和她的朋友们谈话的经历。她们讲述故事，讨论世界大事及政治事件等。所有的这一切都等待我去书写。当然我同样也想知道自己是否也具有我所感知到的母亲那种强大的语言力量。[①]

从引文可以看出，马歇尔开始创作时，一方面她是想书写母亲的故事，再现其强大的声音力量，另一方面她也想书写自己的故事，测试自己是否也如母亲一般有如此强大的语言力量。很多学者认为该作品是马歇尔的自传体小说，因为小说中的主要人物和涉及的主要事件都来自她的真实生活。[②]从某种意义上来说，与《他们眼望上苍》一样，《褐姑娘、褐砖房》写的是一个关于“讲述”的故事；该小说一方面彰显母亲讲述（运用语言）的力量，另一方面同时也是检测女儿讲述的能力。

笔者将从研究小说中的叙述交流入手，揭示马歇尔是采取怎样的叙述策略，让不同的读者读到不同的信息，而让作者的读者读到小说真正的信息的。笔者认为《褐姑娘、褐砖房》揭示了两代女性对理想的追求，西拉和赛琳娜都试图用自己的方式实现自我价值与身份认证。西拉面对现实的压迫，不惜一切代价奋起反抗。她将自己的“愤怒”转化为力量，把声音作为武器，最终实现了自我的目标，同时也彰显了自己声音的强大力量。赛琳娜在成长的过程中批判地继承了母亲的遗产，开始追寻自己的道路。虽然她对前方的道路依然感到迷

---

① Joyce Pettis, and Paule Marshall. “A MELUS Interview: Paule Marshall.” p.120.

② 从马歇尔接受的采访所谈到的自己的真实生活可以看到小说中的重要人物及其事件均来自自己的生活。克里斯蒂安认为马歇尔的第一部小说从某种意义上来说是自传。参见 Barbara Christian.“Paule Marshall.” *African American Writers*. Ed. Valerie Smith, Lea Baechler, and A. Walton Litz. New York: Charles Scribner’ Sons, 1991. 类似的观点参见 John Reilly. “Paule Marshall: Overview.” *Contemporary Novelists*. Ed. Susan Windisch Brwon. New York: St. James Press, 1996.

茫，但是她已经扬帆启程。

一、可靠的叙述与可靠的感知

西拉乍看是一个反面人物，然而马歇尔采取了特殊的策略，通过叙述者的叙述搭建起了作者与读者之间的有效交流，从而将自己想要传递的真正信息传递给读者并得到有效的回应。《褐姑娘、褐砖房》这部小说是马歇尔的自传体小说，那么本书则主要从作为叙述者的“马歇尔”和作为人物的“马歇尔”入手来讨论文本中的叙述交流，试图分析叙述者、人物——赛琳娜和作者如何相互合作从而将信息传递给目标读者以达成共鸣的。①

我们先来看作者是如何通过叙述者为自己与读者搭建起理想的交流平台的。虽然西拉看似犯了很多罪，但是叙述者通过其隐含的叙述策略偷偷地与读者达成了新的交流，从而改变了读者对西拉的看法。

《褐姑娘、褐砖房》小说采用了作者型叙述声音。和《他们眼望上苍》中的菲比作为故事内人物不同，由于小说采取公开叙述的方式，故事外叙述者直接向故事外受述者讲述故事，因此读者与受述者之间的距离相对较近。在阅读故事时，由于受述者没有现身，因此，读者容易将自己放在受述者的位置上，认为叙述者在向自己讲述故事。因此，小说一开篇，我们就会看到叙述者在向读者直接传递信息，通过叙述干预的方式试图操控读者对文本的阐释。

小说开篇是对主人公一家居住环境的描写。赛琳娜所居住的大街布满了褐色的破旧砖房。叙述者告诉读者“乍一看这条长长的大街，***你***以为这些相连的褐砖房是从一连串镜子中反射出来的同一所房子，然而***你***仔细一看，***你***会看到在厚厚的常春藤下面的每一家住房都各有

---

① 小说是一个自传体小说，赛琳娜以马歇尔为原型，因此，赛琳娜就是马歇尔在小说中的化身；叙述者是作者分裂出的另一个身份，因此，虽然不能将作者等同于叙述者，但本书在此处将叙述者与作者摆在同一立场，叙述者的声音力量与语言能力即体现了作者的声音力量。所以在这一部分，本书主要是讨论作为作者声音和视角载体的叙述者和人物是如何相互合作而与读者进行相互交流从而生产出符合隐含作者利益的意义。

其特色”[①]。叙述者在此首先就提醒读者乍一看这些房子似乎都是一样的，然而实际却是各有其特点。叙述者以房喻人，非裔女性就像我们所看到的褐色砖房一样，看似都是单调的棕色，但却是各有其特点。黑人女性在过去的文学作品中大都被塑造为程式化的人物，如黑人保姆、烈性女子、宗教狂热者。到了20世纪50年代，黑人保姆的形象幻化出了两个程式化的黑人女性形象：萨菲尔（Sapphire）[②] 与女家长式的形象，这两个形象都具有专横跋扈的特征。萨菲尔的突出特点就是她有能力让男人显得像傻子，一方面是因为她强壮、独立而显得非女性化；另一方面也因为她天生就盛气凌人，比男人强势。这种程式化的人物形象到60年代初就发展为黑人社区中的女家长式形象。她们在家中是一家之长。[③]大多数白人和黑人男性都将黑人女性看作这种程式化的人物，看不到黑人女性各自的特点。因此，小说叙述者连用了三个“你（们）”，与读者直接交流，一开篇就提醒读者：你本以为她们是一样的，仔细看来却又各有不同。这就是提醒读者你们一开始的看法可能是错误的，必须要仔细观察思考才能发现真相。西拉在小说中表面看来是一个女家长式的形象，她就是这一类黑人女性的代表：她强壮、独立、冷漠、强硬、邪恶，而其丈夫却似乎失去了男性气质。[④]叙述者告诉我们：赛琳娜“从来都无法单独想到自己的母亲，她总是将母亲与其他黑人女性联系起来，因为她们是相同的——她们都是充满警惕、充满愤怒的女人”[⑤]。然而，由于有叙述者开篇的提醒，读者则知道应该仔细观察，而不应该被表面的描述所迷惑。叙述者用短短一段话就巧妙地搭建起了与读者的有效交流平台，并成功引

① Paule Marshall. *Brown Girl, Brownstones*. p.1. 引文中的“你”是笔者为了使其更加醒目，突出叙述者直接与读者交流而将其加粗并变为斜体。

② 萨菲尔（Sapphire）的形象来自20世纪50年代的情景喜剧《阿摩斯和安迪》“Amos ‘n’ Andy”中的一个女性人物。她的特点是野蛮、吵闹、恶毒、固执与霸道。她是 50 年代电视和电影中塑造的“愤怒的黑人女性”形象的典型代表<http://www.ferris.edu/htmls/news/jimcrow/sapphire/>2012-07-05.

③ Barbara Christian. *Black Women Novelists: The Development of a Tradition, 1892-1976*. pp. 77-78.

④ 克里斯蒂安认为当时黑人女家长萨菲尔的形象就是强壮、独立、冷漠、强硬和邪恶。

⑤ Paule Marshall. *Brown Girl, Brownstones*. p.88.`

导读者去仔细观察小说中的黑人女性，说服读者不要被表面现象所迷惑。接下来，叙述者就让读者通过赛琳娜的视角来观察西拉，因为赛琳娜对待母亲的态度具有典型的双重性：她表面一直爱着温柔的父亲，否定母亲，但是从内心深处来说，“有某种原因让她总是支持母亲”①，因为母亲是家中的支柱。

小说虽然采用了第三人称全知叙述，但是小说中大部分的重要事件都是通过主人公赛琳娜的视角来讲述。小说分为四个部分，在每一个部分中女主人公都在不断长大。而随着她的成长，她对母亲的看法也在渐渐发生变化，从小时候的排斥，到理解再到认同，最后选择像母亲一样走出自己的路。为了让读者相信赛琳娜作为主要视角人物的可信度，叙述者同样是利用了作者型叙述声音的认证功能。

如果说在当时的社会历史语境下，黑人女性的声音权威遭到质疑，那么尚未成年的赛琳娜更是无任何的权威可言。因此，马歇尔在小说中依然采用了作者型叙述声音，以这个模糊的性别面具为掩护来讲述黑人女性的故事。然而，这个无性别标记的叙述声音在讲述故事的过程中不断对视角人物的可靠性进行反复认证。

整部小说中主要事件的发展始终贯穿着赛琳娜对母亲的认识变化。由于叙述者主要聚焦于赛琳娜，因此，读者对赛琳娜母亲的认识也受到了她的影响。再加上第三人称叙述者的认证功能，这让读者相信赛琳娜视角的可靠性。这样一来，读者对西拉的认识也是随着赛琳娜的认识而不断加深。小说采取一个孩子的视角来看待世界。理论上，读者与聚焦者（视角人物）之间在认识上存在着张力，因为读者与小孩之间的认识是有差距的。然而，由于叙述者的认证，读者受到叙述者叙述的影响而易于相信赛琳娜的视角。

在小说开篇，叙述者就提醒读者赛琳娜不是普通的孩子：

> 这双眼睛似乎不该是一个孩子该有的。她眼中透露出了过于成熟沧桑的色彩。似乎漫长生命的种种让她的眼睛变得过于

① Paule Marshall. *Brown Girl, Brownstones*. p. 113.

沉重。她可能是曾经变老过，而现在又奇迹般地变年轻了。不过她还完全拥有曾经历过的另一个人生的记忆。①

叙述者通过对赛琳娜的描写试图告诉读者赛琳娜是一个非同一般的孩子。她似乎经过岁月的洗礼，是一个充满生活阅历的智者。不仅如此，读者从后面叙述者的描述中还可以发现赛琳娜与她的同龄人不同，甚至比周围的成年人更成熟。当她知道母亲要卖掉父亲的土地时，她试图向周围的人求救。她首先向萨格求助，但萨格本人也在为自己的生活感到苦恼，结果反而是赛琳娜像大人一样安慰脆弱的萨格；她试图告诉父亲真相，结果是她不得不安抚惊慌失措的父亲；当她跟汤普森太太讨论这个问题时，汤普生认为她只是个孩子，而这些是大人的事。然而赛琳娜却像个大人一样勇敢地直面自己的母亲并大胆地说出了自己的想法。

可见叙述者的种种描述都是为了告诉读者赛琳娜视角的可靠性，因为她看起来是一个比小说中的大人更为成熟的人。这样，读者在阅读作品时就易于认同赛琳娜的视角和价值观。赛琳娜看似认同父亲，但仔细读来，赛琳娜对母亲的认识一直在不断深入并最终承认自己与母亲的相似，进而承认自己是母亲的女儿。赛琳娜最初否定母亲，然而母亲对于她来说却是安全的港湾、家庭的支柱。在小说中叙述者提道："赛琳娜有的时候会害怕战争。每当这个时候她总会走进厨房坐在角落里的小桌子旁，不出现在妈妈的视线内但却又离她很近。"②可见，母亲带给了赛琳娜安全感。母亲卖掉了父亲的土地，父亲在绝望之下挥霍了卖土地的所有钱以报复西拉。赛琳娜并没有为父亲的报复行为而感到胜利的快感，因为"她心里的某个角落总是希望母亲赢，爱着母亲的黑暗力量和不屈不挠"③。赛琳娜开始一直在拒绝对母亲的认同，拒绝认同母亲身边的黑人群体。然而，当她经历了与母亲一样的爱情并遭遇了与母亲一样的种族歧视后，她开始懂得母亲的行为。在一个白人与男性的世界里，母亲拒绝屈服。她坚持以自己的方式为自己和家人的生存而战斗。

① Paule Marshall. *Brown Girl, Brownstones*. p. 2.

② 同上条文献，第 55 页。

③ 同上条文献，第 114 页。

赛琳娜也同样如此，她拒绝所谓黑人的宿命，也像母亲一样试图用自己的方式实现自己的理想。如果说在小说的开始赛琳娜强烈抗拒自己与母亲的相似，那么小说的结尾赛琳娜则自己承认了这一点。她对母亲说：“过去每一个人都叫我是德顿的女儿，但是他们错了，因为你可以看到我真的是你的女儿。记得你曾经告诉我你是如何在 18 岁时离开家来到这里就是为了要做真正的自己，我是那么爱听那个故事，那也是我想要的生活，我想要这样的生活！”①赛琳娜最终认同了自己的母亲，也要像母亲一样去追求属于自己的生活。

由于叙述者采取了巧妙的叙述策略搭建起了与读者之间的有效交流，让读者通过赛琳娜的视角去观察自己的母亲。赛琳娜对西拉最终产生了认同感，受到该视角人物的影响，读者也易于与西拉产生共鸣，再加上叙述者的一再提醒，作者的读者最终能分辨真实的西拉。在该部分，读者可以通过作者采取的叙述策略感受到其声音的强大力量，因为我们的阅读和阐释极大地受到了叙述者的诱导和操控，从而一步步向着作者所设计的方向前进。既然西拉并非如表面上看来那般邪恶，那么在下一部分本书将继续讨论小说中西拉的声音力量从而进一步看清马歇尔笔下的黑人女性。

二、厨房中的诗人：黑人女性对声音权威的争夺②

西拉看似是一个典型的萨菲尔式人物，实则不然。从上部分的分析我们可以看出，叙述者一方面通过特殊的叙述策略，让读者在她的诱导下重新审视西拉；并同时通过聚焦于赛琳娜，让读者随着赛琳娜的成长而加深对其母亲的认识。马歇尔从小就惊讶于母亲的语言力量，她创作《褐姑娘、褐砖房》的灵感主要来自母亲的声音力量。在该部分，笔者主要讨论马歇尔如何通过母亲的声音来体现其强大的力量。小说中对母亲声音力量的描写主要来自对人物直接引语的使用。本书主要从两方面

---

① Paule Marshall. *Brown Girl, Brownstones*. p.265.

② “厨房中的诗人”来自马歇尔的一篇散文的题目“Poets in the Kitchen”。

来分析母亲的直接引语，从而阐释母亲强大的声音力量：一是小说中对母亲话语的格言式的引用，二是母亲与朋友和家人的厨房对话。

在小说的第一部分，“漫长的昼夜”主要是介绍小说中的各个主要人物。在小说第一部分的第一节中，主要出场的人物是赛琳娜、姐姐艾娜（Ina）、父亲德顿。赛琳娜与他们之间都产生了对话交流。唯独母亲西拉没有正面出场。然而，我们虽然没有听到母亲的声音，却能够处处感觉到她声音的在场。

在小说开篇，读者通过赛琳娜的视角可以观察到一家人的居住环境。赛琳娜非常享受家里的宁静，但是家中安静的前提是母亲的缺场：

> ①当楼上的白人老妇在她肮脏的床单上睡着时，②当她的父亲读报累了在阳台上睡着时，③当她的姐姐在地下室的房间睡着时，④当新住客萨格不在家时，家里就会很安静。⑤最重要的是（Above all），只有妈妈出去工作时家里才会安静。[①]

叙述者列举了五个条件。前面四个条件是并列的，因此用了四个并列从句来表现。只有最后一个条件是首要的。叙述者不仅将其单列成句还用了“最重要的是（Above all）”这个衔接词来引出最后一个条件。而最后这个条件就是只有妈妈出去工作时，家里面没有她的声音，赛琳娜才有可能享受到这种安静。由此可见，西拉的声音具有压倒一切的威力。随着剧情发展，读者发现西拉的声音对全家都有威慑力。赛琳娜试图在姐姐艾拉生病时去招惹姐姐，艾拉反抗赛琳娜的方式就是转引母亲的话“妈妈说了我今天病了，你不能来烦我”，而赛琳娜想起了母亲的忠告就不敢过分造次。[②]赛琳娜想单独出去玩，但母亲说艾拉生病了，赛琳娜不能单独出去玩。她试图向父亲求救，但父亲却说：“你应该听你母亲的，你妈妈最清楚（该不该让你单独出去）。”[③]由此看出，家里的一切都是西拉说了算。德顿连最简单的事都不能做主。在小说的第

---

① Paule Marshall. *Brown Girl, Brownstones*. p.3.

② 同上条文献，第4页。引文中的数字编码是由笔者所加，目的是突出赛琳娜家中若要安静需要具备的五个条件。

③ 同上条文献，第6页。

一节，西拉并没有像赛琳娜、艾拉和德顿一样正面出场，但她的声音却无处不在，具有强大的威慑力，就正如在本节结尾处，叙述者对西拉的评论：阳光在西拉的黑暗力量面前都要让道。①

从上面的描述中我们可以看到西拉在家中的地位及其声音的权威。西拉在小说第一部分的第二节正式出场，然而叙述者却让大家先闻其声，后见其人，进一步体现她声音的权威。这就是笔者前面提到的叙述者对西拉的话语格言式的引用。

在小说的这一部分，赛琳娜周围对她有影响的邻居一一登场，同时西拉也正面登场并引入了小说故事发展的起因。然而，作者并没有采用普通的叙述方式来介绍故事的人物，而是在每介绍一个新的人物之前率先引用了的西拉的一段话来描述这个人物：

> "那姘妇真是不知廉耻。跑到这个男人国倒是称了心了。每次都看见楼下有不同的男人按她家的门铃。"
>
> ——西拉②
>
> "That concubine don know shame. Here it tis she just come to this man country and every time you look she got a different man ringing down the bell..."③
>
> SILLA
>
> "看看她！她就是个活死人。她一直住这儿，都快成老妖精了。她最好赶快死，好把地方腾出来给别人。"
>
> ——西拉④
>
> "But look at she! She's nothing but a living dead. She been down here since they said 'Come let us make women.' She might of pass and pass away and make room in the world for somebody else."

---

① Paule Marshall. *Brown Girl, Brownstones*. p.13.

② 同上条文献，第 13 页。

③ "don" "it tis" 为黑人英语，后文 SILLA 所言话语中也存在其他黑人英语。

④ Paule Marshall. *Brown Girl, Brownstones*. pp. 15-16.

SILLA

“看看他！这男的压根不知道自己在想什么。他总是好高骛远，异想天开，求些实现不了的事。”

——西拉①

“But look at he. That’s one man don know his own mind. He’s always looking for something big and praying hard not to find it.”

SILLA

“可怜的汤普森太太。也不知道谁让她含辛茹苦地帮别人养着野孩子。自己那只长年疼痛的脚却不好好照看。”

——西拉②

“Poor Thompson. Somebody mussa put she so that she does break down work to support somebody else’s wilddog puppies, instead of taking care of that life-sore ’pon she foot.”

SILLA

上面的引文分别介绍了萨格、玛丽太太、德顿和汤普森太太。从引言的排版方式来看，马歇尔采用了引用格言警句的排版方式。我们知道格言一般都是比较精简并且蕴含着深刻意义的话语。由此可见，西拉在运用语言方面有极强的能力，但同时我们也看到此处的引言与格言引用不完全一样：作者同时将西拉的“格言”置于引号内。由于直接引语所产生的音响效应，因此我们在了解每一个人物之前，先是听到西拉用强而有力的声音在对他们下判词。西拉用简单的一两句话就为读者勾勒了几个人物最大的特点，读者从叙述者进一步的介绍中就会发现西拉对各个人物所下的定义至少是从她的视角来看是极为精准的。而作者在介绍每一个人物之前引用西拉对他们的定义，可见作者赋予西拉声音极大的权威。不仅如此，在每一个引言后面，西拉名字的每一个字母均大写，这样西拉的名字就显得尤为突出，更加有力。

---

① Paule Marshall. *Brown Girl, Brownstones*. p. 17.

② 同上条文献，第 22 页。

小说中充满了西拉参与的大量对话，其中最突出的就是厨房中的对话。本书就主要以厨房中发生的对话来探讨小说中西拉声音的力量。

在《褐姑娘、褐砖房》中有两个特别的场所：一个是专属于爸爸的公开场所——阳台，另一个是属于母亲的私下场所——厨房；而小说的主人公赛琳娜则是穿梭于这两个场所之间，在父亲与母亲之间寻求自己的身份认同。与传统观念不同的是，德顿在公开场所做最多的事就是睡觉和幻想。小说中总是出现赛琳娜看到父亲在阳台上沐浴在阳光中小憩的情景；而厨房这种在传统观念中不登大雅之堂的女人私下属地却不仅成了女人探讨天下大事的地方，同时也是她们筹谋大事的地方。在《褐姑娘、褐砖房》中，作者让西拉在女性私下属地——厨房讲述自己的故事。在《厨房中的诗人》中，马歇尔提到她和姐姐坐在角落中做作业时，经常听到母亲和朋友们在厨房中畅所欲言。“没有任何主题是她们驾驭不了的。她们的确会说一些八卦琐事，但是她们的对话同样涉及天下大事。”[①]《褐姑娘、褐砖房》中的厨房不是传统中那种只是女人烧菜做饭和闲话家常的地方，西拉在厨房中与朋友谈天说地，完成了她所有重要的谈话并筹谋了她所认为最重要的大事。

从传统的观念来看，战争、政治、经济、宗教等所谓男人的话题都应远离女性的谈话。女性与女性的对话似乎都被看作女性之间的闲话，难登大雅之堂。然而马歇尔在《褐姑娘、褐砖房》中却让黑人女性在私下的空间里堂而皇之地讨论天下大事。虽然这些女人的话题也会涉及孩子、丈夫这些被认为属于女性的“不重要的话题”，但她们更多是讨论着天下大事。正如马歇尔所说，没有什么话题是她们驾驭不了的，她们谈论的话题涉及政治、经济、战争、宗教等重要话题。西拉对每个话题都有自己独到的见解，掷地有声。在讨论教堂时，西拉认为教堂并不能导人向善，她说她“在教堂看到了太多的伪君子星期天在十字架前祈祷”。他们星期天在教堂“虔诚”祈祷，离开教堂

① Paule Marshall. “The Making of a Writer: From the Poets in the Kitchen.” *The Norton Anthology of African American Literature*. Ed. Henry Louis Gates Jr., and Nellie Y. McKay. New York: W. W. Norton & Company, Inc., 2000, p. 2074.

后依然用卑鄙阴险的方法去获得财产。“并不是谁召唤上帝，上帝都会进入他的。”在讨论战争时，“西拉突然咆哮道‘都是那些政客不断挑起战争！他们会在乎谁呢？受苦的永远是穷人，永远是有儿子的母亲们’”[①]。在讨论英国对巴巴多斯的政治剥削时，西拉认为英国人在物质上和精神上麻痹大众，用“兰姆酒商店和教堂联合起来让我们安于现状，懵懂无知”[②]。在经济方面讨论对待贫穷问题的态度时，西拉说：“明白无论怎么努力工作都没用，你都会穷一辈子，这是很可怕的。一段时间后，你就不再尝试努力争取了。人们看见你放弃便认为你是懒惰，但是这不是懒惰，只是你屈服了，某种程度上来说你已经完全绝望了……。”[③]西拉的各种评论不仅从侧面揭露了其所属民族在各方面所遭受的压迫，更重要的是读者从她的声音中也感到了强大的反抗力量，她的评论中充满了愤怒的抨击力量。正如赛琳娜也惊叹于母亲声音的力量：“妈妈的话语对她来说是活生生的。她感觉到妈妈的话语乘着空气带着强大的影响力冲进屋里。”[④]马歇尔在《厨房中的诗人们》中提到，母亲们在厨房中聊天对她们来说是一种疗伤，是一种发泄渠道，她们的话语就是她们的避难所。然而马歇尔也感觉到，母亲作为被边缘化的黑人女性，她们“无法容忍自己被隐形，不能容忍自己被剥夺权利。她们用自己唯一可以驾驭的武器——话语来奋起反抗”[⑤]。正如小说中西拉的朋友弗洛丽（Florrie）对她说：“西拉，说你想说的话！在这个白人、男性统治的世界里，你就必须把嘴当枪使。”[⑥]可见在这个由白人和男性主导的世界里，女性因为权利过于有限，所以只能用话语作为武器来进行反抗。

西拉的反抗行为最突出地体现在她那面对生活的困境却坚忍不拔、永不放弃的精神。为了家人和自己能够在美国生存下去，她不

① Paule Marshall. *Brown Girl, Brownstones*. p.57.

② 同上条文献，第 58 页。

③ 同上条文献，第 58 页。

④ 同上条文献，第 58 页。

⑤ Paule Marshall. “The Making of a Writer: From the Poets in the Kitchen.” p.2076.

⑥ Paule Marshall. *Brown Girl, Brownstones*. p. 58.

惜一切代价。小说最戏剧性的高潮部分就发生在厨房中，西拉背着丈夫卖掉了他在巴巴多斯继承的土地，想用卖土地的钱在布鲁克林买房安顿下来。德顿幻想有一天回到巴巴多斯去在自己的土地上盖一座自己的房子，过上与白人一样的生活，因此不同意卖掉自己的土地。西拉为达到自己的目的，冒充德顿的笔记与他在巴巴多斯的家人书信联系，最后成功卖掉了房子。西拉用一封封书信，用自己的书写成功篡夺了德顿的话语权，代替他卖掉了土地。这一切也让我们看到西拉强大的话语力量。然而作品处理得最为巧妙的是，西拉在成功卖掉土地后，她将德顿叫到厨房，用自己的声音将她整个卖土地的故事亲口讲述了一遍：

> 三个月前你写信告诉她你丢了工作，过得很艰难，急需用钱并希望她为了你卖掉土地。她去找律师，律师告诉她你必须签字授权于她帮你卖上地。她将文件寄过来，我签上了你的名字。她今天将土地卖掉了，我得到了 900 多美金。这 900 多美金现在就在纽约的银行里等着，而你那块肥沃的土地，没了！[①]

从上面的引文中我们可以看到每一个“你”（德顿）做的事，都是“我”（西拉）做的。西拉用丈夫（德顿）的男性身份及男性声音作为掩护，暗自将其转化为自己的话语权威，成功地卖掉了丈夫的土地，实现了自己的目的。这样一来，西拉通过自己的声音力量成功完成了疯狂的反抗。西拉的话语就是武器，话语就是行为。她抢夺了男性的话语权，暗自将其转换为自己声音的强大力量。

她以话语作为武器不仅抢夺了丈夫的话语权。从某种意义来说，西拉用自己强大的声音力量赶走了租客萨格，“吓死了”老太太玛丽，让丈夫被整个社区排斥，她最终将丈夫告发到移民局，间接害死了自己的丈夫。所有的这一切正如前面所说，似乎西拉为了生存不惜一切代价，什么事都干得出来。正如她在卖了丈夫的土地时，疯狂地说：“是的，都是西拉做的。西拉说谎、作假、伪造，她让她的灵魂下了地狱，但是

① Paule Marshall. *Brown Girl, Brownstones*. p. 96.

这些就是她做的。”西拉用第三人称来指称自己，似乎是分裂出了另外一个自己。而那个自己为了生存，哪怕是下地狱也不得不做这样的事。然而，作者并没有让西拉下地狱，读者也没有。虽然德顿为了报复西拉一次性挥霍了所有的钱，但是西拉同样凭借自己的努力最终成功地买到了房子。而从读者来看，正如我们前面所说，大多数的批评家都认为西拉是正面形象。

在小说《褐姑娘、褐砖房》中，马歇尔同样采用了无性别标志的作者型叙述交流模式。面对巨大的外部压力，在这个白人、男性统治的社会里，黑人女性只能拿嘴当枪使，把话语作为自己反抗的武器来获得自己的权力。小说中性别模糊的叙述者利用女性私下的空间——厨房作为掩护，向我们讲述了一个女性参与社会话语权威建构、争取发声权利的故事。西拉在厨房这个被认为是女性讨论琐碎家事的私下空间，与自己的女性朋友讨论政治、经济、战争、宗教等天下大事，并用自己的声音对其发表自己的独到看法。不仅如此，西拉还在这个女性私下的空间里筹谋大事，她以男性身份及男性声音作为掩护，暗自将其转化为黑人女性自己的话语权威，最终从男性手中成功夺过发声的权利。在当时的社会条件下，母亲批判霸权；然而迫于现实，她不得不想尽一切办法来获得权力，让自己成为掌握霸权的人。为此她不惜“下地狱”。她用最绝望的方式获得了自己声音的权力。与《他们眼望上苍》不同，《褐姑娘、褐砖房》中的黑人女性不仅相信自己声音的力量，同时她们还将话语作为武器发出自己最强烈的反抗以获得自己声音的权威。同时，《褐姑娘、褐砖房》中的黑人女性不再只拥有“菲比”这位理想的听众：西拉不仅有自己的黑人女性朋友们倾听她的故事，就算是在包括男性在内的黑人社区内，西拉也敢于发出自己的声音。

在讨论了黑人女性声音的觉醒与反抗后，我们将继续讨论作者型叙述交流模式在莫里森的小说《所罗门之歌》中的进一步发展。在《所罗门之歌》中，黑人女性不再只是被动反抗，而是能够用自己的声音，从自己的视角重新叙述历史，定义男性世界。

第三节　声音的代际传递：《所罗门之歌》中的历史叙述

今天当人们提到非裔美国文学，莫里森已然成为无法绕过的高山。她在当今美国文学界，甚至是世界文学中都已经取得了一席之地，其重要性无可置疑。莫里森在 20 世纪 70 年代发表了三部小说，虽然《最蓝的眼睛》和《秀拉》（*Sula*，1974）取得了不错的成绩，但是很多人认为直到《所罗门之歌》的发表，莫里森才真正走入了美国文学的殿堂，成了美国文学中不可或缺的主要作家。这一作品在学术界和大众读者界都获得了巨大的成功，有人甚至认为这是莫里森最伟大的作品。[①]与前两部作品不同，《所罗门之歌》不再只关注女性的成长，莫里森将书写的空间扩展到男性、家族史以至于黑人民族史。该小说在内容和所反映的主题方面比前两部作品都更加深广。

《所罗门之歌》自 1977 年发表以来，学界大都认为小说是关于主

① 学界很多人认为《所罗门之歌》是莫里森创作生涯的转折点，是对前两部小说的超越。该书曾获得美国国家图书奖，奠定了莫里森在美国文学中的重要地位。类似观点参见 James Draper, ed. "Toni Morrison: Nobel Prize in Literature." *Contemporary Literary Criticism*, Vol. 81(1994): 216; Wilfred D. Samuels. *Toni Morrison*. Boston: Twayne Publishers, 1999, p.8; Anne Marie Hacht, and D. D. Hayes. "Toni Morrison." *Gale Contextual Encyclopedia of American Literature*. Vol. 3. Detroit: Gale, 2009: 1163-1165; Carolyn C. Denard. "Toni Morrison." *Modern American Women Writers*. Ed. Elaine Showalter, Lea Baechler, and A. Walton Litz. New York: Charles Scribner's Sons, 1991, p. 328; Denise Heinze, and Sandra Adell. "Toni Morrison." *Nobel Prize Laureates in Literature, Part 3. Dictionary of Literary Biography* Vol. 331. Detroit: Gale, 2007, p. 290; "Morrison, Toni (1931)." *African American Eras: Contemporary Times*, Vol. 1: *Activism and Reform, The Arts, Business and Industry*. Detroit: U*X*L*, 2010, p. 95; Ralph Story. "An Excursion into the Black World: The 'Seven Days' in Toni Morrison's *Song of Solomon*." *Black American Literature Forum*, 23.1 (Spring, 1989), p.149; Diane Renée. *Literature and Its Times Supplement 1: Profiles of 300 Notable Literary Works and the Historical Events That Influenced Them*. Joyce Moss. Vol. 2: *The Great Depression and the New Deal to Future Times (1930s-)*. Detroit: Gale, 2003, p.421; Valerie Smith, ed. *New Essays on Song of Solomon*. Beijing: Peking University Press, 2007, p.10.

人公奶娃（Milkman）的成长小说，他通过对自我个人历史和家族集体历史关系的探索从而实现自我身份的认证。①也有学者认为莫里森以奶娃的成长为主线，同时批判了传统的历史和神话中将女性置于边缘地位的现象。莫里森对神话结构的挪用既批判了传统神话的男性中心主义特点，也同时为以女性为中心、以女性为主角的神话创造了可能。②他们强调《所罗门之歌》中女性人物的重要性，认为男性的成长伴随着身边女性的成长。奶娃的成长，对历史的探索主要依靠小说中的女性人物。特别是派拉特（Pilate）在小说中的重要地位无可置疑。③莫里森的前面两部小说都坚持以女性人物为中心，为什么《所罗门之歌》会突然笔锋一转去书写以男性人物为主角的故事呢？小说是关于奶娃的成长故事，这是不争的事实，那么在奶娃的成长背后是否还有别的故事呢？本小节通过对《所罗门之歌》中的叙事交流的分析，以及对小说中各种“声音”的研究，试图进一步探讨隐含作者想要向读者讲述的背后的故事。

---

① 类似观点参见 Marilyn Sanders Mobley. “Call and Response: Voice, Community, and Dialogic Structures in Toni Morrison' s *Song of Solomon*.” Ed. Valerie Smith. *New Essays on Song of Solomon*. Beijing: Peking University, 2007, p. 41; Leslie A. Harris. “Myth as Structure in Toni Morrison's *Song of Solomon*.” *MELUS* 17(1980), pp.69-82; Wilfred D. Samuels. “Liminality and the Search for Self in Toni Morrison's Song of Solomon.” *Toni Morrison*. Boston: Twayne Publishers, 1990, pp.53-78, pp.59-68; Cynthia A. Davis. “ Self, Society, and Myth in Toni Morrison's Fiction.” *Contemporary Literature* 23 (Summer, 1985), pp. 721-732; G. Brenner, “Song of Solomon: Morrison's Rejection of Rank's Monomyth and Feminism.” *The New England Quarterly* 15.1(1987), pp.13-14; Jane S. Bakerman. *Contemporary Literary Criticism*, 22 (1992), pp. 318.

② Michael Awkward. “Unruly and Let Loose: Myth, Ideology, and Gender in *Song of Solomon*.” *Callabloo*, 13.3 (Summer, 1990), pp.482-498; Ashley Tidey. “Limping or Flying? Psychoanalysis, Afrocentrism, and *Song of Solomon*.” *College English*, 63.1 (Sep., 2000), pp. 48-70; G. Brenner. “*Song of Solomon*: Morrison's Rejection of Rank's Monomyth and Feminism.” *The New England Quarterly* 15.1(1987), pp.13-14.

③ Marianne Hirsch. “Knowing Their Names: Toni Morrison's *Song of Solomon*.” *New Essays on Song of Solomon*. Ed. Valerie Smith. Beijing: Peking University, 2007, p. 73; Judith Fletcher. “Signifying Circe in Toni Morrison's *Song of Solomon*.” *The Classical World* 99.4 (Summer, 2006), pp. 405-418; Carolyn C. Denard. “Toni Morrison.” *Modern American Women Writers*. Ed. Elaine Showalter, Lea Baechler, and A. Walton Litz. New York: Charles Scribner's Sons, 1991, pp. 317-338; Claudia Tate, ed. “Toni Morrison.” *Black Women Writers at Work*. New York: Continum, 1983, pp. 117-131.

一、被遗忘的黑人女性声音

《所罗门之歌》的叙述者主要讲述了奶娃的成长故事，而他的成长不仅是关于自己的故事，也是通过其家族成员的集体记忆，挖掘和恢复自己家族史进而探索黑人民族史的故事。这一点受述者可以从叙述者的叙述中清晰可见。既然是关于奶娃整个家族的故事，那么我们首先来分析一下小说中奶娃家族的人物构成，见图 3-1：

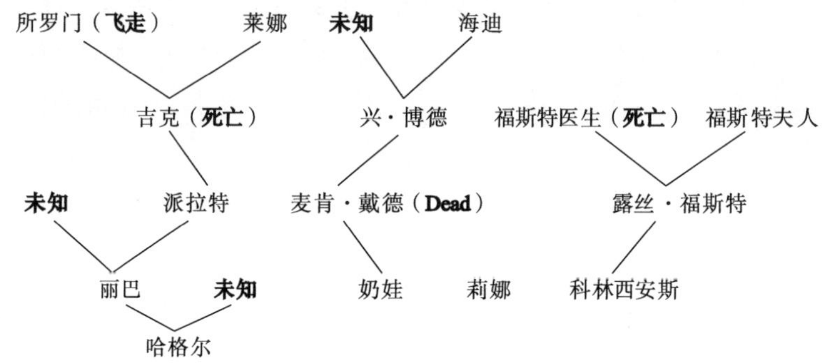

图 3-1　奶娃之家谱[①]

从图 3-1 我们可以看到戴德族谱中有一个巨大的缺失：父亲。首先是所罗门飞走了，留下莱娜和 21 个孩子。小说的故事开始于 1931 年，此时派拉特和麦肯的父亲吉克已去世，露丝的父亲福斯特医生也已经去世。派拉特这一分支下来，丽巴的父亲姓名未知，只知道是派拉特曾经待过的某岛上一男性岛民，而哈格尔的父亲则全无信息。小说中唯一剩下的父亲则是奶娃的“死”（Dead）父亲麦肯·戴德。玛丽安娜·赫希（Marianne Hirsch）认为戴德家族之所以笼罩在死亡的氛围中主要是因为麦肯·戴德。他对金钱与名利有着无尽的野心和贪婪，而对于妻子和子女却毫无怜惜与抚育之情。他是小说中唯一的一个在场的父亲，然而

① 戴德家族家谱参考 John Brenkman. “Politics and Form in *Song of Solomon*.” *Social Text*, 39 (Summer, 1994), pp.57-82. 笔者略有改动和添加。图 3-1 中加粗的部分由笔者添加。论文的作者用图 3-1 是为了梳理戴德家族的人物关系，而笔者借用戴德家族的家谱并做了修改是为了清晰地标出戴德家族中父亲及丈夫的缺场。

讽刺的是这个父亲的在场却让其家庭成员难以承受。[1]麦肯·戴德人如其名，不仅是一个精神上死亡的代表，同时还将死亡的气息传染给了家里的每一个人：他“经常在不动声色之中突然爆发一通脾气，全家人都因畏惧而惴惴不安。他对妻子的恼恨闪现在他对她说的每一个字眼里。他对女儿们所感到的失望像筛灰似的倾洒在她们身上，把她们黄油色的面孔弄得阴阴沉沉。他对她们的体面、她们的才智和她们的自尊心任意践踏”[2]。然而可怕的是，他的妻子和儿女们将戴德在家中激起的这种紧张和冲突及对她们的践踏当作了生活中唯一的刺激。似乎没有戴德对她们造成伤害，让她们感觉到痛，她们都不知道自己还活着。对于家中唯一的儿子来说，在其出生前戴德就差点害死他，在他成长的过程中，他一味地试图腐蚀其精神，试图将自己的贪婪和对物欲无穷无尽的追求传递给儿子。戴德死亡的气息甚至笼罩在他所居住的整个镇上，他对周围的人残酷无情，因此人们生动地将他所乘坐的轿车叫作“麦肯·戴德的棺材”[3]。只是这一棺材不只装着麦肯·戴德一个人，而是他一家人。

可见小说中这唯一在场的父亲名存实亡，小说中存在巨大的父亲缺失。这样看来，小说中父亲的作用似乎被边缘化。对于一个家庭来说，父亲、母亲和孩子构成了铁三角，然而在小说中似乎缺少了父亲，而只剩下母亲和孩子，那么是不是意味着在莫里森的小说世界中“父亲”被边缘化了呢？莫里森是否为了突出黑人母亲的巨大作用而“杀死”了家中的父亲呢？

读者仔细阅读小说就会发现，虽然小说中作为实体的父亲是一个巨大的缺失，然而父亲的作用却是处处在场。所罗门（吉克的父亲）、吉克（派拉特的父亲）及福斯特医生（露丝的父亲）都是活着的人与过去的联系。而奶娃的最终成熟与成长是因为寻到了家族的源头，获悉了祖父（吉克）与曾祖父（所罗门）的故事。他在寻找的过程中重述了家族

---

① Marianne Hirsch. “Knowing Their Names: Toni Morrison’s *Song of Solomon*.” p. 75.

② 托妮·莫里森：《所罗门之歌》，胡允桓译，上海：上海译文出版社，2005 年，第 15-16 页。

③ 同上条文献，第 40 页。

与黑人民族的历史，从而建构了自己的身份。父亲已经成为小说中历史的遗产、家族和民族精神的象征。奶娃的成长过程，或是说奶娃的身份建构过程是探索家族史、民族史和历史遗产的过程，也是寻找父亲的过程，可见父亲在小说中至关重要。赫希就认为虽然奶娃是小说的主角，但是文本的焦点显然是父亲们而不是儿子们。①莫里森曾坦言，《所罗门之歌》与自己失去父亲有关。她认为父亲的离开让她感觉到巨大的损失，似乎父亲的消失使得她周围的男性世界也随之而逝。她感觉到了巨大的空虚与空白，因此她利用自己周围的所有素材写了这本关于男性的小说来填补这个空白。②也就是说，从作者与读者这层交流关系来看，《所罗门之歌》可以说是莫里森从自己的视角出发，根据自己的记忆重新阐释，定义了消失的父亲及父亲的男性世界。不仅如此，细心的读者还会发现，小说中巨大的缺失对于孩子来说是"父亲"，而对于女性来说则是"丈夫"。在孩子们失去父亲的同时，文本中也留下了无数失去丈夫的女性。小说中叙述者讲述了1931—1963年的故事。然而《所罗门之歌》是在1977年出版的，也就是说1964—1977年在文本中是个巨大的空白。而1964年也正是莫里森与丈夫离婚独立抚养两个儿子成长的开始。丈夫走了，剩下自己（母亲、妻子）和孩子。与小说中如此类似的经历，不能不让我们联想到《所罗门之歌》也填补了莫里森自己人生的空白。丈夫的离开使教育和抚养孩子的重任落在了她自己的肩上。就正如小说中所有的母亲那样，当丈夫离开后，她们肩负起了家族的将来。《所罗门之歌》因此则有了双重任务：一是指向过去（父亲），为了继承以父亲为代表的家族历史；二是指向未来（儿子），将家族的历史和遗产传递给孩子以教育孩子成长。这样一来，一方面女性肩负起了定义父亲的重任：用自己的视角和方式重新解释父亲所代表的家族、民族史；另一方面女性作为母亲同样肩负起了定义儿子的重任：将自己所继承的家族史和民族史传递给下一代，教育他们成长，形成他们自己对

① Marianne Hirsch. "Knowing Their Names: Toni Morrison's *Song of Solomon*." p. 72.

② Toni Morrison. "The Site of Memory." *Inventing the Truth: The Art and Craft of Memoir*. Ed. William Zinsser. Boston: Houghton Mifflin, 1987, p.123.

传统新的解释。隐含作者的这一写作目的在小说序言中早有暗示。小说在出版时，《所罗门之歌》不仅包括叙述者讲述的故事文本本身，还包含一个伴随文本。[①]这个伴随文本出现在故事叙述开始之前，也就是说这是受述者无法得知的信息。只有有血有肉的读者在阅读小说时才能获悉。受述者听到的是叙述者叙述奶娃的成长故事，而当读者阅读到小说的伴随文本时，却可以得出不一样的故事：翻开书，首先映入眼帘的是独立成页的“Daddy”（爸爸）。[②]一个词单独占了小说的一页，而且在正文之前，其重要性无须多说。接下来的一页则出现两行文字：

> 父亲们可以翱翔（The fathers may soar）
> 而孩子们可以知道他们的姓名（And the Children may know their names）[③]

这个伴随文本中有父亲和儿子，却缺少了母亲。然而当父亲飞走后，孩子们从何处得知其名字，这之间必然少了母亲这一环。父亲飞走后，留下了母亲和孩子，而母亲自然肩负起这一告知孩子父亲姓名（家族历史）的重任。正如我们前面所说，这一重任本身是双重的：一方面，父亲飞走了，家族的历史只能由母亲继承；另一方面，她还要将历史遗产传递给孩子，教育孩子并与其一同书写新的历史。所以从伴随文本来看，小说向我们讲述的是母亲向孩子讲述父亲名字的故事，也就是母亲继承并传递历史遗产的故事。那么，母亲的“讲述故事”本身就成了小说文本中一件重要的事。既然父亲的故事由母亲来讲述，那么可见《所罗门之歌》是女性（母亲）用自己的声音在定义父亲，也就是在定义历史；既然孩子的教育由母亲来承担，那么也就是母亲同时用自己的声音定义了儿子。《所罗门之歌》中女性用自己的声音，从自己的视角定义了传统的

---

① “伴随文本”这一提法由赵毅衡先生提出，指“文本外伴随的符号文本，是伴随着文本一道发送给接收者的附加因素”。该概念的系统阐述参考赵毅衡：《符号学原理与推演》，南京：南京大学出版社，2011 年，第 141-158 页。

② 托妮·莫里森：《所罗门之歌》，2005 年。

③ 同上条文献。

男性世界，也就是女性正从自己的视角出发，用自己的声音重新阐释和书写历史。女性的这一重要作用正如在伴随文本中一样是被历史所略去的，然而莫里森用这一女性的缺场来邀请读者一起去补充女性声音，使其在场，恢复女性在历史中的重要地位。[①]莫里森通过这一伴随文本传达了隐含作者的声音，而隐含作者的这一声音必须要通过作者的编码和读者的合作解码才能听到。也许我们可以根据隐含作者的意图将这一伴随文本改写为：

父亲们可以翱翔
而母亲们会告诉孩子们父亲的名字。

二、黑人女性对历史的继承

对小说作者的创作背景及小说伴随文本的讨论可以看到女性肩负了继承历史遗产的使命。这一观点首先反映在小说中的女性人物（特别是以派拉特为中心的母亲）与父亲（即历史）的联系。小说中唯一在场的父亲麦肯·戴德自父亲死后就与其割断了联系，而奶娃与父亲的关系也可谓是糟糕透顶。而女性则不一样，露丝在父亲死后还时常去父亲所在的墓园与之交谈，保持了与他的联系；派拉特与父亲之间剪不断的关系更是成了推动小说发展的重要情节。派拉特小时候与哥哥麦肯一起经历了父亲的死亡，经历了山洞中白人的死亡，然而他们对这些事件的阐释却完全相反。麦肯因认为父亲是为了财产被白人杀害，因此他的生活以最大限度地敛取钱财为目的；而他之所以跟派拉特分道扬镳，并对她怀有深深的恨意，最大的原因也是山洞中被他杀死的白人留下的金子。派拉特则不同，虽然父亲死了，但是她却与父亲保持了不断的联系。在派拉特给哥哥讲述关于他们分开以后自己的故事时我们得知：（父亲）不

① 莫里森无数次地在接受采访时提到在她的所有作品中她都为读者预留了参与的空间，目的是邀请读者共同创作自己的作品。参考 Deborah A. McDowell. “Review, 1992.” *Contemporary Literary Criticism*, 81 (1992), p. 253. 也就是说在伴随文本中，莫里森不是忘了“母亲”，这个明显的缺场是为了邀请读者一起参与来创作阐释文本。

断来看她，去了又来。告诉她该干些什么。起初父亲只告诉她要唱歌，唱下去。后来他来了，明明白白地说："你不能就这样飞来飞去，而留下一具尸体不管。"派拉特认为他父亲是要告诉她"一个人的生命是宝贵的，你不能飞走而扔下它不管"①。因此她就回到了山洞，将山洞中的尸骨找回；无论她居住在哪里，她都一直将洞中寻回的尸骨带在身边。她认为她需要对这个生命负责。派拉特歌唱的行为和带着尸骨的行为向我们显示了她与过去一直保持了紧密的联系。然而故事叙述到这里，无论是派拉特自己，还是受述者、读者都不知道她的这一行为是对她家族历史的继承。

派拉特一直坚持做父亲让她做的两件事：一是一直唱下去；二是不能飞来飞去，留下一具尸体不管。而这两件事都是对其家族历史遗产的继承。

父亲让派拉特唱下去（也许父亲是在呼唤自己妻子"兴"Sing 的名字），派拉特就一直坚持不断唱下去。因此小说中不断重复派拉特演唱同一首歌：

> 噢，焦糖人飞走了
> 焦糖人走啦
> 焦糖人掠过天空
> 焦糖人回家喽②

派拉特和读者都是到最后才知道原来她一直唱的这首歌就是记录了其家族史的歌，歌中讲述了她的父亲和曾祖父所罗门的故事。虽然不知道这些，但是她一直传唱这首歌，将这首歌交给了自己的女儿和孙女，让她们能接着唱下去，这样派拉特将她们家族的历史继承了下来。

父亲让她不要"飞来飞去，而留下一具尸体不管"，因此她将洞中的尸体一直带在身边。她们家屋里一直吊着一个绿口袋，哈格尔告

① 托妮·莫里森：《所罗门之歌》，第 241 页。

② 同上条文献，第 10 页。

诉奶娃“那是派拉特的东西。她说那是她的遗产”[①]。阅读完小说的第二部分我们才知道无论是父亲的这句话还是口袋中的东西原来都大有玄机。

父亲的这句话仔细读来明显有双重意义，因为句中的“尸体”在不同的语境下具有不同的象征意义。根据故事的发展我们可以知道，吉克是所罗门最小的孩子。所罗门飞走时，“把他掉在大房子门廊附近了，海迪就是在那里发现他的。所罗门掠过一棵树时离得太近，孩子从手臂中滑脱了，穿过树枝落到了地上，海迪跑过去抱起了他”[②]，就将他抱回去养了。吉克因被父亲抛弃，所以一直重复这句话。在这个语境下，这个身体意指“儿子”。他一再重复这句话是强调父亲对孩子的责任。父亲为了自由飞走了，同时这一行为也是对留下来的人的不负责任。这句话同时还有另外一层意思，吉克死后身体没有得到妥善的处理，麦肯将他“埋得太浅，也太靠近水边，下一场大雨尸体就漂出来了，尸骨不得安葬，死者会打心眼里不痛快”[③]。在这个语境下，尸体却是指“父亲”，象征着家族的历史与过去。父亲飞走后，吉克由女性（海迪）养大，是女性完成了教养下一代的任务。父亲（吉克）死后，麦肯没有能够将其妥善处理，而这一任务也由女性来完成。从后面的故事发展，我们看到派拉特的绿口袋中一直装着的尸骨原来是属于父亲的。她一直将其称作自己的遗产，这的确一点没错，因为这口袋里装了自己的父亲，即自己家族的过去与历史。她无论流浪到哪里，都带着这个绿口袋，也就是说作为一个女性，她始终将两个责任扛在肩上：一是继承家族历史的责任；二是传递家族历史、教育子女的责任。

除了从女性人物与父亲的关系来诠释女性与历史的关系，莫里森还借助女性人物的真实声音来讲述历史，从而证明她们是历史的保存者。

小说文本中故事情节的发展在现在与过去之间交叉进行。对过去的每一次回忆都推动了故事情节的进一步发展。当过去追溯到源

① 托妮·莫里森：《所罗门之歌》，第 116 页。

② 同上条文献，第 378 页。

③ 同上条文献，第 286 页。

头——非洲人会飞的传说，故事的发展也就走到了结局，奶娃也完成了自己的旅行。在这些回忆中，除了叙述者向我们讲述了大量的历史以外，几乎所有最关键的关于历史的回忆，莫里森都让女性用自己的声音来叙述。首先，派拉特对奶娃讲述了自己的童年和父亲被害的故事，建立了与奶娃之间的亲密联系①。其次，派拉特讲述了自己与那袋金子的故事，告诉奶娃她回山洞是因为父亲要她回去，从而说服奶娃她没有拿金子。这一叙述使麦肯相信金子还在山洞，因此推动了奶娃的南部之旅。②再次，瑟丝讲述了吉克和兴（Sing）的故事，奶娃从她那里获悉了祖父和祖母的真实姓名，同时瑟丝的叙述也从侧面揭开了“唱下去”和“尸骨”的秘密。③最后，苏珊·博德讲述了所罗门飞走、留下吉克、海迪抚养了吉克的故事。同时揭秘了非洲流传的非洲人会飞的古老传说，从而家族历史追述到了源头，故事的发展也走到结局。④

通过分析女性讲述的故事，我们可以看到女性记录了自己家族的所有重要历史，用自己的声音重新讲述了这些历史，而她们对历史的保留与重新叙述同时也是将历史传递给下一代，从而推动历史的发展，并与下一代一起创造并书写新的历史。

三、黑人女性对历史的创造与传递

黑人女性是黑人历史的储存者，她们在小说中得以用自己的声音来叙述历史，从而也就将历史传递给了以奶娃为中心的家族成员的下一代。让下一代的黑人子孙继续继承历史以形成自己对历史及传统的新理解，并在新的历史语境下书写新的历史。

在非洲文化语境下，女性充当着孩子的文化教育者的角色。社会学家埃达·米尔（Ada Mere）认为作为故事的讲述者（tale teller）和

---

① 托妮·莫里森：《所罗门之歌》，第 49-53 页。

② 同上条文献，第 241-242 页。

③ 同上条文献，第 280-290 页。

④ 同上条文献，第 374-379 页。

教育者（instructor），女性在孩子的社会化过程中持续发挥着首要作用。[①]在《所罗门之歌》中，奶娃正是沿着女性规划的路线，听着女性讲述的故事而一步步走向成熟。

《所罗门之歌》中女性对奶娃的定义，首先体现在小说中男性与女性展开了叙述权威的斗争，他们都分别向奶娃讲述故事，而奶娃最终选择了相信女性的故事，沿着女性的指导方向前进。在这个斗争过程中，我们可以看到叙述者的声音与女性人物声音之间的有效合作。莫里森同样用这个没有标出性别身份的作者型叙述声音不断认证女性人物讲述故事的真实性。

男性与女性叙述权威的斗争首先体现在命名上面。奶娃（Milkman）从父亲那里继承了和父亲完全相同的姓名麦肯·戴德，然而小说中叙述者从头至尾也没有承认这个名字，没有用这个名字称呼他。奶娃之所以有此绰号则是因为其母亲在他四岁时依然用母乳喂养他而被弗莱狄撞见，并把这件事宣扬了出去。从此奶娃便有了这个“他一辈子都甩不掉的名字”[②]。可以说这个名字是奶娃的母亲给他的。在小说中，在介绍“奶娃”这名字的由来之前，叙述者用的都是“孩子”“儿子”“男孩儿”，或是“他”这些称呼来指称奶娃，而当交代了“奶娃”这个名字的由来后，叙述者就自然而然地开始用“奶娃”来指称小说的主角。

《所罗门之歌》中麦肯·戴德不仅在给孩子命名这件事上输给了露丝和派拉特，在对历史的叙述上，他们也在竞争是谁最终讲述了事实，是谁的叙述更具权威，更能让奶娃相信；而在这一竞争中麦肯·戴德同样败下阵来，输给了女性。

麦肯·戴德与露丝之间一直争论的是福斯特医生死时露丝的行为。麦肯坚持认为福斯特医生与露丝之间有乱伦关系。因此他告诉奶娃福斯特医生死时，他发现露丝“就躺在他身边。跟条看家狗似的一

① Gay Wilentz. “Civilizations Underneath: African Heritage as Cultural Discourse in Toni Morrison’s *Song of Solomon*.” *African American Review*, Vol. 26, No.1, *Women Writers Issue* (Spring, 1992), p. 64.

② 托妮·莫里森：《所罗门之歌》，第 20 页。

丝不挂，亲吻着他。把他的手指含在嘴里。”他甚至怀疑“莉娜和科林西安斯是不是他的孩子，质疑福斯特医生给女儿接生的事等”[①]。奶娃因父亲的叙述而感到迷惑，不知道他说的是真是假。后来他跟踪自己的母亲到外公的墓地，又听母亲重新叙述了同一件事。露丝指出麦肯“只会告诉你让他心满意足的事情，我知道他从来没对你讲过，是他杀了我父亲，他还想杀你”。“据我猜测，对他来说，我父亲的钱比杀死我所感到的满足更为重要。”露丝否认父亲死时她一丝不挂地跟他躺在床上，不过她“确实跪在他的床边，穿着带背带的长衬衫，吻着他那漂亮的手指头”[②]。此时的奶娃也许对父亲和母亲的叙述无从选择，不知该相信谁。然而与奶娃不同，由于叙述者对女性的偏向，读者更容易相信露丝的叙述。首先，叙述者对麦肯本人的描述一直是负面的，从而在读者心里留下了负面印象。相反，露丝在读者的心里却是一个可怜的女人，值得同情。因此在阅读时，读者必然更容易相信露丝的叙述。再加上叙述者在开篇就为读者认证过这件事可能只是麦肯·戴德自己的幻想，叙述者在故事开始不久就提到过：“有一次他相信，她把嘴贴在那死人手指上的景象会使他记一辈子。可是他错了，一点一点地，他对细节记得越来越少，直到最后他只能靠想象，甚至靠杜撰，来揣摩他们该是曾经如何如何。”[③]叙述者的这一叙述证实了露丝的确亲吻过自己的父亲，而麦肯所给的其他信息有很大可能是他“想象”和“杜撰”的。由此，麦肯的信誉大打折扣。而与麦肯相反，露丝所说的却极为可信。从前面的叙述，我们知道麦肯的确是一个贪得无厌的人，金钱与露丝相比，他更看重金钱，这是读者可以预测的。他也的确想阻止奶娃出生，如果不是得到派拉特的帮助，奶娃不可能活着并长大。因此作者型叙述者发挥其认证功能，让读者更容易相信露丝的叙述而质疑麦肯的叙述。因此，二者的叙述相比，露丝的叙述更可信，露丝的声音更具有权威性。

---

① 托妮·莫里森：《所罗门之歌》，第 88-89 页。

② 同上条文献，第 147-149 页。

③ 同上条文献，第 22 页。

派拉特与麦肯的较量主要是对山洞中金子的回忆。麦肯坚持认为是派拉特拿走了金子，而叙述者对这件事自然有自己的偏向。当奶娃告诉麦肯派拉特的绿口袋后，麦肯认为那是派拉特独自拿走的金子。他开始追述过去，给儿子讲述他父亲死后他是如何与派拉特一起逃亡、一起躲到山洞、杀死白人、发现金子的事情。然而当麦肯开始讲述自己和派拉特的经历时，叙述声音却被叙述者偷偷转换成了自己的声音，叙述者在这里剥夺了麦肯讲述这个故事的权力，而是由叙述者自己来客观地讲述这个故事。①直到故事讲述完毕，麦肯才说“她拿了那金子。经过那一切之后，她拿了那金子”②。可见，认为派拉特拿走金子的人是麦肯，而叙述者并没有认同他。而接下来麦肯就唆使自己的儿子去做小偷，他的道德品质可见一斑，而他叙述的可信度自然大打折扣。我们还可以通过奶娃后来对这件事的反映来证明麦肯叙述的不可靠。当麦肯污蔑派拉特是坏女人时，奶娃反驳他父亲道：

> “她还是坏女人？你认为她偷了藏金。整整这么些年……整整这么些年，你就以此来跟她过不去。她怎么可能肩背足有一百磅的口袋，偷偷摸摸地溜出一个山洞，在五十年里竟然一点没花掉，就是为了把它像一口袋洋葱似的吊在屋顶上。”③

可见麦肯的叙述是多么荒谬和不可靠。如果说奶娃在前面还弄不清楚是不是该相信父亲关于母亲的叙述。那么现在他已经可以分辨父亲的叙述是不可靠的。

叙述者对待派拉特却是另外一种态度。当派拉特不计前嫌，从警察局救出奶娃和吉克后，叙述者将叙述权交给了派拉特。派拉特用自己的声音交代了她并没有取走金子。她的确是回去过山洞，但是她回去是应父亲的要求去取回他哥哥杀死的白人的尸骨，她是在为哥哥所犯下的罪负责任。④虽然只是短短的回忆，但是这段回忆却体现了派拉特与父亲

---

① 托妮·莫里森：《所罗门之歌》，第193-200页。

② 同上条文献，第200页。

③ 同上条文献，第238页。译文有改动。

④ 同上条文献，第241-242页。

之间真挚的感情，感人至深。同时，这段回忆也从侧面体现了派拉特高尚的情操，与麦肯形成了鲜明的对比。派拉特的叙述结束之后，叙述者又从奶娃的视角，用自己的声音展现了奶娃经历此事后的心理变化，让奶娃回忆起派拉特对他所有的好，从而进一步使派拉特的形象变得更为高大：她为他煮过有生以来最可口的鸡蛋，教他认识天上的蔚蓝色。她给他讲故事，唱民歌，吃香蕉和玉米面包，冬天给他喝热栗子粥。她用魔力将他送到这个世界。她为了救他出警局，甘愿公开自己的秘密来满足他们的轻蔑、嘲弄、怀疑、卑鄙、奇想、烦恼、权力、气氛及厌倦，总之她为奶娃做出了一切有用的事。①可想派拉特是多么无私伟大。这增加了派拉特叙述的可信度，增强了其叙述声音的权威。而能做到这一点，这个作者型的叙述者功不可没。

在母亲与父亲的叙述竞争中，奶娃相信了两位母亲的叙述。自然也就意味着接受了母亲所传递的历史。莫里森一方面从叙述竞争来阐述女性对历史的传递，另一方面从《所罗门之歌》中我们还可以看到，奶娃一直是按照女性设计的路线在成长。在他成长的过程中，所有重要的引路人都是女性。这些女性让他最终找到自己家族历史的源头，从而实现了对自己身份的建构。

奶娃从出生开始就备受女性眷顾。若不是有这两位母亲（露丝和派拉特），奶娃早就被扼杀在露丝腹中。如果说露丝给予奶娃的是身体上的滋养，那么派拉特给予奶娃的则是精神上的陶冶。奶娃与派拉特第一次见面时，派拉特就给她讲述了过去的故事，并将贯穿全文的那首储存着家族历史的歌曲唱给他听。与两位母亲不同，父亲麦肯在其出生前就试图夺走他的生命。而父亲第一次试图教育自己的儿子，却是告诉他："目前你最需要了解一件重要大事：要掌握财产。用你掌握的财产再去掌握别的财产，这样你就可以掌握你自己，也可以掌握别人了。"②后来为了获得更多的财产，他还唆使自己的儿子去偷派拉特的遗产。如果说麦肯一生教给儿子的是对金钱无休止的贪念，那么派拉特一生教给奶

① 托妮·莫里森：《所罗门之歌》，第 243-244 页。

② 同上条文献，第 68 页。

娃的则是对家族的责任、对历史的责任。

奶娃本是去南方寻找山洞中的金子，然而因为有小说中的这一群女性一步步的指引，奶娃最终寻找到的是家族的源头和历史，寻找到了比黄金更重要的家族遗产。首先，奶娃回到南方去寻找藏着金子的山洞。他是踏着派拉特走过的路，寻着她的足迹去寻找山洞的。他一路都在打听有没有人认识派拉特，打听派拉特走过的路线，试图通过派拉特的信息找到山洞。可见奶娃的成长之路是派拉特曾经走过的路。同时，在这一路上还出现了瑟丝，瑟丝不仅告诉了奶娃他们家族的历史，同时还给他指明了派拉特去过的那个山洞的路径：

> 尸骨不得安葬，死者会不痛快的。一定会打心眼里不痛快的。你要去找尸骨一点不费事。你回到来时的路上去，往北走到一个栅栏门跟前。栅栏门已经倒了，可是您还能认出来是个栅栏门，门里边就是那一片小树林。往里走上一段路，你就会遇到一条小溪。穿过小溪，你会看到一片更大的树林，再往前是矮矮的一溜山头。山洞就在那些山头的正面。回去告诉你爹，你在一个墓地把爷爷妥善地埋葬了。也许还可以立一块像样的石碑。①

从上面的引文，我们可以看出瑟丝指引奶娃去山洞是寻找爷爷的尸骨并将其妥善安葬。这一行为一是为自己父亲曾经的疏忽负起责任，二是寻找爷爷的尸骨也具有寻找家族历史的象征意义。他的这一行为正是派拉特曾经做过的事。因为父亲说过你不能扔下一具尸体不管。奶娃遇到瑟丝并揭开了派拉特的绿口袋中的尸骨之谜，而自己也在成长的道路上更进了一步。

接下来，奶娃又遇上了博德。从博德那里奶娃最终解开了一切的家族之谜，知道了非洲黑人会飞的民族传说，知道了自己的祖先所罗门会飞的故事，也知道了吉克和兄弟们及曾祖母被抛下的故事。家族历史追述到了源头，奶娃的成长之旅也接近尾声。

---

① 托妮·莫里森：《所罗门之歌》，第286页。

小说结尾处派拉特得知了自己一直带在身边的尸骨原来是父亲，她原来一直将家族的历史带在身边，她原来一直在完成着如此重要的使命。她临终前对奶娃说："我要是再多结识一些人多好啊，我会爱他们大家的。要是我认识的人再多些，我也可以爱得更多了。"①派拉特临终之言似乎是意识到自己的重要作用，那是她曾经没有意识到的。现在她相信如果她以前多认识一些人，那么她所能够影响的就不仅是奶娃，而是更多的人。小说的结尾处无论是派拉特还是读者都明白了女性在历史中所发挥的重要作用从而恢复了女性在历史中的重要地位。当派拉特让奶娃给她唱点什么听的时候，奶娃唱响了派拉特传递给他的家族历史的歌：

> "焦糖女不要把我丢在这里
> 棉花球铃会把我窒息
> 焦糖女不要把我丢在这里
> 巴克拉的胳膊会把我扼起。"②

派拉特成功地将家族历史传递给奶娃。然而不同的是，在新的历史语境下，由于派拉特创造的新历史，奶娃形成了自己对历史的新阐释。在他的歌声中，"焦糖人"成了"焦糖女"，也就是说黑人女性成了神话中会飞的英雄，同时女性也成了家族历史和民族历史的象征。女性"无须离开地面，就能飞了"③。

《所罗门之歌》写于 20 世纪 70 年代，黑人受到的待遇在政治、经济和文化等方面都得到了明显改善。也就在此时，黑人男性在黑人权力运动中强烈呼吁恢复和捍卫黑人男性父权制，认为黑人男性应该建立自己在家庭领域和外部政治领域的统治地位，这样才能使黑人民族获得真正的自由。④也同样是在这个时期，黑人女性也开始形成了以女性为中心的黑人女性书写群体。她们开始关注家庭暴力、性别压

① 托妮·莫里森：《所罗门之歌》，第 391 页。

② 同上条文献，第 391 页。

③ 同上条文献，第 392 页。

④ Rolland Murray. "The Long Strut: *Song of Solomon* and the Emancipatory Limits of Black Patriarchy." *Callaloo* 22.1 (Winter, 1999), p. 122.

迫及种族主义与贫困给黑人带来的恶劣影响。更重要的是，她们开始关注黑人女性在促成社会变化中的积极作用，将女性写入了历史的中心。[①]这自然与当时的黑人男性的观点形成了抵触。在这样一个充满矛盾的历史语境下，莫里森笔下的叙述者为我们讲述了一个以男性为中心的故事，这一行为事实上暗地里将男性转换成了被书写的客体。而同时莫里森又邀请读者积极加入叙述交流，与作者一起补充“母亲的缺场”。当一部分读者认为故事是以男性为中心时，作者的读者却发现隐含作者要为我们讲述的是一个黑人女性如何从边缘走到中心，用自己的声音传递历史，恢复其在历史中的重要地位，同时建立其声音的权威的故事。从声音权力来看，在《他们眼望上苍》中，黑人女性证明了自己声音的力量，并呼吁大家发出自己的声音；在《褐姑娘、褐砖房》中黑人女性将自己的声音作为武器反抗男性声音霸权，成功获得了声音的权力；在《所罗门之歌》中，黑人女性不再是被动反抗，而是能够从自己的视角重述历史，定义男性世界，最终获得了声音的权威。

第四节 小　　结

本章主要讨论了黑人女性小说家如何通过作者型叙述交流模式建构声音的权威。20 世纪 70 年代以前，特别是民权运动之前，黑人女性作家面对着相对较大的压力。由于社会历史语境的局限，以及该时期黑人女性小说家与读者间相互关系的特殊性，黑人女性作家只能选择适合自己的有限叙述策略来讲述女性的故事。在该时期，由于政治、经济和教育等问题，黑人女性作家不像白人作家或是黑人男性作家那样拥有固定的读者群，而女性的叙述权威也遭到质疑。因此，黑人女性作家不得不戴上叙述面具，采取特殊的叙述策略来为自己争取声音的权力。她们致力于将女性的故事和经历传递出去，但又不得不顾忌主流意识形态的审核。为了建构自己声音的权威，黑人女性作家在该

① Marianne Hirsch. “Knowing Their Names: Toni Morrison’s *Song of Solomon*.” p. 69.

时期主要采取了作者型叙述交流模式。这种模式一方面模糊了叙述者的女性身份，另一方面第三人称作者型叙述声音模仿历史叙述，显得相对客观，有利于建构黑人女性声音的可信度，从而有利于建构女性声音的权威。赫斯顿、马歇尔和莫里森都带着性别模糊的“他”面具，偷偷参与以男性为主宰的社会话语权威建构。

在《他们眼望上苍》中，赫斯顿采用了两个叙述层，将女性人物身份和叙述者身份完全区分开来。作为主要人物的珍妮并非是小说的主要叙述者，而第三人称非人格化的作者型叙述者才是统筹整个叙述的关键。同时，小说也以第一人称私下叙述为面具，而让第三人称的作者型叙述声音向大众讲述了珍妮的故事，从而唤醒了她的目标听众，让大家意识到黑人女性强大的声音力量。在《褐姑娘、褐砖房》中，马歇尔用无性别的第三人称叙述者身份讲述了黑人女性在私下空间的故事。叙述者不仅让女性在私下空间讨论天下大事，筹谋大事；同时黑人女性以男性身份和男性的声音为掩护，将男性声音的权威暗自转化为自我声音的权威，从男性的手中夺过了话语的权力。在《所罗门之歌》中，莫里森同样也是让这个没有标出性别身份的声音（甚至可以说是一个更接近男性身份的叙述者），表面讲述了一个以男性为中心的成长故事，事实上是用女性的视角叙述了家族的历史，定义了男性世界，同时将家族的历史传递给下一代。这样一来，黑人女性最终成了历史的叙述者和传递者。

在 20 世纪 70 年代之前，由于社会历史条件的限制，黑人女性还无法用自己的女性声音讲述自己的故事，因此她们在小说中几乎毫无例外地采用了性别身份未被标出的作者型叙述交流模式。在该时期，黑人女性已经意识到自己声音巨大的力量，并试图与男性争夺话语权力。因此，在《他们眼望上苍》《褐姑娘、褐砖房》《所罗门之歌》中，作者都非常关注黑人女性的“讲述”力量。然而，在这个时期，由于黑人女性的小说文本的叙述者无法明显标出为女性，因此，黑人女性的声音权威更多的是通过人物的声音来体现，而叙述者则是起到辅助与认证的作用。在《他们眼望上苍》中，作者通过珍妮与丈夫的对话彰显了黑人女性的声音力量并将这种力量传达给每一个读者，让大家意识到黑人女性声音的能量；在《褐姑娘、褐砖房》中，马歇尔通过黑人女性（西拉和她的朋友们）在私下空间的厨房对话表现了黑人女性强大的能力，同时黑人女性还以男性声音和身份为掩护建构了自己的声音权威，成功地夺取了声音的权力；在《所罗门之歌》中，莫里森用派拉特的声音传递家族历史，并让其他黑人女性在故事发展的每一个关键时刻发出自己的声音。在该小说中，黑人女性终于可以从自己的视角来讲述历史，并且重新定义这个男性主宰的世界。从觉醒到反抗并夺得发声的权力，再到最后用女性的声音讲述并传递历史，黑人女性最终通过作者型叙述交流模式，建立了“她”的声音的权威。在这个获得声音权威的过程中，黑人女性的知识权威，其叙述的意识形态有效性及作品的美学价值均得到进一步肯定，黑人女性获得了越来越多的理想听众。在《他们眼望上苍》中，珍妮只有菲比一个理想听众，黑人女性巨大的缺失体现了赫斯顿对理想听众的呼唤；在《褐姑娘、褐砖房》中，西拉不仅有自己的朋友、自己的女儿作为听众，同时在整个黑人社区，她也敢于发出自己的声音；在《所罗门之歌》中，派拉特最终赢得了小说中的黑人男性主角（奶娃）作为自己的理想听众，并将家族史传递给他。

20 世纪 70 年代以后，随着外部世界政治、经济和文化的变化，特别是女权运动、民权运动的发展，黑人女性开始用自己的声音来讲述自己的故事，不再需要戴着“他”的面具，而是可以堂而皇之地用自己的声音讲述自己的故事。接下来，本书将继续讨论黑人女性如何通过个人型叙述交流模式建构了“我”的声音权威。

第四章

声音与“我”：公开的性别身份

20 世纪 70 年代以来，黑人女性不再局限于采用作者型叙述交流模式，她们的叙述策略开始走向多样化。黑人女性小说在70年代产生了巨大的变革，其中一个明显的标志就是个人型叙述交流模式的产生。虽然对于其他小说家来说，这种个人型叙述声音早已稀松平常，但是黑人女性普遍采用个人型叙述交流模式却是在 70 年代中后期以后，这足足比白人女性晚了一个多世纪。为了实现这一声音的权威，黑人女性积极采取了适合自身的叙述策略，克服了个人型叙述模式的劣势，彰显了其优势，从而在70年代摘掉了性别面具，建构了黑人女性个人声音的权威。

本章主要讨论 20 世纪 70 年代以来从事小说创作的三位黑人女性小说家的三部代表作：琼斯的《柯瑞格多拉》、艾丽斯·沃克的《紫色》和威廉姆斯的《戴莎·罗丝》。这三位黑人女性作家在具体的历史语境下采取了自己特殊的叙述策略，将个人型叙述交流模式的劣势转化为优势，为自己争取黑人女性声音的权威而服务。琼斯在《柯瑞格多拉》中采用了大量对话冲淡了女性第一人称叙述，戏剧性地展现了黑人女性的声音。艾丽斯·沃克在《紫色》中采用了书信体小说的私下叙述模式，通过公开的小说创作来建立了黑人女性私下的声音权威。通过这一策略，艾丽斯·沃克让黑人女性用自己的声音讲述了自己的故事，同时又将黑人女性的艺术创作与女性自传区分开来。威廉姆斯在《戴莎·罗丝》里面采用了作者型叙述交流模式和个人型叙述交流模式相结合的方式；这两种模式相映生辉，让黑人女性在叙述竞争中获得胜利，成了女性权威话语声音的合法正统代言人。

第一节　听故事的人：《柯瑞格多拉》中声音权威的展示

20 世纪 70—80 年代迎来了非裔美国文学的第二次复兴。随着女权运动的发展，该时期涌现出了大量的黑人女性作家。其中莫里森、艾丽斯·沃克等一批作家的小说不仅得到了评论界的高度评价，同时也吸引了大量的大众读者，她们的重要性得到了充分的肯定。然而也有一些作家，虽然在非裔美国文学的发展中举足轻重，为非裔美国文学的革新与发展做出了巨大贡献，但是却没有得到足够重视，琼斯就是其中之一。琼斯在作家群中得到了不少知名作家的赏识，这些知名作家有詹姆斯·鲍德温（James Baldwin）、莫里森、安吉罗、约翰·厄普代克（John Updike）等。[①]然而“从某种意义上来说，这个非裔美国文学中最重要的作家之一却没有引起大家足够的注意”[②]。琼斯在 70 年代开始发表作品，与莫里森、艾丽斯·沃克属于同时代作家，然而研究莫里森与艾丽斯·沃克的书籍充满各大书店，而琼斯却显得默默无闻。直到 2008 年，学界才第一次出版了研究琼斯的批评专著。[③]

琼斯之所以在 20 世纪 70 年代得不到学界的重视，主要有以下原因：第一，对于很多人来说，琼斯更像是一个学者，而不是一个小说家；[④]第

① Yolanda Williams Page, ed. *Encyclopedia of African American Women Writers*. p.323.

② Fiona Mills, and Keith Mitchell. *After the Pain: Critical Essays on Gayl Jones*. New York: Peter Lang, 2006, p.xi.

③ Casey Clabough. *Gayl Jones: The Language of Voice and Freedom in Her Writings*. Jefferson: McFarland & Company, Inc., Publishers, 2008.

④ 由于琼斯的教育背景，比起作家来，她更像一个学者。琼斯在布朗大学获得了博士学位。Fiona Mills, and Keith Mitchell. *After the Pain: Critical Essays on Gayl Jones*. p.ix.

二，与 70 年代的众多作家不同，琼斯从第一本小说发表开始，并不将故事发生的背景设置在美国本土，而是设置在欧洲，她选择从更广阔的空间来探索美国的种族问题形成的根源；第三，琼斯对性的大胆描写，以及对同性恋这个禁忌的涉猎也与当时的创作主流不相容；①第四，在对人物的塑造方面，琼斯无论是对男性的描写还是对女性的描写都饱受诟病。“与艾丽斯·沃克的遭遇相同，很多读者认为琼斯的小说对黑人男性怀有恶意。特别是在最初的两部小说中，她主要塑造了虐待女性的丈夫或是情人。”②同时“尽管琼斯在其作品中将女性人物置于中心，但是女性主义批评家直到现在依然回避对琼斯作品的研究，主要是因为琼斯对女性人物，通常是黑人女性过于复杂而又负面的描写”③。除了以上这些评论界普遍关注的原因之外，笔者认为琼斯之所以在 70 年代无法受到读者欢迎的一个重要原因是她在不适宜的土地中播下了种子。她在小说中采用的叙述故事的声音在 70 年代初期还无法得到认可。用个人型叙述声音“我”讲述故事的叙述策略直到 80 年代艾丽斯·沃克的《紫色》中才算是得到了读者的肯定。然而琼斯却敢为天下先，在周围的黑人女性作家都还在主要以作者型叙述声音进行创作时，她却主要采用个人型叙述声音来讲述黑人女性自己的故事。④本小节主要聚焦于琼斯早期的代表作《柯瑞格多拉》，探讨琼斯对非裔女性文学史中个人型叙述声音早期发展所做出的巨大贡献及在当时具体的历史条件下小说中所采取的叙述策略的局限性。

琼斯的第一本小说《柯瑞格多拉》发表于 1975 年，该小说在当时发表并没有得到应有的肯定，评论界对该书也是褒贬不一。琼斯的创作兴趣主要集中在四方面：一是从女性的视角来思考男女关系；二是书写

---

① Fiona Mills, and Keith Mitchell. *After the Pain: Critical Essays on Gayl Jones*. pp. x-xi.

② William L. Andrews, Smith Foster, and Trudier Harris, eds. *The Concise Oxford Companion to African American Literature*. New York: Oxford University Press, 2001, p. 234.

③ Yolanda Williams Page, ed. *Encyclopedia of African American Women Writers*. p. 323.

④ 20 世纪 70 年代莫里森与艾丽斯·沃克均小有成就，在这一时期这两位作家主要采用作者型叙述声音来讲述故事。例如，莫里森的《最蓝的眼睛》《秀拉》《所罗门之歌》，艾丽斯·沃克的《格兰治·柯普兰的第三生》《麦瑞迪恩》。

女性心理；三是书写语言心理；四是书写个人历史。①批评家们对《柯瑞格多拉》的解读也基本围绕着这四个方面展开。一些批评家攻击琼斯对男女关系的负面书写。②也有评论批判琼斯对性的大胆书写，甚至有人认为《柯瑞格多拉》中“除了对性的描写外，什么都不存在”③。在女性心理方面，基思·米切尔（Keith B. Mitchell）考察了琼斯是如何将心理分析与希腊神话编织在一起，从而解构了《柯瑞格多拉》中的性别、种族霸权的。④同时，也有批评家从另一方面考察琼斯对非裔女性的创伤心理书写。⑤对于琼斯小说的语言运用，评论家们大都给予了一致好评。早期的评论都注意到了《柯瑞格多拉》中琼斯对黑人方言的精确使用和有趣的叙述技巧。⑥甚至有人认为《柯瑞格多拉》中最重要的特点就是它的语言。⑦除了以上三个方面以外，对《柯瑞格多拉》研究较多的则是从历史书写的角度切入。查尔斯·拉森（Charles R. Larson）认为“读了《柯瑞格多拉》以后，人们会感觉到这不是一本小

① Claudia Tate, and Gayl Jones. “An Interview with Gayl Jones.” *Gayl Jones: The Language of Voice and Freedom in Her Writings*. Ed. Casey Clabough. Jefferson: McFarland & Company, Inc., Publishers, 2008, p. 147.

② Reginald Martin, and Ishmael Reed. An Interview with Ishmael Reed.” July 1-7, 1983. *African American Literature Book Club*, 2019/9/23 https://aalbc.com/interviews/interview.php?id=1866

③ Sokolov, Raymond. “A Woman Who Sings Blues: *Corregidora*.” *New York Times Book Review* (25 May, 1975): 22. 类似于此的评论还包括：“Review of *Corregidora*.” *Playboy* 22.6 (June, 1975), pp.33-34; Ivan Webster. “Really the Blues.” *Time* 105 (16 June, 1975), p.79; John Avant. “Review of *Corregidora*.” *New Republic* 172 (28 June, 1975), pp.27-28; Ann Goode.“Review of *Corregidora*.” *Black Books Bulletin* 3 (Fall, 1975), pp.46-47.

④ Keith B. Mitchell. “Trouble in Mind: (Re)visioning Myth, Sexuality, and Race in Gayl Jones’s *Corregidora*.” Ed. Fiona Mills, and Keith Mitchell. *After the Pain: Critical Essays on Gayl Jones*. New York: Peter Lang, 2006, pp.155-156.

⑤ Joanne Upson Freed. “Gendered Narratives of Trauma and Revision in Gayl Jones’s *Corregidora*.” *African American Review* 44.3 (Fall, 2011), pp. 409-420; Stephanie Li. “Love and the Trauma of Resistance in Gayl Jones’s ‘*Corregidora*’.” *Callaloo*, 29.1 (Winter, 2006), pp.131-150.

⑥ Casey Clabough. *Gayl Jones: The Language of Voice and Freedom in Her Writings*. pp.16.

⑦ John Wideman. “Frame and Dialect: The Evolution of the Black Voice in American Literature.” *American Poetry Review* 5 (September/October, 1976), pp.34-37.

说，而是口述的历史终于写到了纸上”①。也有很多的书评和评论文章关注《柯瑞格多拉》中所书写的自奴隶制以来的黑人女性历史，记录了黑人女性所遭受的残酷压迫。②20世纪60年代末—70年代，对历史的书写成了非裔美国文学的热点问题。玛格丽特·沃克的《禧年》（*Jubilee*，1969）、莫里森的《所罗门之歌》都是当时的代表作。然而与玛格丽特和莫里森不同，琼斯在《柯瑞格多拉》中开始让黑人女性用自己的声音来记录和见证历史。但是由于琼斯处在个人型叙述声音产生的初期，她在叙述策略的选择上受到了具体社会历史语境的限制。《柯瑞格多拉》中的叙述者采取了讲述（telling）与展示（showing）并举的声音模式，完成了黑人女性从讲述“她”的故事到用自己的声音讲述自己的故事的转型。本节主要通过研究《柯瑞格多拉》中的叙述策略，来揭示该小说中的各种声音与历史的关系，试图探讨小说中的叙述者采用了怎样的叙述策略来完成了从见证到叙述，从讲述“她”的故事到用自己的声音讲述自身的故事这一历史性过渡。

一、历史的见证人：保留证据

小说《柯瑞格多拉》讲述了尔莎·柯瑞格多拉一家四代女人的故事。他们的故事都围绕着西蒙·柯瑞格多拉展开。奴隶主老柯瑞格多拉不仅性侵犯自己的女奴，还将她们丢到妓院中为自己挣钱，尔莎的曾祖母就是其中之一。尔莎的曾祖母产下了老柯瑞格多拉的女儿（尔莎的祖

① Charles R. Larson. “Master and Slave Become Fused: Past Lives in the Present.” *National Observer* (9 August, 1975), p. 17.

② 从历史角度来研究《柯瑞格多拉》的书评或是评论文章还包括“Review of *Corregidora*.” *Kirkus Reviews* 43(15 February, 1975), p.195; Larry McMurtry. “A Bold, Strong First Novel from Gayl Jones.” *Washington Post* (28 April, 1975), p. 6; Margo Jefferson. “Making Generations.” *Newsweek* 85 (19 May, 1975), pp.84-85; Karla Kuskin.“Cycle of Sex and Slavery.” *Village Voice* 20.21 (26 May, 1975), p.42; Elizabeth Yukins.“Bastard Daughters and the Possession of History in *Corregidora* and *Paradise*.” *Signs* 28.1 (Autumn, 2002), pp. 221-249; Gil Zehava Hochberg. “Mother, Memory, History: Maternal Genealogies in Gayl Jones's *Corregidora* and Simone Schwartz-Bart's *Pluie et vent sur Telumee Miracle*.” *Research in African Literatures* 34.2 (Summer, 2003), pp. 1-12.

母），祖母后来被其父强奸又生下了尔莎的妈妈。可以说，老柯瑞格多拉对这四代女性直接或间接地犯下了不可饶恕的罪恶。然而当奴隶制被废除时，所有关于奴隶制的官方文件均被烧毁，没有留下任何痕迹。因此，在小说中，柯瑞格多拉家四代女人的使命就是一代代地通过口述记录自己的经历，从而将历史与真相一代代地传递下去。她们要通过自己的方式留下证据以揭露老柯瑞格多拉及奴隶制的罪恶。从曾祖母这一代开始，到祖母再到母亲，她们每一代人都在教育下一代要生孩子，延续香火，以传递家族的历史，保留证据。

小说的叙述者兼主人公尔莎就是不断听着这样一个痛苦的故事长大的，祖辈的故事充斥着强奸与乱伦等痛苦经历，这一系列的故事也一直如梦魇一般纠缠着尔莎，让她无法逃出柯瑞格多拉家女性的命运。虽然真正接触过老柯瑞格多拉的只有曾祖母与祖母，但是由于在她们的成长过程中，曾祖母与祖母不断地讲述过去，因此尔莎与母亲被祖辈的过去所吞噬，扮演了见证祖辈的历史的角色，肩负了将这段痛苦的历史一代代传递下去的重任。小说开篇，尔莎就交代了柯瑞格多拉家女性的使命：

> “我的曾祖母向祖母讲述她所经历而祖母没有经历的那部分；我的祖母又向我母亲讲述她和曾祖母的经历；而我的母亲则向我讲述她们三个的经历。我们理应这样将我们的经历一代代传递下去。这样一来，就算他们烧掉所有的官方文件，假装什么也没发生过，我们也永远不会忘记。”①

从上面这段引文来看，柯瑞格多拉家的女人们不仅要讲述祖辈的故事，同时还要补充自己的故事，这样她们才能将完整的家族历史传递下去。也就是说，她们所传递的不仅是家族的记忆、家族的经历，同样也要讲述自己个人的经历。然而，由于有关老柯瑞格多拉的记忆与经历过于沉重（曾祖母与祖母的记忆），它淹没了属于母亲与尔莎的个人经历。曾祖母与祖母强迫她们将祖辈的记忆当成自己的个人记忆，导致母亲与尔莎无法找到正确的途径讲述自己的故事。这样一来，母亲与尔莎

① Gayl Jones. *Corregidora*. Boston: Beacon Press, 1975, p. 9.

被迫成为他人历史的见证者，而无法成为自我历史的叙述者。

小说开始，叙述者就从多角度来见证了柯瑞格多拉家的经历。首先是作为人物的尔莎在对话中向塔迪（Taddy）讲述：

> “老柯瑞格多拉，葡萄牙奴隶主、妓院皮条客。他强奸自己的妓女，把自己的后代变为奴隶。她们在他的妓院接客，还要向他上交自己挣的所有钱。我的祖母是他的女儿，但是他同样强奸她。她说当奴隶制被废除时，他们烧掉了所有关于奴隶制的文件，假装他们从来没有干过这样的事。”①

作为人物的尔莎首先概括了曾祖母与祖母的经历。在短短一段话中就交代了老柯瑞格多拉所犯下的罪恶，也同时交代了柯瑞格多拉几代女人需要传递的故事的各个要点：①老柯瑞格多拉强奸了曾祖母，并让她在妓院里为自己挣钱；②老柯瑞格多拉又强奸了祖母；③他们烧掉了官方文件。

紧接着，小说中作为叙述者的尔莎又用叙述者的声音讲述了曾祖母的故事，从而印证了人物尔莎的叙述。“在成为奴隶主之前，他是个葡萄牙海员。他将她从农田里带出来，让她到妓院里工作时，她还只是个孩子。她或是出去接客或者是他从外面带人进来。她得把他们给她的钱全部交给他。”②

不到半页纸后，小说中又出现了曾祖母用自己的声音重新讲述了一遍相同的故事：“我记得他把我从田里带出来的那一天……他先自己占有了我，说是让他先把我打开。然后他开始把别的男人带进来。他们会给我钱，我必须把钱都给他……。”③从以上两段引文中，我们可以看到这个故事在柯瑞格多拉家族中是何等的根深蒂固，在经历了三代人的不断叙述与转述后，作为第四代的叙述者依然可以用如此相似的语言来叙述曾祖母经历的故事。正如我们前面所说，虽然只有曾祖母和祖母才

---

① Gayl Jones. *Corregidora*. p. 9.

② 同上条文献，第 10 页。

③ 同上条文献，第 11 页。

是老柯瑞格多拉的直接受害者，但由于这段过去的历史无数次地被讲述，已经深深扎根在了他们家每一代的女性心中。每当她们讲述时，这段过去就像是她们自己亲身经历过一样。这也是为什么这个故事在经历三代人后，作为叙述者的尔莎还用曾祖母的语言来讲述它。

与女儿尔莎一样，母亲也将祖辈的故事当作自己的故事在讲述。小说里当母亲向尔莎讲述曾祖母的故事时，尔莎发现“妈妈一直在说话，后来似乎变成了曾祖母在讲话。我目不转睛地看着她，因为她现在已经不是作为妈妈，而是作为曾祖母在说话”[①]。妈妈向尔莎讲述曾祖母的故事，然而曾祖母的声音与妈妈的声音混在一起，分不清是谁在讲述。后来尔莎甚至认为眼前的妈妈变成了曾祖母。“就像是她不仅是完全记住了曾祖母的故事。好像她们的记忆，所有柯瑞格多拉家女人们的记忆都成了她的记忆，这些记忆强烈地就像是她自己的个人记忆一样。”[②]对于母亲来说，柯瑞格多拉的家族记忆在她心里扎下了深深的根，已经成了她记忆的一部分。她不仅对其记忆深刻，而且似乎是身临其境。

从小曾祖母就给尔莎讲述老柯瑞格多拉的故事。她的目的就是要一代代地将证据保留下来。她告诉尔莎：“我要留下证据，你也必须留下证据，你的孩子们也要留下证据。这样有一天当我们需要出示证据时，我们才有证据出示。这就是为什么他们要烧掉所有的文件，这样将来就不会有对他们不利的证据出现。”[③]为了留下证据，“重要的是孕育下一代。他们可以烧毁文件却无法烧毁意识。尔莎，那样我们就可以留下证据”[④]。也就是说，几代以来，柯瑞格多拉家的女人们的使命就是孕育下一代，并将曾祖母的故事一代代传递下去，为曾祖母讲述的事实作见证。

二、由见证到叙述：讲述自己的故事

从对柯瑞格多拉家族的女人作为历史见证人的讨论我们可以看出，

---

① Gayl Jones. *Corregidora.* p. 124.

② 同上条文献，第 129 页。

③ 同上条文献，第 14 页。

④ 同上条文献，第 22 页。

母亲和尔莎虽然都是在用自己的声音讲述故事，但是她们讲述的是她人的故事而她们自己的故事却被沉重的过去所淹没了。尔莎告诉塔迪：“我妈妈一直告诉我，尔莎，你必须孕育下一代。我就是一直听着这样的话长大的。”①事实上，尔莎的母亲也是听着这样的话长大的。所以，传递祖辈的故事以留下证据就成了她们唯一的使命。然而，尔莎却被丈夫推下楼梯导致子宫被摘除，再也无法孕育下一代。作为柯瑞格多拉家族的一员，她再也无法通过孕育下一代来为家族留下证据，她必须要寻求自己的新方法。

从小说中我们可以看出，柯瑞格多拉几代人传递下来的故事全部是与西蒙·柯瑞格多拉相关。按照曾祖母的意思，她要留下证据以揭露老柯瑞格多拉的罪行，而她的后代都成了她保留证据的工具。她讲述故事的目的就是要她的后代记住老柯瑞格多拉的罪恶，并把它传递下去。按照尔莎的观点，每一个柯瑞格多拉女人都应该不仅讲述自己被告知的故事，同时还要补充自己的故事。然而，由于关于老柯瑞格多拉的故事太沉重，她们无法再加进自己的故事，而曾祖母也不允许她们在故事的传递中加入自己的意见，只是要她们记住故事并将其传递下去。有一次听完曾祖母讲述的故事后，尔莎好奇地问了一句：“奶奶，你说的是真的吗？”曾祖母甩了年仅五岁的她一巴掌，并严厉地说：“当我告诉你事情的时候，永远不要问我是否在撒谎。”②可见，对于曾祖母的故事不能质疑，不能发表自己的意见，只能记住并传递下去。这样一来，柯瑞格多拉家的女人所孕育的下一代都成了祖母传递记忆的工具。然而，曾祖母与祖母没有意识到，在她们讲述的故事中，自己并不是自我故事的主角，老柯瑞格多拉才是她们故事的中心。当我们首次听到曾祖母和祖母讲述故事时，虽然我们听到的是她们的声音，但是他们所讲述的故事几乎每一句话的主语都是“他”，主语很少用“我”。祖母第一次所讲的话有整整一页书的长度，读者看到“我”作为主语的却只有一处。③读者与作为受述者的妈妈与女儿尔莎一

① Gayl Jones. *Corregidora*. p. 10.

② 同上条文献，第 14 页。

③ 此处参考了 Ana Nunes. *Black Women Writers' Historical Fiction*. New York: Palgrave Macmillan, 2011, p. 80 中对曾祖母与祖母讲述的故事的解读。

样，听完故事后，我们感受到的不是曾祖母与祖母强大的声音力量，而更多的是记住了老柯瑞格多拉罪恶的强大力量。由于从小耳濡目染，听着先辈的故事长大，尔莎与母亲都无法拥有真正的爱情。她们与男人在一起似乎就是为了完成家族的使命：孕育下一代，留下证据。尔莎所遭受的意外引发了她新的思考。作为一个布鲁斯音乐歌者，她想要唱出“一首感动自己的歌，这首歌不仅关于自己的生活也关于她们的”①。也就是说，尔莎终于意识到她所要传递的信息不仅与先辈的历史有关，同时她也要能够自由地加入自己个人的故事。

既然每一个人都有权利讲出自己的故事，那么她们家族的记忆就不应该只是先辈对老柯瑞格多拉的回忆。尔莎和她母亲的经历与回忆也应该是家族记忆的一部分。因此尔莎要恢复个人回忆的第一步就是回到母亲身边，去挖掘母亲的个人记忆。尔莎认为“只有发掘了妈妈的个人记忆后，她才会感到满足”②。这样，尔莎回到了自己出生的地方，要求母亲讲述了自己的故事，讲述了母亲与父亲的故事。小说在这里用了接近 30 页的长度，让母亲用自己的声音不仅讲述了曾祖母故事的一部分，同时也补充讲述了自己与尔莎父亲之间发生的故事。③与曾祖母与祖母讲述的故事不同，母亲用自己的声音讲述了自己的故事，故事的主角就是自己。这样一来，母亲不仅传递了家族的记忆，同时也补充了自己的经历，从而真正完成了传递家族记忆的使命，将真相传递给了尔莎。听完了母亲的故事后，尔莎开始思考自己的生活。既然母亲已经向她讲述了自己的个人经历，那么“我又对自己的生命做了什么呢？”④

琼斯在接受采访时说道：对于尔莎来说，“她不想被先辈的历史所束缚，但是她也意识到这段历史的重要性。她承认这段历史是自己的性格、身份和个人故事的构成部分。然而她不想让她的先辈们来告诉她应该怎样来看待过去。她的故事与她们的故事息息相

① Gayl Jones. *Corregidora*. p.54.

② 同上条文献，第 104 页。

③ 同上条文献，第 104-131 页。

④ 同上条文献，第 132 页。

关，但是她需要唱出自己的歌来表达自己的选择、自己的想象及自己的意愿”①。她要唱出一首关于新世界的歌，这首歌既关于自己，也关于先辈们。听完了母亲的故事后，尔莎得到了极大的鼓舞。母亲对自我故事的叙述赋予了尔莎巨大的力量，让她也有能量来讲述自己的故事。因此在接下来的部分，尔莎向我们讲述了自己的过去、自己的故事②：她讲述了自己的童年，讲述自己怎样成为一个歌手，怎样遇到自己的丈夫及意外是如何发生等一系列事情。在小说的前半部分，作为叙述者的尔莎只是一个他者故事的见证人，因为她一直主要讲述的都是先辈们的故事；而作为人物的尔莎则更多的只是每一代人讲故事的受述者，因为她的任务是听完故事后将她们的故事传递下去。然而从第四章开始，尔莎不再只是他者故事的见证人，也不再是被动的受述者，她成了讲故事的人，她用自己的声音讲述了自己的故事，并以此方式补充了家族的历史。

三、声音的展示：直接引语的真实性再现

从曾祖母到尔莎，柯瑞格多拉家的四代女人都是为了把历史，集体的或是个人的历史，一代代地传递下去以留下证据。从讲述他者的故事到用自己的声音讲述自己的故事，尔莎完成从历史的见证人到个人历史的叙述者的华丽转变，从而用自己的声音将真相继续传递下去。20世纪70年代是黑人女性个人型叙述声音刚刚兴起的时期，尔莎的叙述声音完成了黑人女性向个人型叙述声音的过渡。然而在早期，这种女性的个人型叙述声音无法满足父权制社会读者的阅读期待。对

---

① Charles H. Rowell. “An Interview with Gayl Jones.” *Gayl Jones: The Language of Voice and Freedom in Her Writings*. Ed. Casey Clabough. Jefferson: McFarland & Company Inc., Publishers, 2008, p. 171.

② 在接受采访时，琼斯提到托妮·莫里森在读完该小说的第一稿时，问了她一个问题“尔莎的过去是怎样的呢？”因此她又在原稿的基础上补充了近 100 页的长度来写尔莎的过去。小说总共只有 185 页，可见琼斯最初的书稿主要是关注对历史的见证，为历史留下证据。而她后来补充了尔莎的历史后，则完成了从家族历史的见证到自我历史叙述的转变。Claudia Tate, and Gayl Jones. “An Interview with Gayl Jones.” p.141.

于早期的读者来说，黑人女性的声音权威是遭到质疑的。一个黑人女性公然向公众讲述“真相”，她的可信度是遭到质疑的。该部分将继续讨论琼斯要在小说中采取怎样的叙述策略才能让读者不质疑尔莎声音的可信度，让她将历史的真相传递下去，以建立自己声音的权威。与后来的作者不同，处于早期的琼斯主要采取客观记录的方式向我们展示了黑人女性声音的权威。在此时的黑人女性无法完全掌控叙述的权力，因此她们通过声音的展示，力图体现叙述的客观性，增强其可信度，从而建构其声音的权威。

琼斯坚持用激情与理解来记录事物，尽力不要妄下判断。①在采访中，她也坚持认为自己的作品不是试图赋予混乱的现实以意义，而是为了记录这些混乱。②琼斯这种客观记录现实的写作文风在《柯瑞格多拉》中得到了明显的体现，而这种客观记录现实的形式也与该作品记录历史、留下证据的主题不谋而合。这种客观记录的方式增加了历史的可信度，从而建构了黑人女性声音的权威性。她的这一方式在该小说中的表现方式主要体现在对直接引语的使用。

文本中使用直接引语的第一种表现形式是通过叙述分层的方式，让每一个柯瑞格多拉家的女人都用自己的声音讲述自己的经历。在前两部分，本书已经证明，柯瑞格多拉家四代女人的使命就是将历史经口述的方式一代代传递下去，目的就是要留下证据，将历史的真相保存。那么她们讲述故事的可信度就是非常重要的。小说虽然采用了个人型叙述声音来讲述这个故事，但是读者所听到的并不是小说的主人公尔莎一个人的声音。小说采取了直接引语的方式，将话语权分别交给了每一个柯瑞格多拉家族的女人们，让她们用自己的声音来讲述自己所经历的故事。在叙述中，曾祖母的叙述、祖母的叙述及母亲的叙述都是置于引号中的。这种方式的作用如下：首先，由于直接引语本身所具有的音响效应，这样读者在阅读中听到的不仅是叙述者的声音，同时还听到了家族里每一个成员的声音。其次，直接引语在叙述

① Claudia Tate, and Gayl Jones. "An Interview with Gayl Jones." p.139.

② 同上条文献，第 148 页。

文中所代表的某种真实性是不可置疑的，因为读者一致假定就算再不可靠的叙述者也会如实地引用人物的语言。[①]叙述者没有用自己的语言来转述先辈们的故事，而是以直接引语的形式让她们用自己的语言讲述自己的故事。这样一来，叙述者就相对客观地记录了每个人的故事，从而增加了故事的可信度。最后，由于每一个人的故事都对历史有一定的继承性，因此，每个人讲述的故事之间又可以相互印证，从而进一步增强了故事的可靠性。

除了采用直接引语，客观记录每一个女人对自己经历的故事的讲述，叙述者在叙述中还采取了戏剧性的呈现方式，客观记录人物之间的对话来讲述故事的发展。《柯瑞格多拉》大部分由对话构成。小说一共有 185 页，其中 161 页均包含对话，也就是说小说 87%以上的部分都由对话构成。[②]小说的大部分并不是由叙述者来讲述，作者让叙述者客观地记录了人物之间的对话，她以这种方式将故事戏剧般地呈现在读者面前，这种戏剧性的呈现方式主要从三方面增强了叙述者的可信度。

首先，叙述者戏剧性地呈现了故事。她客观地记录了小说中人物的对话，小说情节的发展在人物的交流中得以推进。由于小说主要由人物之间的对话构成，而人物的对话采用的全是直接引语。如我们前面所提到的，直接引语的真实性很难遭到质疑，因为我们一致假定就算是最不可靠的叙述者也会如实地引用人物的对话。这样一来，读者很容易相信小说中叙述者所讲故事的真实性。小说中甚至出现了尔莎的大量内心对话，作者将尔莎自己的内心想法用对话的形式展示在读者面前，同样是放在了引号内。这样，一方面，尔莎获得了说出自己想法的机会，另一方面，将话语放在引号内的对

---

① Stephen M. Ross, "'Voice' in Narrative Texts: The Example of *As I Lay Dying.*" p. 301.

② 该小说一共有 185 页，其中 24 页由叙述者或是次级叙述者的话语构成，这 24 页不包含对话，其余的 161 页均含有对话。不包含对话的页码包括：第 11、41、65、67、79、101-102、105、112、114、121、123-130、141、172-174、182 页。见 Gayl Jones. *Corregidora.*

话形式在形式上增加了话语的客观性与可信度。①

其次，小说虽然采用了个人型叙述声音，但这个叙述声音与后来发展成熟的同故事叙述的第一人称有限视角的叙述声音不同。由于小说大部分采取不是由故事的主人公来叙述的方式，而是戏剧性地呈现不同人物之间的对话。这样一来，小说的故事不仅是从主人公的视角来叙述，同时也客观地呈现了不同人物的视角。我们不仅听到了作为叙述者的尔莎的声音，同时也听到了作为人物的尔莎与其他人物之间对话的声音。这种戏剧性的呈现让小说中的各个人物都有机会发出自己的声音，读者听到的不是一家之说而是各种声音与观点的呈现。整部小说使用了大量的直接引语，由各种声音构成，这样一来，故事并非叙述者一家之说，还包含了不同人物的观点，这让故事显得相对客观，从而增加了叙述的可靠性。

前两个方面的优点都是从叙述者来考虑，最后，将从受述者，或是从读者方面来考虑。20 世纪 70 年代是黑人女性个人型叙述声音刚刚产生的阶段，在 70 年代之前的黑人女性可以说是一致采用了第三人称全知叙述来讲述故事。个人型叙述声音的最大特点是黑人女性采用自己的声音来讲述自己的故事，读者需要从黑人女性的视角来观察故事中的世界。个人型叙述者与作者型叙述者不同，它是一种标出叙述者性别身份的叙述。而对于黑人女性来说，采用个人型叙述声音不仅是性别被标出，种族也会被标出。在个人型叙述声音刚刚起步的阶段，这种性别与种族都被标出的叙述严重威胁到叙述者声音的权威性，因为黑人女性的声音超出了父权制社会读者的阅读期待。对于父权制社会下的大众读者来说，西方上层阶级白人男性的声音才是最具有权威性的。而一个黑人女性堂而皇之地要向大众讲述自己的故事，这不仅不是一件体面的事，同时她的年龄、性别、种族、知识等均可能遭到质疑。因此，在个人型

① 例如，小说第 97—100 页就是尔莎与她丈夫之间的内心对话。之所以判定不是闪回，而是尔莎内心的对话，是因为从对话的内容可以判定，她们之间的对话是发生在意外发生后。但是从小说故事来看，自意外发生后，他们再也没有见过面；直到小说的结尾，20 多年后他们才第一次交流。因此，这段对话不可能是真实发生的，只可能是尔莎心中所想。Gayl Jones. *Corregidora*. pp. 97-100.

声音产生的初期，如果小说完全由一个黑人女性来叙述，读者就被迫要从她单一的视角来阅读故事，那么读者在阅读中可能采用一种抵制性阅读的方式，因为黑人女性的个人声音权威遭到质疑。然而，在当时的社会历史语境下，琼斯没有将叙述的声音完全掌控在叙述者手里，而是将声音的权力分散到每一个人物中。通过对话的形式，将故事的发展相对客观地呈现在读者面前，这样读者就可以通过各个不同人物的语言、观点、视角来阅读故事，并可以通过小说中的对话和他人的话语来审视叙述者。这种戏剧性的呈现方式可以让读者积极参与到文本的叙述中，从而冲淡了读者对叙述者性别和种族身份的关注，也可以降低读者抵制性阅读的概率。这样有利于读者接受小说隐含作者想要传递的信息，从而建构黑人女性声音的权威。

小说《柯瑞格多拉》讲述了该家族四代女性试图将历史一代代传递下去、以留下证据的故事，她们的目的就是要将历史的真相保留下来。在历史传递的过程中，她们经历了从记录他人的历史以保留真相到叙述自己的故事以补充历史的过渡。在这一过程中，她们试图让历史的真相得以保存。然而在20世纪70年代初，黑人女性声音的权威遭到质疑。为了建构黑人女性声音的权威，琼斯在具体社会历史语境下采取了自己有效的叙述策略。她在小说中采用了大量直接引语，通过叙述分层将叙述故事的声音分配给各个人物，这样我们不仅听到叙述者讲述故事，也同时听到其他人物对故事的印证与补充，从而增加了叙述者的可信度。同时，琼斯还采用了戏剧性的呈现方式，通过大量的对话来推动情节的发展。由于直接引语本身所具有的真实性，再加上戏剧性呈现的相对客观性，从而大大增强了叙述的可信度。这样一来，黑人女性的声音权威得到了客观呈现。

虽然琼斯采用这种策略来建构了黑人女性声音的某种权威，但是同时我们也看到，在这个时期，琼斯并不能完全掌控叙述的力量。她只能采用展示的方式来呈现自己的故事。而这种展示的方式，在很大程度上对受述者有很大依赖。就正如尔莎的曾祖母虽然强迫自己的后代要记住自己的故事，但是她叙述的故事必须完全依靠百依百顺的后代（受述者）才能传递下去，她的这种传递方式使受述者具有了很大权威。如果受述者缺失，这个故事就无法传递下去。这也就是为什么当尔莎的子宫被摘除无法孕育下一代时，该家族的传递链就断裂了。小说采用大量的对话，将故事客观地呈现在读者面前，叙述者几乎不对对话进行任何评价。这种方式，一方面有利于赢得读者的认同，因为读者获得了解读的最大自由度；另一方面也说明叙述者无法完全掌控叙述的力量，小说意义的传递很大程度上依赖于读者。琼斯在个人型叙述声音产生的初期，采取这样一种模式是无可厚非的，这不仅是她的选择也是历史的选择。

到了 20 世纪 80 年代，随着黑人女性声音权威的进一步巩固，黑人女性则能够完全掌控叙述的力量。个人型叙述交流模式在艾丽斯·沃克的《紫色》中得到了进一步发展。在《紫色》中，艾丽斯·沃克采用书信体形式，将叙述的权力完全掌握在黑人女性手中，文本中几乎所有的声音都经过了叙述者兼主人公西丽的筛选，也可以说读者听到的任何人物的声音都是混合着西丽声音的双声语。

第二节　讲故事的人：《紫色》中私下声音的权威

艾丽斯·沃克是非裔美国文学史上首位获得普利策文学奖的黑人女性小说家，她也因此被称为 20 世纪 50 年代后最知名的南方黑人女性作家。①艾丽斯·沃克在文学史上之所以能够取得如此重要的地位，毫无疑问取决于她的第三部作品《紫色》。艾丽斯·沃克凭借该作品不仅获得了普利策文学奖，收获了当年的国家图书奖，同时也大大提升了自己在美国文学界的地位，从此进入了经典作家行列。

《紫色》无疑是 20 世纪最有名的文学作品之一。它的闻名不仅是因为艾丽斯·沃克继承了非裔女性传统，成功塑造了非裔美国文学史上又一位光辉的黑人女性形象②；同时也因为该小说的发表在文学界引起

① Henry Louis Gates Jr., and Nellie Y. Mckay, eds. *The Norton Anthology of African American Literature*. 2nd edition. New York: W. W. Norton & Company, 2004.

② 学界普遍认为，小说《紫色》展示了西丽如何与命运抗争，如何摆脱种族主义、性别歧视等束缚，从自我否定到自我肯定，最终成长为一个独立、完整的黑人女性。

了轩然大波，成了学界争论不休的战场。自《紫色》出版以来，艾丽斯·沃克在对女性的塑造方面颇受好评，却在对男性人物的描写方面饱受诟病。①批评家们集中指控艾丽斯·沃克主要创造负面的男性形象。然而无论是来自正面的赞誉还是负面的批评，《紫色》毫无疑问引起了学界的普遍关注，从而在美国文学界建构了自己声音的权威。学界对《紫色》的研究主要集中在前面提到的两个方面，一是对女性人物的正面阐述，二是对男性人物负面形象的批判，而对于小说叙述策略的分析却甚是少见。笔者将《紫色》置于黑人女性“声音”发展的传统中，试图通过分析小说中的各种声音，考察艾丽斯·沃克采用了怎样的叙述策略建构了黑人女性声音的权威。

一、摆脱黑人女性的叙述困境

在《走向女性主义叙事学》中，兰瑟提出女性由于生活在男性主宰的社会里，声音遭到拒斥和压制，因此，女性的文本通常会是双声性的。女性文本的这种双声性则产生了文本的不同层次，有表层文本和潜层文本，有的文本甚至具有更多层意义。②兰瑟例举了《埃特金森的匣子》中所引用的一封信③。这封信是由一个新娘写给自己的朋友，由于这位新娘有义务要让丈夫读到这封信，因此她便不能对自己的朋友畅所欲言，而只能采取特殊的形式将秘密告诉自己的朋友，因而这封信除了文本的表层意义外，还潜藏了另外两层意义。在此基础上，兰瑟提出了两个概念：公开叙述（public narration）与私下叙述（private narration）。公开叙述是指此叙述的接受对象存在于文本世界之外，可以等同于公众读者；而私下叙述则指此叙述的接受对象存在于文本之

① 虽然艾丽斯·沃克在前两部小说中塑造的男性形象也受到学界有些批评家的批判，但是对艾丽斯·沃克的大多数批判都出现在《紫色》出版以来，集中在 1982—1986 年。很多批评家认为艾丽斯·沃克塑造了一些程式化的黑人男性，那些黑人男性要么残酷无情，要么孱弱无力，从而有损黑人男性的形象。Erna Kelly. “A Matter of Focus: Men in the Margin of Alice Walker’s Fiction.” *Critical Essay on Alice Walker*. Ed. Ikenna Dieke. Westport: Greenwood Press, 1999, pp. 174-179.

② Susan Lanser. “Toward a Feminist Narratology.” pp. 341-363.

③ 由于篇幅过长，笔者在这里不予摘录，原文参见《虚构的权威》。

内，是一个显身的受述者[①]。从兰瑟对公开叙述与私下叙述的定义，我们可以看出，兰瑟概念的出发点是受述者，识别公开叙述和私下叙述的标准是受述者的位置变化：受述者处于文本内的是私下叙述，存在于文本外的则是公开叙述。长久以来，女性个人型叙述声音一直遭遇冷遇，特别是女性公开的叙述声音。17 世纪末—18 世纪末的女性写作似乎有意避免采用公开的个人型叙述声音，毕竟一个正经的女性向包括陌生男性在内的公众讲述自己的故事是有失体面的。[②]而对于非裔女性来说，直到 20 世纪 70 年代—80 年代初，个人型叙述声音才开始频繁出现在其小说中。[③]黑人女性个人型叙述声音的缓慢登场与黑人女性所处的边缘历史地位息息相关。由于受社会政治、经济和文化教育条件等限制，黑人女性很难在条件不成熟的 70 年代之前用自己的声音讲述自己的故事，因为她们声音的发出必须要通过层层监管。可以说在 70 年代之前，黑人女性无论是私下的个人声音还是公开的个人声音都遭到了拒斥。而在《紫色》中，艾丽斯·沃克则采取了不一样的叙述策略，让黑人女性在私下声音模式的掩护下，发出了公开的叙述声音。

在《埃特金森的匣子》中，新娘之所以需要掩盖自己真实的声音，偷偷向姐妹传达自己真实的意义，是因为她有义务要让丈夫阅读自己的信件。因此，以丈夫为代表的父权制监管体制让新娘不得不采取特殊的策略，让丈夫获得他想看到的信息，同时也把自己真实的意思传达给自己的朋友。当然，这个信息传递的过程必须要依靠新娘与朋友之间有足够的默契才能完成，也就是说叙述者与受述者之间必须要达成一种默契：叙述者不仅要采取一定的叙述策略，还要保证她的策略能被受述者识别；而受述者则必须要积极参与到故事的第二次叙述中，从而可以正确解读出叙述者的正确意义。正如《埃特金森的匣子》中的新娘一样，黑人女性的声音也是遭受监管的。小说分别从三个方面向读者展示了黑人女性艰难的叙述语境。

---

① Susan Lanser. “Toward a Feminist Narratology.” pp. 341-363.

② Susan Lanser. *Fiction of Authority: Women Writers and Narrative Voice*. Ithaca: Cornell University Press, 1992, pp.141-142.

③ 同上条文献，第 210 页。

小说开篇就向我们展示了父权制社会的监管及作为叙述者的黑人女性艰难的叙述困境。很少有评论家注意到，我们在小说中最先听到的不是西丽的声音而是继父命令或是威胁的声音：“你最好什么人都不告诉，只告诉上帝。否则，会害了你的妈妈。”[①]继父首先是警告西丽不能将发生的事告诉除上帝以外的人，这是对黑人女性公开声音的拒斥，禁止西丽向别人讲述自己的故事即剥夺了她发出声音的权利；接着，为了加强说服力，继父又威胁说如果西丽说出实情，那么会害死自己的妈妈，以此强调了黑人女性发出公开声音将会遭受的严重后果。对女性公开声音的拒斥剥夺了女性交流的权利，也剥夺了女性讲述自己故事的权利。

黑人女性公开的声音遭到拒斥不仅体现在自己被限制无法发出自己的声音，同时也由于交流的渠道遭到堵塞。也就是说在父权制社会的监管下，黑人女性无法将信息有效地、光明正大地传达到目标听众的耳朵里。她们的交流遭到阻滞，无法找到理想的倾听者，这一点主要体现在文本中的受述者方面。小说中西丽的首要受述者是上帝，继父说西丽只能告诉上帝。然而我们都知道西丽私下写信给上帝，是无法收到回信的，因此西丽的信息依然只是停留在发出阶段，受众无法感知，写信给上帝本质上来说就是“什么人都不告诉”。小说中，西丽的另外一个重要的受述者是妹妹耐蒂。妹妹本是一个理想的倾听者，然而这一条交流通道同样遭受拦阻，无法畅通传递信息。西丽离开了继父的家后，丈夫阿尔伯特（Albert）接管了监管的任务。虽然妹妹耐蒂一直坚持给西丽写信，但由于丈夫藏起了所有的信件，因此西丽无法与耐蒂交流。这样一来，我们也可以知道西丽写给耐蒂的信也必将石沉大海。可见，黑人女性不仅是公开的声音遭到拒斥，她们私下交流的声音也遭到压制，传递出的信息只停留在发出阶段。

大多数批评家所注意到的是西丽通过书写的方式发出了黑人女性自己的声音，然而几乎很少有人去探讨为什么要选择写信这种方式。笔者认为选择写信的方式本身就是女性有效交流遭到阻滞的表现方式。正如卡罗琳·威廉（Carolyn William）所说，小说的书信体形式本身就最好

---

① 艾丽斯·沃克：《紫色》，陶洁译，南京：译林出版社，2008 年，第 3 页。

地体现了在父权制社会下，女性被相互隔绝的境遇。[①]西丽不敢光明正大地向周围的人们讲述自己的遭遇，也无法找到能倾听自己故事的人。她在不得已的情况下，才会选择写信这种私下的方式。

小说《紫色》首先为我们展示了黑人女性在父权制社会监管下的尴尬境遇，她们公开的声音和私下的声音均遭到压制。一方面，黑人女性无法用自己的声音公开向大众讲述自己的故事；另一方面，她们所要传递的信息也无法找到理想的听众。这样就造成了黑人女性之间交流的断裂。那么黑人女性要建立自己声音的权威，不仅需要发出声音，用自己的声音讲述自己的故事，同时还需要将自己需要传达的信息有效传递到听众耳中，从而搭建起有效的交流通道。讨论完黑人女性的叙述困境，我们继续来看艾丽斯·沃克如何摆脱这样的叙述困境，如何采用自己的叙述策略，在私下叙述空间建构自己声音的权威。

二、黑人女性叙述者对声音的绝对控制

面对黑人女性艰难的叙述困境，艾丽斯·沃克却能绝境逢生，将危机转化为机会，采取有效的叙述策略，逃避主流意识形态的监管，建立了黑人女性自己声音的权威。艾丽斯·沃克的策略首先体现在她改写了传统的书信体小说。利用这种看似对女性不利、隔离女性交流的私下叙述模式作为面具，叙述者西丽完全掌握了声音的主控权。

书信体小说这种文体兴盛于 18 世纪，特别是在塞缪尔·理查森（Samuel Richardson）那里发扬光大。既然一个得体的女性不能轻易对包括陌生男性在内的公众发出声音，那么一个男性的书信编辑则似乎名正言顺地成了道德的遮羞布。传统的书信体小说中的男性书信编纂人从侧面体现了女性公开声音遭受压制的事实，女性之间书信的来往只有经过了男性的编辑、过滤与监管才能够公之于众。《紫色》是非裔美国文

① Carolyn William. "'Trying to do without God': The Revision of Epistolary Address in *The Color Purple*." *Modern Critical Interpretations: Alice Walker's The Color Purple*. Ed. Harold Bloom. Philadelphia: Chelsea House Publishers, 2000, p. 80.

学作品中的第一部书信体小说，在非裔美国文学传统中无先例可循。[①]与传统的书信体相同的是，《紫色》也是通过小说人物之间的书信来往来推动小说的故事情节发展的。然而，艾丽斯·沃克在《紫色》中删去了在传统书信体小说中至关重要的男性书信编纂人。这样一来，小说中的话语权就完全回归到了写信人——西丽的手里。

虽然小说是以继父的声音开场，他警告西丽“你最好”做什么，不能做什么，艾丽斯·沃克让西丽看似按照继父的话做了，因为西丽按照继父所说的只告诉上帝。然而继父在西丽结婚后随即淡出了她的生活。也就是说小说开始不到 10 页的长度后，继父就基本消失了，再也没有正面出过场。西丽在自己的书信中，用自己的声音讲述自己的故事，也讲述周围的人的故事。在接受采访时，艾丽斯·沃克曾说：“我总是试图赋予人们‘声音’的权利。我写作《紫色》就是为了让人们听到西丽的声音。”[②]事实上我们看到，在整部小说中西丽完全掌握了声音的控制权。

首先，小说主要由西丽的书信构成。也就是说，在小说中，读者听到的主要是西丽的声音在讲述故事。在西丽的书信中，所有事件都由她的声音来讲述。故事中任何人的声音都要经过西丽的声音过滤才能传递到读者。琼斯作品中的叙述者尔莎虽然集叙述者与人物功能于一体，但是她更像是一个人物，更多地发挥了推动故事发展的功能。琼斯采用了大量的对话主要展示了人物的声音，读者很难听到叙述者讲述故事的声音。而在《紫色》中，小说的主人公西丽将人物与叙述者的身份展现得淋漓尽致。在她讲述的故事中，所有的事件都围绕她发生，更重要的是，所有的故事都由她一个人记录并讲述。这样一来，通过书信的形式，黑人女性不仅成为被认识的主体，更重要的是也成了认识与讲述的主体。在西丽的叙述中，我们看不到任何一句直接引语，也就是说所有

---

① Henry Louis Gates, Jr. “Color Me Zora: Alice Walker’s (Re)Writing of the Speakerly Text.” *Modern Critical Interpretation: Alice Walker’s The Color Purple*. Ed. Harold Bloom. Philadelphia: Chelsea House Publishers, 2000, p. 35.

② Carla Kaplan. “‘Somebody I Can Talk to’: Teaching Feminism Through *The Color Purple*.” *Modern Critical Interpretation: Alice Walker’s The Color Purple*. Ed. Harold Bloom. Philadelphia: Chelsea House Publishers, 2000, p.183.

人物的话语都是借西丽的口说出。这样，西丽通过写信这种看似被动的方式将话语权紧紧握在了自己手里，从而建构了自己的话语权威，因为所有的人物话语都要经过她的筛选。更准确地说，读者听到的任何人物的声音都是混合着西丽声音的双声语。

其次，我们再来看一看小说中除了西丽外唯一获得机会发出声音的耐蒂。耐蒂一直坚持给西丽写信，但是阿尔伯特从中作梗，藏起了所有的书信，因此我们一直没听到她的声音。直到有一天，莎格和西丽一起发现了耐蒂的书信，才重新挖掘并恢复了耐蒂的声音。可以说，西丽是一次性收到耐蒂曾经写给自己的所有信件。也就是说耐蒂的声音之所以能见天日，首先是靠西丽的努力。同时，由于西丽一次性收到了所有信件，西丽读到的第一封耐蒂的来信并不是耐蒂写给她的第一封信。那么，西丽在向读者展示耐蒂的书信的同时，无形中扮演了曾经由男性扮演的书信编辑人的角色。这样一来，西丽不仅发出了自己的声音，并同时帮助发掘并呈现了其他黑人女性的声音。在这里我们来看一下小说中是如何体现西丽在掌握了声音的控制权的同时将这种话语权临时转让给耐蒂，从而让我们能够听到耐蒂的声音的。小说写到耐蒂的书信出现时，出现了一个明显的叙述分层。西丽在写给上帝的一封信中写道：

> 亲爱的上帝：
>
> 这是我一直拿在手里的一封信。
>
> 亲爱的西丽：
>
> 我知道你以为我死了。可我没有死。这么多年来我一直在给你写信。
>
> ……
>
> 万一这封信真到了你的手里， 我要告诉你这一点：我爱你，我没有死。奥利维娅身体很好，你儿子也很好。
>
> 我们明年年底以前回家。
>
> 爱你的妹妹耐蒂[①]

① 艾丽斯·沃克：《紫色》，第 80 页。

在这里西丽引用了妹妹耐蒂的整封信。将妹妹的叙述包含在了自己的叙述中，组成了小说的第二个叙述层。

接下来耐蒂的几封信都是由西丽根据邮戳编排后展示给读者，不过依然是包含在西丽写给上帝的心中：

> 亲爱的西丽，第一封信写道：
>
> ……
>
> 第二封信说：
>
> ……
>
> 又一封信说：
>
> ……
>
> 又一封信，厚厚的，日期是两个月以后。信上说：
>
> ……
>
> 下一封信说：
>
> ……①

从西丽向我们展示耐蒂的第六封信开始，她的声音慢慢与耐蒂的声音明显区分开来，她再也没有用“这封信上说”等类似的话。读者直接读到的就是耐蒂写给西丽的信。这样一来，小说第一叙述层的西丽在引入耐蒂的书信后，将妹妹的声音前景化，而将自己的声音背景化。西丽在知道耐蒂还活着后，又开始给耐蒂写信。虽然西丽与耐蒂之间的交流遭到时间与空间的阻隔，西丽写的信并不能顺利寄到妹妹那里，妹妹的信也没有能及时被西丽收到；但当西丽将声音权力赋予耐蒂后，她们两个的信件在小说中交错出现，读者从此在小说中看到的则是两人之间的书信往来，听到的则是两个声音的对话。这样一来，艾丽斯·沃克在看似不利的叙述语境下，搭建起了黑人女性之间的交流渠道，架起了黑人女性之间的沟通桥梁，同时也把信息传递给了读者。

通过对西丽作为叙述者的叙述控制的讨论，我们可以看到，艾丽斯·沃克改写了传统的书信体小说，通过“直接引语”的缺失，边

---

① 艾丽斯·沃克：《紫色》，第86-93页。

缘化男性声音，她采用叙述分层等技巧让声音的控制权牢牢掌握在叙述者西丽手中，同时又通过西丽将声音的权力赋予耐蒂，让读者听到了黑人女性交流的声音。这样一来，艾丽斯·沃克就将声音权力完全赋予了黑人女性，让她们用自己的声音讲述自己的故事，建构自己的权威。

三、人物的话语反抗

在个人型叙述中，第一人称叙述者扮演了两个重要角色，叙述者与主人公。笔者首先主要讨论了艾丽斯·沃克如何让作为叙述者的西丽摆脱艰难的叙述困境，最终用自己的声音讲述自己的故事，建构自己的权威。接下来我们将继续来看作为人物的西丽又如何在驯服的面具下，利用话语作为武器展现自己强大的反抗力量，从而捍卫和巩固了自己声音的权威。

我们首先还要从继父的威胁开始说起。小说开篇继父对西丽说："你最好什么人都不告诉，只告诉上帝。"[①]继父想要隐藏的是自己强奸幼女的乱伦行为，不想这个丑陋事实公之于众。因此他威胁西丽不要告诉上帝以外的任何人，因此小说便以西丽向上帝倾诉开始。这样看来，西丽看似顺从了继父的指示只将事实告诉上帝，然而真实的西丽就像《埃特金森的匣子》中的新娘一样，在驯服的面具下掩藏着一颗强烈反抗的心，西丽的反抗经历了一个从私下到公开的过程。

西丽最初是借写信给上帝来讲述自己不能公开讲述的故事。由于继父说"你只能告诉上帝"，因此她一开始所有的信都写给上帝，似乎是把所有不能讲述的故事都只告诉上帝。然而随着故事的发展，读者会发现西丽除了将这些不可告人的秘密告诉上帝外，还告诉了别人。所以从表面上来看，西丽的叙述并不对"父亲"构成威胁，然而仔细阅读，读者会发现西丽的信中有乾坤。

西丽在信中写到阿尔伯特（某某先生）的父亲来访，他在言语上侮

① 艾丽斯·沃克：《紫色》，第 3 页。

辱莎格。一向专横跋扈的“某某先生没有吭声”，而看似一向驯服的“我朝某某老先生的凉水吐了口唾沫，并用手指搅水里的唾沫”[①]以防某某老先生看出端倪。就这样，西丽私下的反抗让某某老先生在不知情的情况下喝下了含有自己唾沫的水。

另外，在西丽写给上帝的一封信中，西丽透露她将继父的卑劣行为告诉了除上帝以外的另一个人：莎格。

> 她问我，你跟你孩子的爸爸是怎么回事？
>
> 我家女孩子住一间小房间，我说，那房间是隔断的，只有一条小小的木板路把它跟整幢房子连接起来。除了妈妈，谁都不让上这房间来。可是有一天妈妈不在家，他来了。他对我说要我给他铰铰头发。他带来了剪子、梳子、刷子和一张凳子。我给他理发时他老看着我，样子挺古怪。他还有点紧张，不过我不知道他为什么要这样紧张。后来他一把抓住我，夹在他大腿之间。[②]

从这封信，我们可以看出西丽并没有听从他继父的命令，只将事情告诉上帝。她表面上只将故事写信告诉上帝，事实上却将这些不能说的秘密偷偷告诉了值得自己信任的另一位黑人女性。

除以上提到的例子外，小说中黑人女性的私下反抗还体现在西丽与莎格合作成功偷出了耐蒂写给西丽的信件。当莎格告诉了西丽阿尔伯特私藏了西丽的信件后，她们趁阿尔伯特外出的时候，偷偷潜入他的房间，偷出了信件：西丽“生起炉子，放上茶壶，用热气熏开信封，把信纸抽出来都放在桌上，把信封放回箱子里”[③]。就这样她们用空的信封迷惑了阿尔伯特，把耐蒂的信件成功地找了回来。

就在西丽向莎格讲述了自己的故事并找回了妹妹耐蒂的信件后，西丽的反抗也就从私下跨入了公开的阶段。

---

① 艾丽斯·沃克：《紫色》，第 39 页。

② 同上条文献，第 77 页。

③ 同上条文献，第 86 页。

当西丽拿到耐蒂的信后，她第一次萌发了与阿尔伯特正面对抗的想法。在莎格的一再劝说下，她才打消了宰了阿尔伯特的念头。[①]最后她终于鼓起勇气和莎格一起离开阿尔伯特。在离开之前，她与阿尔伯特发生了正面冲突，她质问阿尔伯特“还有来信吗？”并诅咒阿尔伯特：

> “你要是待我不好，你碰过的每样东西都马上粉身碎骨。”
>
> “你待我不好的话，你的一切梦想都会失败。”
>
> “你打我一下就要加倍受到报应。你还是别说话的好。我对你说的话都不是我想出来的，好像我一张嘴，空气就冲进我嘴里就变成话了。”
>
> “你打算关我的监狱便是你死后烂掉的地方。”

面对西丽的反击，阿尔伯特无力招架。连莎格都劝他“别多说了，对你没有好处，你会更难堪的”[②]。

从私下的反抗到正面还击，西丽一步步摆脱了自己的困境，发出了自己强而有力的声音。她用自己的话语作为武器摆脱了继父的威胁，打败了长期压迫自己的丈夫，最终拥有自己独立的生活。

四、声音权威的过渡

艾丽斯·沃克不仅是通过叙述者对声音的绝对控制和人物的话语武器来向我们展示黑人女性声音的权威，同时她也通过受述者的变化来侧面巩固和增强了黑人女性声音的权威。

在小说中，西丽对声音拥有绝对的控制权。她仅临时把声音的权力赋予妹妹耐蒂，而边缘化所有父权制男性声音。小说开篇对黑人女性造成威胁的继父很快就消失在了文本中，直到去世也没有正面出过场。由于直接引语的缺失，我们听不见任何男性人物独立于西丽的声音。西丽对男性声音最明显的边缘化体现在上帝声音的缺失。书信体小说主要依

---

① 艾丽斯·沃克：《紫色》，第 97 页。

② 同上条文献，第 141 页。

靠双方收信人之间的书信往来。然而，西丽的收信人“上帝”——这个父权制社会的化身，却自始至终没有得到机会发出任何声音。德博拉·麦克道尔（Deborah McDowell）认为西丽写给上帝的信都没有署名，这一行为体现了西丽缺乏主体性。①然而从声音的角度来说，西丽的匿名行为则是剥夺了上帝回信的权利，也就是剥夺了上帝发出声音的权利。此时的上帝对西丽来说并不是可以对话交流的主体而是叙述的客体。西丽给上帝共写了 54 封信，没有一封署了名。西丽并不指望上帝能明白自己，因为她知道她一直写信的上帝“是个男人。他干的事和多数她认识的男人一样，他无聊、健忘、卑鄙。要是他肯听听可怜的黑人女性的话，天下早就不是现在这种样子了”②。也就是说西丽一直写信的这个上帝在她心里跟她的继父、丈夫是一伙的，他们无聊、卑鄙、健忘，他不会倾听可怜的黑人女性的话。难怪继父让她除了上帝以外什么人也不能告诉。

随着故事的发展，西丽找到了莎格作为自己故事的倾听者，并在她的帮助下找到了妹妹耐蒂的信件。随之而来，西丽大胆地抛弃了上帝这个收信人，摆脱了继父的威胁，大胆地声明：“亲爱的耐蒂：我不再给上帝写信了，我给你写信。”③

这样，小说的受述者公然转到了耐蒂——另一位黑人女性那里。从西丽开始给耐蒂写第一封信开始，她摆脱了男性的监管，与真正愿意倾听自己故事的另一位黑人女性开始了新的交流。小说接下来的部分主要就是西丽与耐蒂之间的书信往来。与写给上帝的信不同，在西丽写给耐蒂的大多数信件中，要么最后都附上了“阿门”的祈祷词，要么就署上了自己的姓名，可见她寄予了这些信件美好期望及对耐蒂回信的期待。

从上帝到耐蒂，受述者的变化体现了西丽的声音越来越强烈，同时也象征了黑人女性摆脱了父权制社会男性的监管从而搭建起了交流的桥

① Deborah E. McDowell. “Generational Connection and Black Women Novelists—Iola Leroy and *The Color Purple*.” *Modern Critical Interpretation: Alice Walker's The Color Purple*. Ed. Harold Bloom. Philadelphia: Chelsea House Publishers, 2000, p. 67.

② 艾丽斯·沃克：《紫色》，第 129 页。

③ 同上条文献，第 129 页。

梁。小说的最后一章又出现了西丽给新的收信人写信。“亲爱的上帝。亲爱的星星，亲爱的树木，亲爱的天空，亲爱的人们。亲爱的一切。亲爱的上帝。”[①]西丽在这里给天下的一切人、事物、上帝写信，希望所有的一切都能收到她的信并听到她的声音。到此，西丽不再只是私下对那个代表父权制的上帝或是妹妹耐蒂讲话，而是对天下的一切讲话，让所有的一切都能听到自己的声音，也包括上帝在内。然而值得注意的是这个上帝已经不再是前面 54 封信中那个代表男性的无情上帝。这个上帝是被黑人女性重新定义过的上帝[②]：“上帝既不是她也不是他，而是它。它不是电影。它不是你看得见摸得着的东西，不是跟别的东西，包括你自己在内的一切东西分得开的东西。我相信上帝就是一切。现在的一切，从前的一切，将来的一切。”[③]既然上帝就是一切，他存在于一切事物中，包括黑人女性，那么黑人女性就与男性及其他事物一样是平等的。那么西丽就有权利给天下的一切写信，而她的声音也值得被听见，这样一来，西丽的声音就从私下一步步向公开过渡。

本节主要讨论了艾丽斯·沃克的《紫色》中黑人女性私下声音的权威。艾丽斯·沃克通过直接引语的缺失，让叙述者完全掌控了声音的权力，小说中的人物也将声音作为武器向读者展示了黑人女性的声音权威。同时，通过受述者的不断变化，《紫色》中的声音逐渐由私下走向公开。艾丽斯·沃克以书信体小说这种私下形式，却利用小说这种公开发表的文学形式，让黑人女性的声音走向公众。在私下声音形式的掩护下，艾丽斯·沃克让黑人女性成功地参与了社会话语权威建构。《柯瑞格多拉》出版于黑人女性个人型叙述交流模式产生的初期，因此，琼斯在小说中采用了大量的对话，把声音的权力主要交付

① 艾丽斯·沃克：《紫色》，第 200 页。

② 值得注意的是，上帝在《紫色》中的定义不是固定不变的，她是不断被黑人女性重新定义的。在最初的54封信中，上帝是父权制社会的代表，他跟白人男性长得一样，他与男性是一样的；而男人也自认为是上帝，“男人让你相信他无所不在，而你如果相信他无所不在，你就以为他是上帝”。艾丽斯·沃克：《紫色》，第 133 页。后来上帝在她们眼中不再与白人男性联系在一起，而是与天下一切事物联系在一起，包括黑人女性。这样一来黑人女性成功重释了上帝，这也从侧面反映了黑人女性声音的权威。

③ 同上条文献，第 132 页。

给人物，通过直接引语戏剧性地呈现黑人女性的声音权威。在《紫色》中，艾丽斯·沃克通过直接引语的缺场而赋予了黑人女性对叙述声音绝对的控制权。然而，由于黑人女性所处的叙述困境，艾丽斯·沃克依然采用了书信体这种私下叙述模式来建构黑人女性声音的权威。威廉姆斯则不同，她开始书写黑人女性公开的叙述声音。如果说在艾丽斯·沃克的时代，她还需要借用私下的声音形式作为掩护，那么在威廉姆斯这里，我们可以看到，黑人女性面对公众直接发出了自己声音，在公开的空间建构了黑人女性个人型声音公开的权威。

第三节 讲故事的人：《戴莎·罗丝》中公开声音的权威

威廉姆斯借《戴莎·罗丝》（1986）一书在 20 世纪非裔美国文学史上获得了一席之地。[①]《戴莎·罗丝》是威廉姆斯最著名的一部作品[②]，是 20 世纪 80 年代最优秀的作品之一。[③]《戴莎·罗丝》获得了众多书评家的广泛赞誉，连续两周稳居于《纽约时报》榜单推荐。[④]威廉姆斯不仅是新奴隶叙事的开创者之一，也是最杰出的代表作家之一。自《戴莎·罗丝》出版以来，评论家们就给予了该书高度的评价。长期以来，在美国文学界存在一个争论：谁更具有阐释美国历史的权威，而《戴莎·罗丝》的问世则对此做出了巨大的贡献。[⑤]

《戴莎·罗丝》自出版以来，就倍受好评。对该小说的研究主要集中在三方面：首先是对该书作为新奴隶叙事代表作的研究。威廉姆斯在

---

① Yolanda Williams Page, ed. *Encyclopedia of African American Women Writers*. p.624.

② Wilfred D. Samuels, ed. *Encyclopedia of African-American Literature*. p.137.

③ Darryl Dickson Carr. *Columbia Guide to Contemporary African American Fiction*. New York: Columbia University Press, 2005, pp. 228-230.

④ Carol E. Schmudde. “Dessa Rose.” *Masterplots II: African American Literature* (Revised edition) (December, 2008), pp. 1-4.

⑤ 同上条文献，第 1-4 页。

新时期重新审视了奴隶制时期的黑人经历，芭芭拉·麦卡斯基尔（Barbara McCaskill）认为该小说成功地使黑人奴隶们摆脱了作为牺牲品、野兽、机会主义者等程式化的黑人奴隶形象。同时小说还成功地探讨了黑人群体、家庭及部分白人对奴隶制的反抗。①埃尔文·霍尔特（Elvin Holt）则认为，《戴莎·罗丝》挑战了对黑人女奴被动、胆怯、缺乏勇气的形象的书写。威廉姆斯笔下的黑奴戴莎是一个在黑人奴隶起义中发挥了积极作用的重要角色，她是男性黑奴的斗争伙伴。②对奴隶制的新思考引申出了另外两个批评家们关注的主题：第一个是对美国历史的新思考，也就是关于谁更有阐释美国历史的权威。20 世纪 60 年代以来黑人女性作家们开始从黑人女性的新视角来重新审视黑人历史及美国历史，重新书写被白人扭曲的历史，恢复黑人女性在历史中的重要作用，而《戴莎·罗丝》则是这众多重新书写黑人历史中的代表作。③詹妮弗·格里菲思（Jennifer L. Griffiths）探讨了《戴莎·罗丝》中历史与个人记忆的关系，主要集中讨论了黑人女性的个人记忆如何对抗所谓的官方记录对黑人女性经历的扭曲。④安娜·努涅斯（Ana Nunes）在其《非裔美国女性作家的历史小说》中指出，《戴莎·罗丝》中不断变换视角，目的是从多角度来再现奴隶制，从而揭露现存历史对非裔美国历史的扭曲。⑤与历史与奴隶制相关的还有一个主题也为批评家们所喜爱：命名。长期以来命名也是黑人女性共同书写的主题。白人通过命名来定义黑人民族，而非裔美国人民也同样通过命名来实现自我定义。《戴莎·罗丝》中也展开了命名的战争。卡萝尔·施穆德（Carol E. Schmudde）认为威廉姆斯使用命名的方式来进行人物塑造，这是一种

---

① Barbara McCaskill. “Dessa Rose.” *Masterplots II: American Fiction Series (*Revised edition) (January, 2000), pp. 1-3.

② Elvin Holt . “Dessa Rose.” *Magill’s Literary Annual* (June, 1987), pp.1-3.

③ 自 20 世纪 60 年代以来，非裔美国文学历史上先后有很多女性作家开始重新审视历史，出现了一批关注历史书写的作品。例如，Margaret Walker: *Jubilee* (1969)、Gayl Jones: *Corregidora* (1975)、Toni Morrison: *Song of Solomon* (1977)、*Beloved* (1987)等。

④ Jennifer L. Griffiths. *Traumatic Possessions: The Body and Memory in African American Women’s Writing and Performance*. Charlottesville: University of Virginia Press, 2009, p. 12.

⑤ Ana Nunes. *Black Women Writers’ Historical Fiction*. p.99.

自我定义和定义他者的方式。[①]玛丽·戴维斯（Mary Kemp Davis）指出不同的名字和命名将小说中相关的不同主题联系起来：戴莎对自我身份认证的实现；对自我尊严的捍卫，对个人、家族和民族历史的恢复及对自我生命意义的定义。[②]除了以上三种主要解读外，也有一些评论关注《戴莎·罗丝》中的叙述策略，如玛尔塔·桑切斯（Marta E. Sanchez）主要从小说中的陌生化效应入手来讨论该小说的叙述技巧及各种声音。[③]努涅斯在其研究中也讨论了该小说中第三人称全知叙述者的作用。[④]在以上研究的基础上，笔者将该小说放置在黑人女性个人型叙述声音发展的历史中，试图通过研究小说中各种声音的相互交流进一步探讨谁对历史的阐释更具有权威性的问题。通过研究各种不同声音之间的叙述竞争，探讨威廉姆斯在小说《戴莎·罗丝》中怎样建立了黑人女性个人声音公开的权威。在《戴莎·罗丝》中，威廉姆斯把作者型叙述声音与个人型公开叙述声音相结合，将声音赋予了一个曾经在历史记录和文学经典中沉默无语的女奴，让她用自己的声音通过叙述竞争证明了自己声音的可靠性并最终讲述了黑人奴隶的真实故事，并在讲述中获得了自己声音的权威，成为黑人女性声音无可置疑的合法代言人。

一、作者间的叙述竞争

《戴莎·罗丝》中充满了各种声音之间的竞争：人物与人物，叙述者与叙述者，甚至是作为作者的威廉姆斯与其他历史学家和小说家的竞争。而他们之间的竞争主要围绕着声音的权威来展开，即谁讲的故事更真实可靠，谁在阐释历史方面更具权威，谁更有权来讲述黑人女性的历

---

① Carol E. Schmudde. “Dessa Rose.” pp.1-4.

② Mary Kemp Davis. “Everybody Knows Her Name: The Recovery of the Past in Sherley Anne Williams's *Dessa Rose*.” *Callaloo* 40 (Summer, 1989), p. 548.

③ Marta E. Sanchez. “The Estrangement Effect in Sherley Anne Williams' *Dessa Rose*.” *Genders* 15 (Winter, 1992), pp. 21-36.

④ Ana Nunes. *Black Women Writers' Historical Fiction*. pp. 129-130.

史，谁是黑人女性声音的合法代言人。

《戴莎·罗丝》是新奴隶叙事的代表作。奴隶叙事是特殊的社会历史遗产，它由一批极具天赋的逃亡黑人奴隶所撰写。他们书写奴隶制下黑人自己的生活及自由的意义。[①]这样一来，奴隶叙事就成了美国历史的见证，见证了美国历史上残暴的奴隶制时期及奴隶制之下非裔美国人民非人的生活。奴隶叙事不仅是对奴隶制的一种反抗方式，同时它也与所谓的美国官方历史形成相互协商与竞争。通过奴隶叙事，非裔美国人民用自己的方式记录了历史。然而值得注意的是，在大量有关奴隶叙事的出版物中，女奴叙事不到 12%。因为在这些成功逃亡的奴隶中只有极少数人有机会讲述自己的故事。[②]作为被边缘化的客体，黑人女奴要讲述自己的故事更是困难重重。由于她们的失语，黑人女性的形象逐渐被程式化，遭到极大的扭曲。这种现象不仅出现在奴隶叙事中，在所谓的历史事实中，黑人女奴也被边缘化，她们无名无姓，成了黑人男性的点缀。然而，对于黑人女性的经历，谁比她们更有权利来讲述呢？玛丽·普林斯（Mary Prince）在其奴隶叙事《玛丽·普林斯的历史》中写道：

> 所有的奴隶都渴望自由。自由是很美好的。我自己曾经是奴隶，我知道奴隶的感觉。我能够讲述其他奴隶的感受，因为他们告诉过我他们的感受。任何人如果说奴隶们不想要自由，甘于生活在奴隶制下，他要么是无知，要么是撒谎。我从来没有听到任何奴隶说过这样的话。[③]

普林斯的话从正面向读者表明，没有任何人比经历过奴隶制的黑奴们更有资格来讲述黑奴的故事，因为他们不仅有亲身的感受，也同时了解同伴们的感受；同时普林斯的讲述也从侧面证明了白人历史的不可

---

① Henry Louis Gates, Jr., ed. *The Classic Slave Narratives*. New York: Signet Classics, 2002, pp. xi-xiii.

② Deborah E. McDowell. "*The Changing Same: Black Women's Literature, Criticism and Theory.*" Bloomington: Indiana University Press, 1995, p.142.

③ Henry Louis Gates, Jr., ed. *The Classic Slave Narratives*. p. 263.

信，他们因自己的目的，试图美化奴隶制。由此可见，没有谁比黑人奴隶更有资格来讲述自己的故事。20 世纪 60 年代开始涌现出一批重新审视奴隶制的新作品。黑人女性作家们在新时期获得了新的机会来重新书写黑人女性的经历。在《戴莎·罗丝》中，威廉姆斯将声音赋予一个女黑奴，让她用自己的声音来公开讲述奴隶制时期她们自己的生活及自由的意义。用她的声音来讲述自己的亲身经历，合法性无可置疑。

与此同时，威廉姆斯也展开了与其他的历史学家、评论家及作家的竞争。当历史学家们将黑人女性边缘化，将黑人女性的姓名和身份从历史中抹去的同时，威廉姆斯与其他黑人女性作家一起，将黑人女性从浩瀚的历史长河中发掘出来，让她们发出自己的声音。威廉姆斯要用自己的声音向我们证明，黑人女性讲述的故事更真实可靠，更具权威性。

小说的开篇，我们首先看到的是作者语（Author's Note），在作者语中，威廉姆斯向读者介绍了该小说的源起：《戴莎·罗丝》是基于两个历史事件而创作的。一个发生在 1829 年的肯塔基州，一个怀孕的黑奴在一场奴隶起义中发挥了重要作用。在起义被镇压后，奴隶被判了死刑。基于对奴隶主利益的考量，该女奴被判生完孩子后再被处死。另外一个故事则发生在 1830 年的北卡罗来纳州。一个住在边远的农场的白人女性为逃亡的奴隶们提供了庇护所。威廉姆斯说：“我在安吉拉·戴维斯的论文《黑人女性在奴隶集体中的角色》中读到了第一个故事；于是我通过戴维斯的论文找到了这个事件的源头。这个事件是被记录在赫伯特的《美国黑奴起义》当中。我在该书中又发现了第二个故事。我认为太遗憾了，这两个女性居然没有相互遇见。”[①]因此，威廉姆斯就基于以上两个故事而创作了她的小说《戴莎·罗丝》，用艺术创作将这两个女性联系起来。值得注意的是“戴维斯和赫伯特两人在自己的研究中都没有提到这个参加起义的黑人女奴的姓名”，她的姓名就这样被抹去，然而威廉姆斯却用艺术再现了这样一个光辉的黑人女性形象。她不仅发掘了这个被历史遗忘的黑人女性，“同时还赋予了她一个姓名和一

① Sherley Anne Williams. "Author's Note." *Dessa Rose*. New York: William Morrow and Company, Inc., 1986, p.5.

段个人历史”[①]。

接下来，威廉姆斯还在作者语中提到自己的创作还受到了另一件事情的影响：“我承认70年代初期在评论界受到认可的一本小说也让我气愤不已。该小说打着纪念奴隶叛乱领导人纳特·特纳（Nat Turner）的幌子，却是扭曲了历史事实。”[②]威廉姆斯这里所指的这个扭曲事实的作者就是威廉·斯蒂伦（William Styron）及其作品《纳特·特纳的自白》（*The Confessions of Nat Turner*）。该小说以1831年弗吉利亚的奴隶叛乱的领导人纳特为原型，并且将叙述声音赋予纳特，让他来讲述自己的故事。“该小说成功的最主要原因是，斯蒂伦从奴隶叛乱的领导者的视角来讲述这次起义。这样一来斯蒂伦似乎进入了纳特的内心世界，从而似乎是讲述了一个黑人的真实故事。”[③]斯蒂伦称自己的小说是对“历史的沉思”，自己讲述的故事忠实于历史事件。然而斯蒂伦对黑人历史的妄加揣测激怒了当时的一批黑人学者、记者、作家等。他们不仅质疑斯蒂伦的故事的真实性，甚至质疑他的写作动机。[④]自那时开始，非裔美国文学界涌现出了一批关注历史书写的作家。他们与历史记录及这些扭曲黑人历史的作品展开叙述竞争，争取讲述真正的历史事实。威廉姆斯的《戴莎·罗丝》就是其中最具有代表性的作品之一。威廉姆斯不仅在浩瀚的历史长河中发掘了这些被遗忘的黑人女性，同时她还赋予她们声音，让她们用自己的声音来讲述真实的历史。斯蒂伦说自己的小说是对历史的沉思；威廉姆斯却在作者语中直接说：“这本小说是虚构。所有的人物，甚至是他们走过的村庄都是基于事实的虚构，但是所讲述的故事就像我自己经历过一样。”斯蒂伦书写历史却扭曲历史，威廉姆斯却试图用虚构性的小说叙事来反映真实的历史，这段19世纪的黑人女性的故事真实地就如同她亲身经历过一样。

---

① Donna Haisty Winchell. “Cries of Outrage: Three Novelists’ Use of History.” *Mississippi Quarterly: The Journal of Southern Cultures* 49.4 (Fall, 1996), pp.727-742.

② Sherley Anne Williams. “Author’s Note.”

③ Donna Haisty Winchell. “Cries of Outrage: Three Novelists’ Use of History.” pp.727-742.

④ 同上条文献，第727-742页。

这样一来，威廉姆斯用自己的艺术创作，与白人世界的官方历史以及所谓的历史书写展开了叙述竞争。她用艺术创作为自己赢得了一个讲述故事的机会。同时她也把声音赋予自己小说中的主人公戴莎，让这个经历过奴隶制的女奴自己讲述历史的真实。

二、人物间的话语战争

《戴莎·罗丝》主要讲述了小说主人公戴莎·罗丝从一个被判死刑的奴隶到获得自由的过程。小说主体由三个部分构成，外加一个序幕和一个尾声。小说的序幕和前两个部分主要是由一个作者型的叙述者来叙述，而第三部分和尾声则由戴莎来讲述。我们首先主要聚焦于小说的前两部分：“黑鬼”（The Darky）、“奴仆”（The Wench）。在这两个部分中，戴莎主要作为人物出现。她分别与白人男性亚当（Adam）和白人女性露丝（Ruth）展开了叙述竞争。在这场人物之间的叙述竞争中，戴莎大获全胜，证明了自己的叙述更真实可靠，自己对历史的阐释更具有权威，从而赢得了在第三部分中叙述者的地位。

（一）戴莎与亚当

小说的第一部分虽然叙述的视角在戴莎与亚当之间不断变换，但是该部分的故事主要从亚当的视角来讲述。这一点，我们从第一章的标题“黑鬼”就可以看出来，这是亚当对戴莎的蔑称。故事开始时，怀孕的戴莎由于参加奴隶叛乱而被判死刑。由于考虑到奴隶主的利益，戴莎被关在一个警长的地下室里，等其分娩后再执行死刑。亚当由于要写一本关于奴隶叛乱的书，因此来采访戴莎。该部分的故事就围绕亚当与戴莎的交谈而发展。

亚当通过采访，试图将戴莎的故事变成自己的故事，用来为自己的目的服务。如果他成功地将戴莎的故事偷换成为自己的故事，人们相信了他的叙述，那么他就不仅用叙述控制了戴莎，也用叙述操控了受述者，实现他不可告人的目的，那么真实的故事将被掩盖。小说的第一部分就在戴莎与亚当之间的叙述竞争中展开。亚当试图通过叙述偷换戴莎的故事来为自己服务，而戴莎则试图通过自己的策略摆脱亚当的叙述控制，从而捍卫自己声音的权力。而在这个过程中，戴莎大获全胜。她不仅逃脱了亚当的叙述控制，同时也逃离了奴隶制对她人身自由的束缚。

从叙述者的叙述，读者可以明显看出作为主要的视角人物，亚当并不是一个可靠的感知者，因此他的叙述并不可靠。

首先，亚当写书别有用心，创作动机不良。亚当出生在一个贫穷的白人家庭，他试图用自己的方式进入上流社会，得到奴隶主阶层的肯定。正如埃尔文所说："亚当为人傲慢自大却又缺乏安全感，他对社会地位的痴迷严重损害了他的社会道德感。"①他写书既不是为了艺术创作，也不是为了记录历史，而是为了通过写书将自己塑造成一位奴隶管理专家，从而得到奴隶主阶层的肯定。他写的第一本书《奴隶主对奴隶与家仆的全方位管理手册》让他小有名气，为他成为奴隶主的座上宾打开了些许门路，因此他想借即将写的这本《奴隶反抗的根源及根除的方法》进一步稳定自己的地位，让自己真正进入奴隶主阶层。"他之所以对这些富裕的种植园主如此神往，因为他们拥有他喜欢的各种物品：耀眼的衣服和珠宝、可口的食物，以及能让他满意的迷人的房子和装潢。"②也就是说亚当写书的目的主要是获得经济利益，同时也想借此提高自己的社会地位。他认为"一本关于奴隶起义的书一定会立刻获得成功，因为无论是奴隶主还是非奴隶主都对奴隶起义暗藏恐惧。这本书会让尼希米成为一个重要的南方作家"③。叙述者赤裸裸地表明了亚当写书的目的完全是为名为利，从而否定了他作为一个作家的操守，在人格上已经大打折扣。这样一来，读者在阅读小说时，自然就会认为亚当并不是值得信任的叙述者。

其次，由于亚当的目的是要写出让奴隶主们喜欢的书，那么他写书时必然会迎合奴隶主们的喜好。作为一个叙述者，他从一开始就不是一个客

---

① Elvin Holt. "Dessa Rose." pp.1-3.

② Sherley Anne Williams. *Dessa Rose*. pp.24-25.

③ 同上条文献，第 25 页。

观公正的叙述者。他向奴隶主们谄媚，却对小说的主人公戴莎充满了偏见和歧视。因此他极为有可能为了迎合奴隶主们的喜好而故意扭曲戴莎的故事。当戴莎问亚当“你记录这些用来干什么？”亚当说要把这些写进书里，“我写这些是希望能帮助别人幸福地过自己的生活”。[①]戴莎接下来的回答一语道破真谛：“你认为我现在所说的能够帮助人们幸福地生活吗？如果是真的话，为什么我自己经历的时候并不感到幸福呢？”[②]谁会因为奴隶的不幸生活而得到幸福呢？只有那些从奴隶的不幸中得到利益的人才会感到幸福。可见，亚当与奴隶主们是一伙的，他也想从戴莎的不幸遭遇中谋取利益。因此，亚当很明显站在了戴莎的对立面，读者很难相信亚当能够客观公正地来评价戴莎。正如詹妮弗所说，亚当先入为主地认为戴莎无论在性别还是种族上都低人一等，因此他无法做一个可靠的见证人。[③]我们从亚当对戴莎的称呼就可以看出他对戴莎的歧视。首先标题“黑鬼”就是对黑人侮辱性的称呼，其次在小说中，亚当几乎不称呼戴莎的名字，而是用一些侮辱性的语言来称呼戴莎：“The darky”“treacherous nigger bitch”“fiends”“devils”“virago”“she-devil”。可见他不仅抹去了戴莎的姓名，同时从他对戴莎的各种侮辱性的命名来看，也可以看出他对戴莎充满了偏见与歧视。因此读者容易质疑亚当的可信度，判定他的叙述不可靠。

最后，我们再从亚当的具体行为来看他是如何扭曲戴莎的故事。小说开篇以亚当对戴莎的采访开始。叙述者向我们这样介绍了亚当的行为：

> 他并没有听清楚每个单词，他经常因为一些不熟悉的方言和习语而感到困惑。有时，由于这个黑鬼讲的故事中人名太多，他被搞糊涂了，甚至不知道她在讲什么故事。有的时候他坐在那里兀自得意，竟忘记了记录。然而当他试图从自己草草记下的草稿中解读这个黑鬼的故事时，这些场景在他脑中活灵活现

① Sherley Anne Williams. *Dessa Rose*. p.45.

② 同上条文献，第 50 页。

③ Jennifer L. Griffiths. *Traumatic Possessions: The Body and Memory in African American Women's Writing and Performance*. p.16.

起来。他在自己的日志里重构了她的故事，好像她说的一字一句他都记得一样。[①]

从以上引文，我们可以看到，亚当不仅不能完全理解戴莎的故事，也无法真实记录戴莎的故事，却要堂而皇之地来讲述戴莎的故事。他按照自己的目的和想法“重构”了戴莎的故事，却假装这个故事是自己一字一句记录下来的。后来戴莎在与亚当的交谈中，进一步拆穿了亚当的谎言。戴莎问亚当“‘你记录了我说的话吗？’亚当回答：‘我的确记录了很多你说的。’亚当甚至读了一些给她听，无伤大雅的一两句。她被吸引了，问道：‘我真的有这样说吗？’”可见，听了亚当转述自己的故事时，戴莎根本无法辨认自己曾经说过类似的话。亚当的不可信可见一斑。更有甚者，他对戴莎说：“丫头，无论我在书里写什么都不会伤害到你了，你已经被审判并定罪了。”[②]亚当从一开始就不是为了找出事实的真相，而是按照自己的意愿去证明戴莎有罪。因此无论戴莎说什么，他都会断章取义，因为他只会听见自己喜欢听的，也只会记录有利于自己写书的部分。这样一来，亚当的可信度的确是令人质疑的。

从以上三点的分析，我们可以看到小说的作者型叙述者从一开始就告诉读者亚当并非是一个可靠的叙述者，他动机不纯，人格具有缺陷，又对戴莎充满了歧视与偏见。而我们从他具体的行为上也看到了亚当对戴莎故事的扭曲。在亚当与戴莎的叙述竞争中，读者很容易偏向戴莎。因为亚当的可信度遭到了极大的质疑。而接下来，我们从两人的叙述竞争中，也可以发现亚当的无能，相反戴莎却通过自己的叙述不仅摆脱了亚当的叙述控制，彰显了自己声音的力量，同时也让自己获得了自由。

亚当与戴莎的交谈看似由亚当控制，因为时间、地点以及谈话内容都是由亚当来确定，戴莎只能在指定的时间被带到指定的地点，回答亚当的问题。然而事实是，无论亚当问什么问题，戴莎都只是讲述自己想讲述的故事。当戴莎在接受采访时，她巧妙地回避了亚当的问题。亚当

---

① Sherley Anne Williams. *Dessa Rose*. p.18.

② 同上条文献，第 44-45 页。

的目的是想知道奴隶叛乱的细节，但是戴莎却借这个机会简述了自己的历史。通过这个简单介绍，读者了解了戴莎在种植园中经历的一系列悲剧，了解了事情发生的原因，然而对于叛乱的细节她却从未对亚当做正面回答。[①]通过戴莎的叙述，读者了解了事实的真相，对戴莎充满了同情，自然会偏向戴莎一边。

亚当是一个极为高傲自负的人，他不仅瞧不起戴莎，对待周围的人也自认高人一等。他时常暗自嘲笑身边的人没有文化，无能。然而，讽刺的是，戴莎不仅用自己的叙述误导他去追赶逃亡的奴隶，同时戴莎也在他眼皮底下用自己的方式联络了伙伴，并成功获救。每当戴莎轻轻哼唱时，亚当都无法理解她的意思。他要么觉得戴莎是无意义的“呻吟”，[②]要么就觉得戴莎所唱的曲子单调乏味，就像是母鸡或是牛的叫声。[③]总之他觉得戴莎的哼唱没有意义。他从与戴莎的交谈中推测有奴隶在叛乱中成功逃脱，就在他要和警察一起离开去追逃亡奴隶的当天，他又听到了戴莎和别的奴隶一起唱歌：

> 告诉我，我的姐妹；告诉我，我的兄弟，
> 可怜的罪人还要在这里煎熬多久？

随后又有人回应道：

> 告诉我，我的姐妹；告诉我，我的兄弟；
> 我的灵魂何时才能自由？

最后其他的黑人也加入进来：

> 告诉我，噢，请告诉我，
> 我什么时候才能自由？

接下来有一个她无法识别的声音加入，并唱道：

---

① 参考 Carol E. Schmudde.“Dessa Rose.” pp.1-4.

② Sherley Anne Williams. *Dessa Rose*, p. 29.

③ 同上条文献，第 51 页。

噢，不会太久了
不会太久了，我的姐妹，
可怜的罪人不会再煎熬太久了。
灵魂将去天堂，
灵魂将搭上去天堂的火车
因为我主唤你回家了。①

戴莎先是吃惊，后来则是高兴地加入了他们的歌唱。这一切对于黑人们来说是在进行信息传递；然而对于亚当来说，他先开始以为黑人们习惯了每天唱一曲，他根本没注意，后来当他觉得戴莎今天所唱之歌异于平常，“是他听到的最充满活力的曲调”时，②他又忙着去追捕逃亡的奴隶，而没将其放在心上。也就在亚当和警察去追捕逃亡奴隶的同时，在奴隶叛乱中成功逃脱的奴隶带着自己的朋友救走了戴莎。

从对戴莎与亚当的叙述竞争分析，我们可以看出，戴莎在与白人男性亚当的叙述竞争中大获全胜。我们看到戴莎不仅用自己的声音向读者讲述了自己真实的故事，摆脱了亚当对他的叙述控制，同时她也用自己的声音召唤了自己的伙伴，让自己获得了自由。接下来，本书将继续讨论戴莎与白人女性露丝之间的叙述竞争，她们之间的竞争同样是关于叙述权威的竞争：谁才是黑人女性声音的合法代言人。

（二）戴莎与露丝

小说的第二章“女仆”主要讲述了戴莎逃到了露丝的种植园。故事就发生在戴莎与主人露丝之间。露丝为逃亡的奴隶提供了庇护，她对外人说这些黑人奴隶属于她，但实际上他们更多的是一种雇佣关系，这些奴隶从某种程度上来说是自由的，露丝为他们提供庇护所客观上来讲也是不得已而为之。她的丈夫嗜赌如命，出远门后一去不回。露丝被抛

---

① Sherley Anne Williams. *Dessa Rose*. p. 64-65.
② 同上条文献，第 67-68 页。

弃，一个人守着一个种植园，本属于她自己的奴隶已经逃亡了。为了维持种植园的生计，她只有冒险让逃亡奴隶住在种植园，为她工作。与第一部分不同，小说的第二部分主要是通过两个女主人公的视角来讲述故事。在该部分，戴莎与露丝因相互不了解而充满了矛盾，她们之间斗争的核心同样是叙述竞争①，谁更有资格来讲述黑人女性的故事，谁的叙述更具可信度与权威性。在两个女主人公的叙述竞争中，戴莎不仅揭露了奴隶主阶级的伪善，挖掘并讲述了被历史抹去姓名的黑人母亲的故事，同时也让露丝对奴隶制产生了质疑和新的思考。

露丝出生于种植园奴隶主家庭，生活优越不谙世事，对残酷的奴隶制及奴隶主仍然抱有幻想。她对戴莎心存强烈的戒心，因为戴莎攻击了自己曾经的女主人，参加了奴隶起义，在该叛乱中有 5 个白人被杀。戴莎对于露丝来说是个巨大的威胁，她先入为主地站在奴隶主一边。内森（Nathan）向露丝讲述了戴莎在种植园如何遭受女主人虐待的悲惨遭遇，露丝反射性地就站到奴隶主一边，她反驳道：“那个奴仆背上一个伤疤都没有？”内森告诉她“他们用鞭子抽她的屁股和腿，她的伤疤都在大腿内侧”。内森听到戴莎的女主人告诉奴隶贩子，他们不想“损害她的价值”，因此只抽打她的下半身。②露丝不相信奴隶主们如此残忍，或是不愿意相信他们如此残忍，她选择将奴隶主行为归罪于戴莎：“我打赌她肯定是勾引了男主人，女主人才会如此残忍。我打赌肯定是这样的。”内森告诉露丝“戴莎被打的时候已经快临盆了”，从而否定了露丝的推测，但她却依然认为奴隶主不会无缘无故地鞭打奴隶：“我知道其中肯定有什么原因的。”③直到该部分的结尾处，露丝无意中看见戴莎“下半身伤痕累累，伤疤多得就像穿了某种衣服一样”，她才幡然醒悟。④

露丝与戴莎之间的争论主要集中在“黑人保姆”（被叫作

① 拉什迪（Rushdy）认为戴莎与露丝之间战争的前提是叙述竞争，这场战争是关于“谁的故事，谁来讲述？”的问题。Ashraf H. A. Rushdy. *Neo-slave Narratives: Studies in the Social Logic of a Literary Form*. New York: Oxford University Press, 1999, p. 154.

② Sherley Anne Williams. *Dessa Rose*. p. 134.

③ 同上条文献，第 136-137 页。

④ 同上条文献，第 154 页。

Mammy）的身份。通过她们的叙述竞争，读者会发现，白人社会为黑人保姆捏造了一个虚假的身份，并将其强加给黑人女性，使她们成为程式化的人物，这样黑人女性真实的姓名和身份就被历史抹去。露丝用“黑人保姆”的虚假形象人性化了奴隶制，而戴莎则揭开了白人伪善的面纱，恢复了黑人女性真实的身份。

故事开始时，露丝的黑人保姆已经去世，露丝非常怀念黑人保姆在身边的日子，她强调自己与黑人保姆间的亲密关系从而人性化了奴隶制。她认为黑人保姆爱她，而她也爱黑人保姆。然而仔细分析一下露丝对黑人保姆的讲述，我们就会发现奴隶制下的黑人保姆是一个没有姓名、没有身份的程式化人物。首先露丝对外声称，黑人保姆是爸爸赠送给她的生日礼物。[①]可见，黑人保姆没有被当成人来对待，没有独立的人格，而是被物化为奴隶主的财产。其次，黑人保姆有自己的出生年月，然而露丝却根据自己的喜好将情人节定为黑人保姆的生日。[②]黑人保姆有自己的名字多尔卡丝（Dorcas），然而露丝的母亲说叫她“妈咪”（Mammy）可以显示黑人保姆与他们度过了漫长的时光。[③]表面上“妈咪”似乎是一种亲近的称呼，但是从此黑人保姆的名字就被抹去。奴隶主将黑人保姆物化，赋予了她一个虚假的身份，并强制她这样生活下去，居然还会认为自己很爱黑人保姆。而戴莎与露丝的对话就揭开了他们虚伪的面纱，也找回了黑人女性的姓名与身份。

有一天露丝又眉飞色舞地回忆起她与黑人保姆的快乐时光。“戴莎盯着那个白人女人。她简直是疯了，居然编出这整件事，这些，那些。”在这里，威廉姆斯采用了自由间接引语。读者听到的不仅是叙述者的声音，还同时听到了戴莎的声音。叙述者与戴莎的声音合二为一，共同批判了露丝的谎言。可以说，叙述者在这里通过自由间接引语这种双声同体的形式，将戴莎的声音融入自己的声音，堂而皇之地将人物戴莎的声音权威化。读者在听到第三人称叙述者声音的同时，也听到了戴

① Sherley Anne Williams. *Dessa Rose*. p. 123.

② 同上条文献，第 90 页。

③ 同上条文献，第 123 页。

莎的声音。如果说在小说的第一部分，戴莎采取回避问题的方式，间接地与亚当进行叙述竞争。在小说的第二部分，获得自由的戴莎走到了正面战场，直接与露丝面对面地争夺话语权。接下来笔者将通过分析戴莎与露丝的对话来阐释戴莎强大的声音力量。[①]正当露丝忘我地说着黑人保姆为自己做漂亮的衣服时，戴莎冲口而出：

1. “Wasn’t no mammy to it”, “Mammy ain’t made you nothing!”

（根本就没有什么妈咪，妈咪什么都没给你做。）

2. “Why, she—”

（为什么，她——）

3. “You don’t even know mammy.”

（你根本都不了解妈咪。）

4. “I do so, Papa give her—”

(我了解的，爸爸给她——)

5. “Mammy live on the Vaugham plantation near Simeon on the Beauford River, McAllen Country.”

（妈咪住在麦克阿伦镇贝尔福德河上西米恩附近的沃恩姆种植园。）

6. “My, my—My Mammy”

(我，我——我妈咪)

7. “Your ‘Mammy’, Your ‘Mammy’!” “You ain’t got no ‘mammy’!”

(你“妈咪”，你“妈咪”！你根本没有“妈咪”！)

8. “I do—I did so.”

（我有，我曾经真的有。）

9. “All you know about is this kinda sleeve and that kinda bonnet; some party here—Didn’t you have no peoples where you

① 以上对话中的编号 1-17 是笔者为了便于对人物的对话进行话轮分析而标注的，语轮从戴沙开始。

lived? 'Mammy' ain't nobody name, not the real one."

（你只知道这袖子，那帽子；这儿的舞会。你生活的地方没人吗？“妈咪”不是人的名字，不是真的名字。）

10. "Mam—"

(妈——)

11. "See! See! You don't even not know mammy's name. Mammy have a name, have children."

(你看，你看，你甚至不知道妈咪的名字。妈咪有自己的名字，有自己的孩子。)

12. "She didn't." "She just had me! I was like her child."

（她没有。她只有我，我就像是她的孩子。）

13. "What was her name then? Child don't even know its own mammy's name. What was mammy's name? What—?"

（那她叫什么名字？孩子难道还不知道妈咪的名字吗？她叫什么名字？叫什么？）

14. "Mammy." "That was her name."

（妈咪。那就是她的名字。）

15. "Her name was Rose," "That's a flower so red it look black. When mammy was a girl they name her that..."

（她的名字叫罗丝，罗丝是种红得发黑的花。当妈咪还是个小女孩儿时，他们给她起了这个名字）

16. "You are lying." "Liar!"

（你说谎，骗子！）

17. "Mammy gave birth to ten chil'ren that come in the world living. The first one Rose after herself; the second one..."①

（妈咪有 10 个孩子活着出生。第一个孩子叫罗丝，是用她自己的名字命名；第二个……）

---

① Sherley Anne Williams. *Dessa Rose*. pp.118-120. 话轮 17 戴莎讲述了母亲的每个孩子的简单情况。因引文过长，因此在这里省去。

以上的对话是戴莎和露丝关于黑人保姆的争论。从对话的形式上，我们可以看到，对话一共有 17 个话轮，其中 9 个属于戴莎，8 个属于露丝。第一部分中，亚当是提问的人，虽然戴莎巧妙地回避了他的问题，但是从某种意义上来说，她具有一定的被动性。而在以上 17 个话轮的对话中，戴莎成了提问的人，她步步紧逼，而露丝却只能被动挨打，无力反抗。从两人的对话来看，戴莎的每一次开口都是完整的句子，而露丝一半的回答都只是破碎的句子，如话轮 2、4、6、10。不仅如此，即使是完整的句子，露丝也基本没有表达实质的意义，而只是被动地反驳戴莎的话语，如话轮 8 与话轮 16。此外，即便是露丝的句子表达了明确的意思，但都是不可靠的谎言，或说是她绝望的挣扎，如话轮 12 与 14，当戴莎问露丝是否知道黑人保姆的名字时，露丝居然说“妈咪”就是黑人保姆的名字。与露丝不同，戴莎的每一次开口都是掷地有声，她不仅通过提问的方式，让自己始终占据主动的地位，控制着整个对话。同时她的提问让露丝难以招架，把露丝逼到死角，最后露丝不得不选择仓皇逃离。更重要的是，在与露丝争论的过程中，她为黑人母亲恢复了其身份。值得注意的是，在这个对话中，戴莎与露丝都知道她们两个口中的黑人母亲并不是同一个人。露丝在说自己的黑人保姆，而戴莎说的却是自己的母亲。然而也正是这样才让读者看到，奴隶制时期每个女黑奴的共同遭遇：她们被程式化，被抹去身份与姓名，被迫与自己的子女分开却要去照顾奴隶主的孩子。而戴莎的叙述不仅恢复了黑人母亲的身份，同时也揭露了奴隶制丑陋的事实。露丝为黑人保姆捏造了一个虚假的身份，姓名叫“妈咪”，“妈咪”的生日是她定的情人节，没有出生地，没有家人，没有孩子。而戴莎却在与露丝的争论中，勾勒了母亲的历史：母亲的姓名、出生地，以及家庭成员情况。母亲有十个孩子，但是死的死，被卖的被卖，她因为奴隶制失去了自己所有的孩子，奴隶主居然还可以寡廉鲜耻地说：“她有我，我就像她孩子。”话轮 5、15、17 就是戴莎对母亲的介绍，特别是话轮 17，戴莎勾勒了母亲与孩子的整个一生。就这样，戴莎在对话中不仅让白人奴隶主无力招架，同时也恢复了以母亲为代表的黑人母亲的身份。更重要的是，在她们争吵过后，露丝开始反省并质疑奴隶制：“当我们家的人不再叫妈咪的名字时，她介不介意呢？难道这就是她为什么改了我的名字吗？妈咪有多大年纪了？她有孩子吗？”[①]“你怎么可能去爱这样对待你的人呢？”[②]露丝不再沉浸在过去对奴隶制的美丽幻想中，开始面对眼前的真实，而这一切也为露丝与黑人奴隶们在第三部分的合作打下了基础。

从以上对人物之间叙述竞争的分析，我们看到了戴莎强大的声音力量。通过叙述，戴莎不仅让自己摆脱了亚当的叙述控制，为自己赢得了自由，同时她还揭穿了奴隶制伪善的面纱和奴隶制的丑陋事实，在叙述中恢复了以母亲为代表的黑人女性的身份和姓名。也因此，戴莎为自己赢得了叙述者的地位，在小说的最后一部分，戴莎最终成了叙述的主体，用自己的声音，从自己的视角不仅讲述了历史，也含纳了所有人的声音。

三、黑人女性公开叙述声音的权威

在小说的最后一个主体部分“黑人女子”（*Negress*）中，作者型叙述者将声音的权力转让给了戴莎，让她以个人型叙述声音来讲述。在这一部分，戴莎、露丝、内森和哈克（Harker）等组成了一个小组，他们利用了贩卖奴隶的系统来为自己挣得了旅费逃向西部。他们乔装成露丝的奴隶，让露丝把哈克、内森等人卖给奴隶贩子，哈克和内森随后再逃跑回来。这样反复几次，他们就挣够了钱。所有的故事都是由戴莎从她的视角来讲述。从第三人称到第一人称的转换表明戴莎终于通过叙述竞争赢得了自己的话语权，用自己的实力获得了公开阐释历史的机会。

与《紫色》中的西丽的私下叙述不同，戴莎的叙述是一个直面公众的公开叙述。由于小说的受述者并没有出现在虚构故事内，因此读者就很容易将自己认同于小说的受述者，认为叙述者是直接在向他们讲故事。这时，如果叙述者进一步拉近与受述者（读者）的距离，那么受述者就更容易相信叙述者的叙述，而戴莎也的确采取了相应的措施。在叙述中，戴莎

① Sherley Anne Williams. *Dessa Rose*. p. 129.

② 同上条文献，第 143 页。

在自己发表观点之处总是在语言上主动拉近与受述者的距离，试图赢得大家的信任。她直接对受述者讲“让我告诉你”“如果你知道我的意思”“你明白我的意思吗”“我告诉你，亲爱的”“你知道的”“亲爱的”“你理解的”，等等。[1]戴莎在讲述的过程中不仅用“亲爱的”来亲切地称呼自己的受述者，拉近彼此的距离，也非常照顾读者的感受，用“你明白我的意思吗？”来确定读者是否明白自己所讲的故事，同时她还用“你理解的”“你知道的”来征求读者的意见，让读者加入自己的叙述，与她站在同一个视角来理解自己的故事。这样一来，受述者（读者）就非常容易对叙述者产生亲近感，从而更容易相信叙述者的叙述。

戴莎不仅采用了特殊的叙述技巧，同时她所叙述的故事也显示了她声音的力量，因为她用自己的声音讲述了自己和大家的故事，从而也就堂而皇之地向公众讲述了历史。她代表小组的成员讲述了自己和大家经历的故事，成了可信赖的、权威的阐释者。戴莎首先用故事开篇的前几页简单地介绍了露丝的奴隶种植园中奴隶们的基本情况，也介绍了小组的主要成员哈克的过去。而这些都是第三人称叙述者在前面两部分没有交代的。在他们实施计划的整个过程中，戴莎本身也得到了成长。她与露丝在这个过程中，彼此增进了了解，相互扶持，相互帮助。戴莎帮助露丝免遭了白人男性的侵犯，而露丝帮助戴莎摆脱了亚当的追捕，最终化干戈为玉帛成了贴心的朋友。自戴莎与露丝慢慢成为朋友后，读者会发现，戴莎越来越频繁地在叙述中使用“我们”，因此叙述的主体在“我”与“我们”之间不断转换。然而值得注意的是，虽然戴莎用了“我们”来叙述，但是很明显，整个故事仅是从“我”的视角来讲述。这样一来，戴莎就用“我”的视角代替了“我们”的视角，从而也就用“我”讲述了“我们”的故事，以此也就获得了叙述历史的资格，建立了自己声音的权威。

同时戴莎声音的权威还体现在命名上。小说的第一部分，亚当从来记不住戴莎的名字，更准确地说，他试图从名字上定义戴莎，因此他总是使用他为戴莎命的名字。在小说的第一部分，每当指涉戴莎时，我们

① Sherley Anne Williams. *Dessa Rose*. pp. 202-210.

所听到的名字主要是“The Darky”，或者是亚当用前面我们提到过的更具侮辱性的词语来指涉戴莎。在小说的第二部分，露丝也几乎同样没叫过戴莎的名字。当指涉戴莎时，读者通常听到的是“the darky”或者是“the wench”。当然，亚当和露丝也的确有叫过戴莎的名字，不过他们都叫她奥德莎（Odessa）。这个多余的“O”不仅代表戴莎是一个他者（Other），同时也说明了戴莎是一个客体（Object）。[①]由此可见，白人通过命名的方式来将戴莎定义为他者、客体。然而到了第三部分，戴莎反过来定义了亚当和露丝。首先，故事是由戴莎来叙述，那么亚当和露丝的声音就被戴莎的声音所含纳。同时读者也是通过戴莎的视角，听着戴莎的声音来了解亚当和露丝。我们从戴莎对他们的称呼上也可以看出第三部分与前面两部分的巨大不同。在第三部分中，戴莎无疑成了主角。在她与露丝没有冰释前嫌之前，戴莎在指涉露丝时总是用“the white woman”，就如前两部分中白人称呼戴莎“the darky”或是“the wench”一样。然而不同的是，我们在这儿听到的是戴莎自己的声音。亚当在小说走到结局时才再次出场，而我们这时看到的亚当，不仅是“the white man”，还是“little white man”“crazy white man”。[②]他想用自己的记录来证明戴莎的逃亡奴隶身份，企图再次定义戴莎。但是当他对露丝说：戴莎“符合这些描述”。露丝反驳道：“我敢打赌50个黑人都符合你的描述。”[③]当他把自己的记录送到警察面前想向他证明时，警察说：“这什么都不是，只是些乱涂乱写而已。根本没人能读得懂。”[④]这里进一步体现了亚当的无能及其叙述的不可靠。当露丝与戴莎合作摆脱了亚当以后，露丝对戴莎说：“我的名字是露丝。我不是你的女主人。”而戴莎也回应道：“那么，如果是那样的话，我的名字是戴莎，戴莎·罗丝。前面没有‘O’。”[⑤]“露丝”“戴莎”，两人异口

---

① Adam Mckible. "'These Are the Facts of the Darky's History': Thinking History and Reading Names in Four African American Texts." *African American Review*, Vol.28, No.2, *Black Women's Culture Issue* (Summer, 1994), p. 233.

② Sherley Anne Williams. *Dessa Rose*. pp. 225-226.

③ 同上条文献，第 228 页。

④ 同上条文献，第 232 页。

⑤ 同上条文献，第 232 页。

同声地叫了对方的名字。“谁是那个白人男的——？”“那就是个白人男的——。”[①]故事的结尾我们听到的是两个女性铿锵有力地呼唤对方姓名的声音。同时也看到那个被定义、被抹去姓名的白人男性。

威廉姆斯在《戴莎·罗丝》中建构了黑人女性小说中公开声音的权威。在《柯瑞格多拉》中，琼斯主要通过直接引语戏剧性展现黑人女性的声音；在《紫色》中，艾丽斯·沃克则运用书信体这种私下形式让叙述者完全控制叙述；在《戴莎·罗丝》中，威廉姆斯结合作者型叙述交流模式与个人型叙述交流模式，让小说的叙述者直接面向公众发出黑人女性自己公开的声音。从被叙述的客体到叙述的主体，戴莎通过叙述竞争获得了自己声音的权威。她不仅在叙述竞争中打败了白人主子，揭示了奴隶制的罪恶，同时还用叙述赢得了自己的自由，并恢复了黑人女性的姓名和身份。作为黑人男性的伙伴，她一同参加了起义，一同为集体的未来而奋斗。她与大家一起创造历史，并用自己的声音讲述了大家的故事，公开向大众读者讲述了“我们”的故事，从而获得了阐释历史的权威，并以此建立了自己个人型声音公开的权威。在小说的结尾，戴莎将自己的故事讲述给自己的孩子们听，并让他们记录下来。她要让孩子们听到她自己的声音。这样，戴莎与《所罗门之歌》中的派拉特一样不仅从自己的视角阐释了历史，还将历史成功地传给了下一代。不同的是，戴莎不再用“她”来叙述，而是可以名正言顺地用“我”来讲述故事。

第四节　小　　结

本章主要讨论了黑人女性个人型叙述声音的权威。20 世纪 70 年代以前由于社会历史语境的限制，黑人女性只能戴上性别模糊的叙述面具来讲述自己的故事，“偷偷”参与以男性为主宰的社会话语权威建构。70 年代以来，随着社会历史语境的变化，黑人女性作家及她们的读者群都发生了巨大变化，黑人女性在此时已经准备好用自己的声音讲述自己的故事。从

① Sherley Anne Williams. *Dessa Rose*. p. 233.

20世纪70年代，特别是70年代中后期以来，很多黑人女性在小说中采用了个人型叙述交流模式。在这种模式下，黑人女性小说中的叙述者明显标出为女性，也就是黑人女性在这个时期已经可以用公开的黑人女性身份讲述自己的故事。这种性别明确的叙述交流模式虽然让黑人女性再也无法隐藏在模糊的性别面具下参与话语权威建构，但是这种模式同时也让黑人女性的声音统筹了文本内的所有声音，让读者切切实实听到属于黑人女性真实的叙述声音。因此，这个声音一旦成功就名正言顺地彰显了黑人女性声音的权威。当然，黑人女性在这个时期敢于采用这种公开性别身份的声音一方面显示出她们有足够的信心，另一方面也表明在这个时期黑人女性赢得了更多愿意倾听她们讲述故事的理想读者。

从琼斯的《柯瑞格多拉》，到艾丽斯·沃克的《紫色》，最后到威廉姆斯的《戴莎·罗丝》，黑人女性作家通过个人型叙述交流模式建构了自己声音的权威。《柯瑞格多拉》完成了从讲述"她"的故事到讲述"我"的故事的过渡。但是，在个人型叙述声音建立的初期，由于社会历史语境的限制，琼斯更多的是采取戏剧性的呈现方式来展示黑人女性声音的权威，小说中的第一人称个人型叙述者更多发挥的是人物功能，作者采用了大量直接引语，试图冲淡读者对叙述者性别身份的关注，客观呈现小说中的事实。在《紫色》中，艾丽斯·沃克通过书信体的形式，一方面将黑人女性的个体经历用艺术形式呈现出来，避免了读者将其当作直觉的再现（自传）的危险；另一方面也让女主人公完全掌控了声音的控制权，西丽将所有声音都含纳在自己的声音里，读者甚至看不到一句直接引语。艾丽斯·沃克赋予了小说主人公及叙述者极大的权威。然而从形式上看，《紫色》始终是书信体小说，西丽虽然建立了自己声音的权威，但是这种权威在形式上尚属于私下的空间。然而随着《紫色》中受述者的不断变化，黑人女性的声音权威也逐渐走向公开。威廉姆斯的《戴莎·罗丝》发挥了作者型叙述模式和个人型叙述模式的优势。作者并没有边缘化其他不同的声音，而是让戴莎在正面战场与各种声音展开叙述斗争并且取得胜利，名正言顺地成为公开的叙述者，成了女性话语权威无可争议的代言人。她从黑人女性的视角出发，用自己的声音叙述了历史，并将历史传递给了下一代，从而建立了黑人女性自己公开声音的权威。

在作者型叙述交流模式下，由于黑人女性小说中的叙述者没有公开标出为女性，因此黑人女性声音的权威主要通过女性人物来体现，叙述者只能从旁辅助和认证；而在个人型叙述交流模式下，黑人女性小说中的叙述者明确标出为黑人女性，因此无论是小说中的叙述者，还是人物都共同建构黑人女性声音的权威。然而早期《柯瑞格多拉》由于社会历史语境的限制，更多还是以人物来展现黑人女性的声音；不过在《紫色》和《戴莎·罗丝》中黑人女性都掌控了叙述权力。随着 20 世纪 80 年代的到来，黑人女性不仅关注女性个人的经历，同时还开始关注黑人群体，美国这个大集体甚至是世界这个大群体的故事。她们采用集体型叙述交流模式来讲述集体的故事。也就是说，黑人女性不仅可以讲述自己的故事，而且也开始从自己的视角来阐释集体的故事。在这一模式下，她们既书写女性的故事也书写男性的故事，并将男性的声音含纳在女性建构的集体中。在讨论完黑人女性小说中的个人型叙述交流模式后，笔者将继续讨论黑人女性所书写的集体故事及在此基础上获得的集体声音的权威。

第五章

声音与群体：和谐的集体建构

20世纪80年代—90年代初，美国的种族矛盾又一次激化，民权运动的成果遭到破坏。美国对待黑人的政治、经济政策又一次威胁到黑人民众的正当权益。直到克林顿执政期间，美国的种族政策才有所缓和。同时由于女权运动的发展，女性对自由、平等权益的追求，性别问题也日渐突出。在20世纪70年代—80年代初，黑人女性用自己的声音主要书写了女性个人经历，性属问题自然成为除了种族之外的另一个重要主题。随着非裔美国女性文学的繁荣，黑人女性作品获得了肯定。黑人女性意识的觉醒，以及黑人女性对自我经历的关注与书写都严重威胁到父权制社会的男性地位，黑人男性逐渐感觉到了性别危机。他们控诉黑人女性出卖了黑人民族，因为黑人女性在小说中书写了性属问题，损害了黑人男性的形象及尊严。在这样的社会背景下，如何处理黑人女性与黑人男性之间的关系，如何处理黑人群体与白人群体之间的关系问题成了黑人女性书写的新增主题。20世纪80年代以来，随着非裔美国女性文学的发展，黑人女性形成了巨大的创作群体，在种族矛盾和性别矛盾激化的社会背景下，黑人女性开始从女性的视角来重新认识黑人群体、美国社会及世界这个大群体。

本章主要围绕美国当代最重要的三位黑人女性作家的四部作品来展开讨论。内勒通过《布鲁斯特街的女人们》与《布鲁斯特街的男人们》为我们建构了一个黑人群体，并通过这个群体向我们展示了黑人女性与男性共同讲述的故事。艾丽斯·沃克通过《殿堂》将世界压缩成为一个群体，在这个群体中各种声音均得到包容；而莫里森在《天堂》中以一个黑人群体和一个女性群体为中心向我们折射了整个美国社会的建构过程。在莫里森这里，声音与群体之间相互建构，而集体也是处在不断建构的过程中。

第一节　完整的黑人世界：《布鲁斯特街的女人们》与《布鲁斯特街的男人们》中的声音与孪生隐含作者

内勒是美国当代知名的黑人女性作家。在美国，对于很多学者和读者来说，内勒、莫里森、艾丽斯·沃克三人堪称当代非裔美国女性文学的圣三一（Holy Trinity），评论界一开始就将内勒的作品与莫里森和艾丽斯·沃克的作品相提并论。①内勒的作品在得到学界肯定的同时，也荣获了各种奖项。她在1983年获得了美国图书奖最佳处女作小说奖，并同时获得了当年美国中大西洋作家协会（Mid-Atlantic Writers Association）授予的杰出作家称号。除此之外，她还获得了1985年的国家艺术基金会奖学金（National Endowment for the Arts Fellowship）；1988 年的古根海姆奖等。②毫无疑问，内勒的文学创作为她在美国文学史上已赢得了一席之地。在 20 世纪的最后 20 年，内勒与很多同时代的非裔美国杰出女性作家一道在重新定义美国文学的新发展方面做出了杰出贡献。③莫里森与艾丽斯·沃克的作品在全世界早已广为流传。莫里森由于获得诺贝尔文学奖而世界知名；艾丽斯·沃克则是因电影《紫色》的巨大成功而扩大了其作品在大众读者中的知名度；而内勒的作品则更多的是在学术界获得赞赏。自 20 世纪 80 年代到 90 年代末，内勒依次发表了五部作品。她的第一部小说

① Maxine Lavon Montgomery, ed. *Conversations with Gloria Naylor*. Jackson: University Press of Mississippi, 2004, p. 115.

② Margaret Earley Whitt. *Understanding Gloria Naylor*. Columbia: University of South Carolina Press, 1999, p. 10.

③ Emmanuel S. Nelson, ed. *Contemporary African American Novelists: A Bio-Bibliographical Critical Sourcebook*. Westport, CT.: Greenwood Press,1999, pp.372-373.

《布鲁斯特街的女人们》（1982）曾获得了美国图书奖。随后，她又创作发表了《林登山》（*Linden Hills*）（1985）、《妈妈·戴》（*Mama Day*）（1988）、《贝利的咖啡馆》（*Bailey's Café*）（1992）。这四部作品之间既彼此独立又相互联系地构成了内勒的小说四部曲，这四部曲为她赢得了国际声誉，从而为她的写作生涯奠定了基础。在她的四部曲中，“每一部小说都向读者展现了一个黑人女性的社区。在这个集体里，黑人女性相互支持，相互帮助，用自己的生命丰富着彼此的生命”①。内勒的小说创作就正如自己书写的主题一样，每部作品都书写着黑人女性不同的故事，这些故事被加以相互联系则构成了具有代表性的黑人女性集体的故事。1998年，《布鲁斯特街的男人们》的发表意味着内勒创作空间与创作思想的拓宽，她自此不再只关注黑人女性群体的故事，而是开始书写整个黑人群体的故事。《布鲁斯特街的女人们》与《布鲁斯特街的男人们》可以算是姊妹篇，然而这两部作品的相遇几乎是经过内勒长达近 20 年的努力。从《布鲁斯特街的女人们》到《布鲁斯特街的男人们》，内勒的思想经过一系列的转变，从关注黑人女性群体书写走向书写整个黑人群体这个更广阔的空间。在本节，笔者主要以内勒的小说姊妹篇《布鲁斯特街的女人们》和《布鲁斯特街的男人们》为研究对象，考察内勒如何将声音赋予整个黑人群体，以建立黑人社区集体声音的权威。

一、黑色的不同色度：《布鲁斯特街的女人们》中黑人女性的声音权威

《布鲁斯特街的女人们》一经发表就获得了学界的一致好评。内勒的写作能力也因为此书得到了广泛的认可。很多书评人高度评价了内勒在语言应用、人物塑造方面的能力，并同时肯定了她书中引人入胜的故事情节。②由于黑人女性作家在创作中无法逃避地要面对种族、性别、

① Margaret Earley Whitt. *Understanding Gloria Naylor*. p. 1.

② Emmanuel S. Nelson, ed. *Contemporary African American Novelists: A Bio-Bibliographical Critical Sourcebook*. p. 372.

阶级这三方面的问题，因此大多数学者都从这三方面入手来解读小说《布鲁斯特街的女人们》。他们主要将关注的焦点投射在小说的内容方面，解读内勒在她的小说中是如何体现黑人女性所遭受的种族、性别和阶级歧视。①在接受采访时，内勒曾说她作为一个作家的目标就是将声音赋予那些被剥夺了声音的群体，而很多时候被剥夺了声音的都是黑人女性。②既然内勒对声音问题如此重视，那么笔者将考察内勒在小说《布鲁斯特街的女人们》中和《布鲁斯特街的男人们》中对声音的诠释。通过对两部小说中声音问题的研究，笔者试图解决内勒在声音问题上所采纳的立场，并同时解析内勒采取了什么样的叙述策略来建立了黑人群体集体声音的权威。

对于一直被压抑而寂然无声的群体和个人来说，“声音”这个术语已经成为身份和权力的代称。正如露丝·伊里盖蕾（Luce Irigaray）所言，“有了声音便有路可走”③。作为长期被剥夺了声音权力、无法参与男性话语权威建构的黑人女性来说，找到自己的声音就是恢复了自己的生命。事实上，在《布鲁斯特街的女人们》中，我们可以看出“声音问题”事关生死，极为重要。小说共有两个高潮，一个是关于拯救与重生，而另一个则关于毁灭。④茜尔（Ciel）获得了拯救与重生是因为恢

① 目前对《布鲁斯特街的女人们》的研究主要关乎种族、阶级与性属。例如，德尔加多（Delgado）认为《布鲁斯特街的女人们》中的女性声音推翻了白人世界对非裔美国人民的错误观念（Celeste Fraser Delgado. “Stealing Black Voices: The Myth of the Black Matriarchy and *The Women of Brewster Place.*” *CLC.* 56 (1992): 137）；安德鲁（Andrews）讨论了内勒早期小说中的黑人姐妹情谊，认为“这种姐妹情谊推动了黑人女性的身份建构，增长了黑人女性的生存力量”（Larry R. Andrews. “Black Sisterhood in Gloria Naylor’s Novels.” *CLC.* 156(1992): 98）；克里斯蒂安认为内勒在早期的两部作品中对阶级与地域的书写在非裔美国作品中取得了巨大的成就。Henry Louis Gates, Jr., Appiah K. A., eds. *Gloria Naylor: Critical Perspectives Past and Present.* New York: Amistad, 1993, p. xi; 西莉斯特·弗雷泽（Celeste Fraser）认为，内勒通过对贫民区的黑人女性的不同经历和生活的描写，书写她们如何在困境中成长，从而打破了传统的处于贫困中的黑人女性的程式化的人物形象。Henry Louis Gates, Jr., and Appiah K. A., eds. *Gloria Naylor: Critical Perspectives Past and Present.* p. xi. 类似的研究无数，笔者在这里不一一列举。

② Sharon Felton, and Michelle Loris, eds. *The Critical Response to Gloria Naylor.* Westport: Greenwood Press, 1997, p.6.

③ 苏珊·兰瑟：《虚构的权威：女性作家与叙述声音》，第 3 页。

④ Annie Gottlieb. “Gloria Naylor.” *The New York Times Book Review* (August 22, 1982), p. 4.

复了声音，而洛蕾恩（Lorraine）遭遇毁灭是因为声音被剥夺。当茜尔的孩子因意外死去后，她完全放弃了自己，失去了活下去的勇气。葬礼结束以后，社区的姐妹们到家中看她，然而“茜尔只是用点头来感谢她们的善意，她的嘴唇虽然动了动，但是却发不出声音。似乎她的声音太累了，以至于不能穿过咽喉传达到嘴边”[①]。玛蒂意识到“茜尔的声音完全被压抑，她已经濒临死亡的边缘”[②]，因此她“坐到床边，用自己巨大的乌木色的手抱住茜尔瘦弱的身体，轻轻地摇着”[③]。她一直摇着，将生命与温暖传递给茜尔，接着茜尔首先是“呻吟”，随后是“抽泣”，终于发出了自己的声音。“最后茜尔大哭起来，然而玛蒂知道她的眼泪终将停止，她很快会入睡而黎明也即将到来。”[④]从失去声音到恢复声音，茜尔获得了重生。声音从“呻吟”到“抽泣”再到“大哭”，茜尔渐渐恢复了意识。“声音”是生命的象征。

如果说寻回声音让茜尔拥有了新生命，得到了重生，那么洛蕾恩则因为被剥夺声音而生不如死。洛蕾恩被贝克及其同伙强奸的场景触目惊心，让读者难以忘记：

> 他重重的拳头迫使空气进入她收缩的喉咙。她试图让自己刺痛的嘴呼出一直以来刻在自己内心的那个词——“求求你”。这个词艰难地穿过她无力的声带，了无生气地倒在了他们脚下。洛蕾恩强行闭上眼睛，用自己体内剩下的所有力气将这个词再次推了起来。
>
> “求求你。”[⑤]

洛蕾恩试图通过叫喊出“求求你”来求救。内勒将这一个单词独立成段，并将其置于引号之中。这一做法使得这个单词具有了音响效应，从而让读者强烈地感受到人物自己的声音。如申丹所说，直接引语能够

---

① Gloria Naylor. *The Women of Brewster Place*. New York: Penguin Books Ltd., 1983, p.102.
② 同上条文献，第 102 页。
③ 同上条文献，第 103 页。
④ 同上条文献，第 105 页。
⑤ 同上条文献，第 170 页。

产生音响效果。[①]这显示了洛蕾恩在最初依然有声音或者至少试图用力发出了自己的声音。然而“这六个孩子随手从旁边地上捡起一个脏纸袋堵住了她的嘴”，[②]也就堵住了她的声音。“她只能睁大双眼，用自己的眼睛尖叫着，冲着面前的孩子们不断尖叫着。”[③]虽然叙述者坚持用“她的眼睛尖叫着”，但是这时读者再也无法听到她的声音：“她不知道他们什么时候交换了位置，第二个、第三个、第四个，他们一个接一个地压到她身上——这接连的痛苦折磨迫使她的眼睛持续尖叫出那个她这一生都注定要一次又一次说出的词。求求你。”[④]在这里，读者会看到，“求求你”一词已经从直接引语变为了间接引语。同时由于它独立成句，因此可以同时看作自由间接引语或自由直接引语。虽然叙述者还在尽自己最大的努力让洛蕾恩呼救，喊出自己的声音，但是引号的消失证明一切努力均是徒劳，她最终被剥夺了生命的希望——声音。自此以后洛蕾恩疯了。失去声音，她在精神上死亡了。

既然声音对于内勒来说事关生死，接下来，笔者将进一步分析在《布鲁斯特街的女人们》中，内勒采取了怎样的声音立场。

小说故事由一个全知全能的叙述者来叙述，与传统的小说不同，叙述者向我们讲述了一个黑人女性集体的故事。这个故事包含七个主要人物。每一个人物都分别有着不同的经历和自己的故事。她们的故事汇聚在一起又构成了具有代表性的黑人女性群体的故事。这样一来，这个全知全能的叙述者就似乎是被黑人女性群体授权来讲述属于黑人女性自己的故事。那么她的声音就代表了这个黑人群体，也代表了这个黑人群体中的每一个黑人女性。小说中全知全能的叙述者并不像传统的全知叙述者那样居高临下，对故事中的人物评头论足。她被授权讲述这个黑人女性群体的故事，但是她总是聚焦于每一个中心人物，进入她们的内心，通过她们的眼睛去看待周围的人和事，从她们的视角来讲述故事。此外，作者还采用各

① 申丹：《叙述学与小说文体学研究》，北京：北京大学出版社，2004 年版，第 302 页。

② Gloria Naylor. *The Women of Brewster Place*. p. 170.

③ 同上条文献，第 170 页。

④ 同上条文献，第 171 页。

种形式，让黑人女性发出自己的声音。我们可以看到，在小说的每一个故事中作者都采用了大量的直接引语，自由间接引语和自由直接引语。这使得读者在故事中不仅听到叙述者的声音，同时还听到了各个黑人女性人物的声音。

《布鲁斯特街的女人们》顾名思义是以女人为中心的故事。小说一共由九章构成。第一章叙述者交代了布鲁斯特街的诞生及故事发生的背景。接下来的七章分别叙述了布鲁斯特街的女人们的个体故事和集体故事。第九章作为小说的结尾，叙述者向我们交代了布鲁斯特街正在走向死亡。内勒认为“一个人物不能代表黑人女性集体，因为她们的经历是丰富多彩，各有不同的”。因此，内勒在小说中“创造了七个黑人女性，从而向我们展示了一个黑人女性的缩微世界”。[①]小说的结构就如图 5-1 所示。

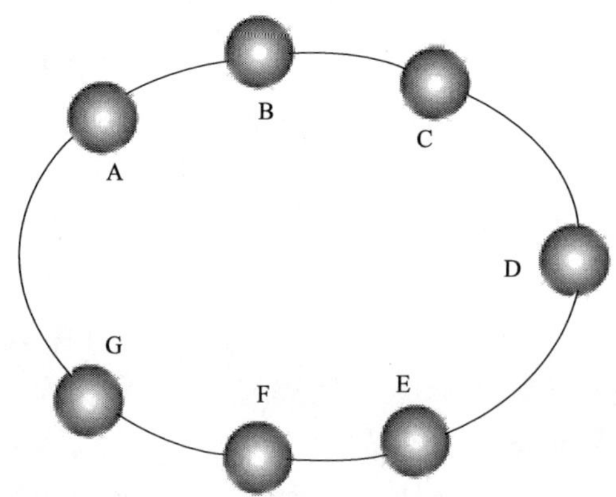

图 5-1　小说的结构示意图

图 5-1 中的每一颗珍珠（A、B、C、D、E、F、G）分别代表了小说中居住在布鲁斯特街的七个黑人女子。她们每一个人都有自己不同的经历与故事，都是独立的个体，因此每一个黑人女性叙述者的故事都用独立一章来讲述。然而，这些黑人女性之间同时又有千丝万缕的联系，如果没有彼此的存在，她们将无法成长。她们之间的联系就如图 5-1 中的

① Sharon Felton, and Michelle Loris, eds. *The Critical Response to Gloria Naylor.* p.6.

线一样将她们串在一起，形成了一个彼此独立又相互依存的整体。因此小说叙述者既向我们讲述了每个黑人女性的个体故事，又向我们讲述了她们集体的故事。

小说开篇，叙述者就采用了大量的复数名词来指称小说中的主人公们："不同肤色的非裔孩子们""她们""有色的女儿们""布鲁斯特街的女人们"等。[①]读者很容易明白叙述者将要讲述的是关于一个集体的故事。叙述者接下来分别向我们讲述了每一个黑人女子的故事（第二章—第八章），小说中的每一个故事都可以看作黑人女性的成长故事：黑人女性经过各种磨难与痛苦，最终在姐妹们的帮助下重新站起来，变得成熟。对于这些黑人女性来说，她们的痛苦主要来自她们身边的男性。从图 5-2 中我们可以清楚地看出女性成长小说的情节发展。

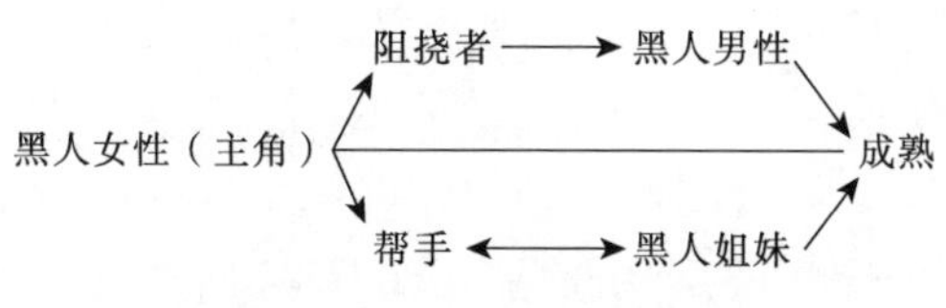

图 5-2　小说情节发展示意图

举一个具体的例子：在小说的第一个故事中，玛蒂·迈克尔（Mattie Michael）被爱人引诱怀孕后遭抛弃，未婚先孕的她被父亲赶出家门，独自一人来到南方。在自己的姐妹埃塔（Etta）和伊娃（Eva）太太的帮助下，玛蒂过上了安定的生活。玛蒂独自抚养其子巴兹尔（Basil）长大。巴兹尔在酒吧因误杀他人而入狱，玛蒂不忍儿子受监狱之苦因此用自己的房子做抵押将儿子保释外出。然而，巴兹尔由于恐惧再次入狱，抛弃了自己的母亲，一走了之。玛蒂自此一贫如洗，被迫搬到布鲁斯特街。她等了一辈子，但是始终没有见到自己的儿子。在这一个过程中，玛蒂变得成熟、坚强，并开始尽力去帮助其他与自己有类似经历的黑人女性。与玛蒂一样，小说中的其他黑人女性也分别遭到不同男性的欺骗、抛弃、暴力等不公对待，最终她们在

① Gloria Naylor. *The Women of Brewster Place*. pp. 4-5.

彼此的帮助下变得成熟，坚强地生活下去。在讲述每一个故事的过程中，叙述者一步步让前面故事中出现过的人物渐渐出现在后面的故事中。随着每一个故事的讲述我们听到的黑人女性的声音逐渐增多。最终这些黑人女性全部都出现在了小说中的最后一个故事——《社区》（*The Block*）中。叙述者在这个故事中向我们讲述了这个黑人女性群体共同经历的一个故事，成功地建立了一个黑人女性群体，从而完成了其集体声音的建构。这个集体的声音不仅代表集体，也同时代表每一个个体。在前面六个故事中，她聚焦于每一个黑人女性，用“她”作为指示词来叙述，而到最后一个故事，她将这些个体的故事汇聚到一起，用“女人们”或是“她们”作为主体讲述了一个复数的“她”的故事。

从对小说叙述结构的分析，我们可以看到，内勒无疑为我们建构了一个黑人女性的社区。在这个社区里，黑人女性相互帮助，相互支持，用彼此的姐妹情谊相互鼓励，共同生活。与之相反，小说中所有的男性都被边缘化，除了本（Ben）以外，叙述者没有交代其余男性的故事，而本的故事也只是用寥寥几页粗略描述了些许。小说中的男性几乎都是负面形象，他们的存在是黑人女性痛苦的根源，男性的暴力、压迫、背叛、抛弃等让黑人女性苦不堪言。可以说，在小说《布鲁斯特街的女人们》中，内勒从黑人女性的视角书写了黑人女性个体的经历，并将其最终汇聚成黑人女性具有代表性的群体经历。内勒的目的是要赋予黑人女性这个长期被剥夺了声音的群体发声的权力，而男性是被边缘化的客体。

二、冤家姊妹篇中的孪生隐含作者：《布鲁斯特街的女人们》与《布鲁斯特街的男人们》中黑人群体声音的权威①

在对文本进行进一步阐释前，笔者首先需要对本部分提出的新概念

① “孪生隐含作者”这一现象虽然由笔者首先发现，但是将其命名为“孪生隐含作者”乃是笔者与赵毅衡先生讨论时由先生提出，特此说明与感谢。

做一个详细的界定。所谓的“孪生隐含作者”是指同一个作家所写的小说姊妹篇中的隐含作者，而所谓的“冤家姊妹篇”则是指两个文本间隐含作者的立场与观点相互对立与冲突。长久以来，对叙述可靠性的探讨始终局限在单一文本内，考察其叙述者与隐含作者间的关系。事实上，若我们将这一概念引入到文本间来考虑，也同样会对文本意义的解读产生巨大的作用。

“隐含作者”这一概念将文本内与文本外有机地结合起来，因为我们若考虑“作者”这个文本外因素，必然会涉及文本产生的社会历史语境。有一些作家在某些时期的一系列作品会体现他的同一个观点或是同一种立场。因此对于读者来说，在进行解码的过程中，必然会受到对该作家的不同作品的阅读的影响。特别是有的作家的一个主题无法用一个作品完整阐述，因此会分为“n”部曲来书写，如保罗·奥斯特（Paul Auster）的《纽约三部曲》，莫里森的三部曲《宠儿》《爵士乐》《天堂》等。另外还有一些小说家会继续写姊妹篇，如艾丽斯·沃克的《紫色》和《拥有快乐的秘密》（*Possessing the Secret of Joy*），麦克米伦的《等待呼吸》（*Waiting to Exhale*）与《迈向幸福》（*Getting to Happy*）等均是相互关联的姊妹篇。在前文本中没有书写完的故事，在后一文本中得以继续。这种关系紧密的姊妹篇必然导致读者在解读作品时被迫将两本书做合一阅读，对两本书的阐释必然会相互影响。再加上小说出自同一个作者，因此就会出现这种孪生隐含作者的现象。在大多数的姊妹篇中，前文本与后文本一般是相互继承、相互支持的关系。也就是说前后文本的隐含作者基本是表达同一个主题、类似的立场，后一个文本是对前一个文本中的隐含作者的立场与观点的继续与深入。然而也有这样两个文本，前后两个文本对彼此叙述者的可靠性可以说是致命的毁灭；两个文本中的故事联系紧密，隐含作者的观点与立场却前后冲突、互相矛盾，也就是前面提到的“冤家姊妹篇”。通过对先文本的阅读，读者可能认为隐含作者的立场与观点是A，而后文本中隐含作者的立场却是B，A与B看来几乎完全相反。此时，读者开始质疑两本书中叙述的可靠性，也许其中一本的叙述不可靠，但也许两个文本中的叙述均不可靠。当然我们也可以说在经过多年的发展与变化，作者的世界观与人生观有了巨大的改变，因此前后矛盾不足为奇。但是当我们将两个文本进行合一阅读，读者也有可能发现，原来隐含作者想表达的立场与观点是 C，既不是前文本中的 A，也并非是后文本中的 B，然而这一答案只有在读者对文本进行合一阅读时才能得出。

时隔近 20 年后，内勒又发表了她的新作《布鲁斯特街的男人们》（1998），这一大逆转几乎推翻了对《布鲁斯特街的女人们》的一切解读。在小说《布鲁斯特街的男人们》中，男性获得了话语权，他们拥有了讲出自己故事的机会。小说《布鲁斯特街的男人们》开篇讲述了本（Ben）的故事，他在前一个文本中也最先出场，随后小说又分别讲述了玛蒂的爱人、儿子的故事，尤金（Eugene）的故事，伍兹神父（Reverend Woods）的故事，等等。大多数的人物都获得了机会用自己的声音讲述自己的故事。也就是说布鲁斯特街的男人们采取轮流讲述的方式讲述了黑人男性集体的故事，而这些故事在《布鲁斯特街的女人们》中却几乎只字未提。读者在先文本中只能看到女性眼中的男性，只知道这些“罪大恶极”的男性给女人带来了无限痛苦，并不能了解这些男性的成长及其背后的故事，因为在一个以女性为中心的故事中，男性被边缘化，被剥夺了话语权，他们不能讲出自己的故事。然而时隔多年后，作者笔锋一转，将关注的焦点从女性转到了男性，并赋予其话语权，让他们用自己的声音讲述出了自己的故事。玛蒂的爱人因为她离开而伤心欲绝终身未娶；她的儿子因为愧疚，一直都偷偷守护在母亲周围，直到母亲去世也不敢见她，自此，他也努力成了像母亲一样的人，尽力去帮助周围的人。而在另一个故事中，尤金告诉读者他之所以一次又一次离开茜尔是因为他渐渐发现自己原来是一个同性恋。由于他不能放下对茜尔的爱，因此他虽一次次离开，但是却又一次次回来；由于怕给茜尔带来更大的伤害，他最终选择永远离开她。在其他故事中我们都几乎得到了与《布鲁斯特街的女人们》中不一样的信息。

这样看来，内勒似乎在多年以后改变了对男性的观点，因此在《布鲁斯特街的男人们》中，让男性的形象有了大逆转。然而，这一逻辑并不成立，因为男性形象的逆转是以牺牲女性正面形象为前提的。如果肯定了《布鲁斯特街的男人们》中的男性正面形象，那么就证明《布鲁斯特街的女人们》中叙述的不可靠，那么该文本中曾建立起来的女性正面形象则面临极大的危机。以牺牲女性形象来歌颂男性绝不是内勒的目的。在这样的情况下，读者不得不怀疑两本小说中叙述者的可靠性。叙述者为什么在第一本书中故意扣押如此重要的信息，"误导"读者去相信男性的负面形象，却在第二本小说中将信息补充完整，甘冒导致叙述可靠性遭到质疑的危险？在《布鲁斯特街的男人们》中，小说人物基本都是用自己的声音讲述自己的故事，那么他们的叙述又是否可靠？小说的隐含作者的立场与观点是什么，实在令人费解。这一系列的问题要得到解决，我们必须将两本书进行合一阅读，进行综合考察。

要试图进一步探讨书中隐含作者的立场与观点，我们不得不将两本书进行合一阅读，并将研究进一步深入作者身上。通过考察作者的编码与读者的解码从而考察文本的意义。

《布鲁斯特街的男人们》从各方面来看都与《布鲁斯特街的女人们》密不可分，因此读者不得不做合一阅读。

从书名来看，《布鲁斯特街的女人们》和《布鲁斯特街的男人们》只一词之差。看到其中一本，自然会联想到另一本。[①]另外，我们在读到小说的故事之前，先读到了作者特意留下的一段话：

> 作者笔记
>
> 作者承认本这个角色在《布鲁斯特街的女人们》中已经死亡。但是作为文学创作，她有权力让他复活并用他的声音去讲述该小说的大部分故事。[②]

这样，小说还没有开始讲述故事，读者就不得不将两本书联系起

① 有的小说版本出版时封面就标明 "《布鲁斯特街的女人们》的作者"（"the Author of *The Women of Brewster Place*"）。

② Gloria Naylor. "Author's Note." *The Men of Brewster Place*. New York: Hyperion, 1998, p.xi.

来。接下来，小说开篇第一页就首先引用了《布鲁斯特街的女人们》中的一段话，这段话描写了布鲁斯特街的女人们的日常生活，这样一来，先文本中的人物似乎一个个活生生地首先跳入了读者的眼帘：

> 布鲁斯特街变得尤为偏爱她黑皮肤的女儿们，因为即使它不断衰落，这些女儿们依然努力打拼，试图将其建设成为自己的家园。她们用深肤色的手臂支撑着自己伏在窗台上，她们扛着杂货用粗糙的乌木色的大腿一步两个台阶地爬上楼，她们用藏红花色的带子在后院晒衣服……①

而随着故事的叙述，读者可以读到大量从《布鲁斯特街的女人们》中直接引用的文字。这样一来，两本小说中男性叙述者与女性叙述者的声音则交织在一起。读者在倾听男性故事的同时，女性叙述者的声音也挥之不去。可见作者与出版商都将两本书视为先后文本，强迫读者做合一阅读。前一本是以女人为主角而后一本则是以男人为主角，而两本书中的女性与男性之间有着千丝万缕的联系。首先，布鲁斯特街就是他们天然的联系。共同生活在布鲁斯特街这个被外界遗弃的世界里，他们从某种意义上来说拥有共同的命运。布鲁斯特街无论是男人还是女人都是被迫来到这里，而他们之所以不离开是因为他们没有别的选择。其次，《布鲁斯特街的男人们》中出现的男人除了一个小孩子以外，都在《布鲁斯特街的女人们》中出现过。他们是这些女人的爱人、孩子、情人。从情节来说，两本书中的故事情节也是紧密联系，男性与女性的故事是同一个故事的不同组成部分。前文讲到《布鲁斯特街的女人们》中的第一个故事是关于玛蒂。她被爱人与儿子抛弃，最终一贫如洗。读者所听到的是叙述者从玛蒂的视角向我们讲述的故事，由于其爱人与儿子的故事越出了玛蒂的视角范围，因此读者无从得知。在第一本书中叙述

① Gloria Naylor. *The Men of Brewster Place*. p. 3. 英文引文如下：Brewster Place became especially fond of its colored daughters as they milled like determined spirits among its decay, trying to make it a home. Nutmeg arms leaned over windowsills, gnarled ebony legs carried groceries up double flights of steps, and saffron bands strung out wet laundry on backyard lines...，引文由笔者译。

者没有将声音交给男性，让他们讲出自己的故事，因此玛蒂的儿子与爱人在读者心中自然留下了“罪大恶极”的形象。只有将两本小说做合一阅读才能看到一个相对完整的故事。这样一来，读者在读每一个男性的故事时，先文本中的女性形象也跃然纸上，这两个文本显然成了整个黑人群体的故事。

将《布鲁斯特街的女人们》与《布鲁斯特街的男人们》并置做合一阅读后，我们看到，内勒在《布鲁斯特街的女人们》中用女性的声音讲述女性的故事，向我们揭示了声音的重要性。[①]黑人女性只有获得自己的声音，才能讲述自己真实的故事。如果说当黑人男性抢夺了黑人女性的话语权，他们就会发出不利于黑人女性的声音，讲述不真实的故事，那么《布鲁斯特街的男人们》的出版从另一个侧面证明了谁也不能被剥夺发声权。因为当黑人女性剥夺了男性的话语时，她们也可能像男性一样不讲述事实。在《布鲁斯特街的女人们》中一个个罪大恶极的黑人男性在《布鲁斯特街的男人们》中大都成了正面人物。即使是强奸洛蕾恩的贝克，作者也引导读者去关注造成他这一行为的社会原因，将其塑造成为社会的牺牲品，从而诱发读者的同情心。从《布鲁斯特街的女人们》到《布鲁斯特街的男人们》，黑人男性从边缘到中心，从失语到重获话语权，他们最终用自己的声音讲述了自己的故事。

事实上，男性获得话语权，不仅没有削弱内勒为女性争取声音的战斗力量，反而从侧面起到了巨大的辅助作用。当我们将两本书进行合一阅读时，我们发现，从《布鲁斯特街的女人们》到《布鲁斯特街的男人们》，无论是男性还是女性都深刻地体会到声音的重要性：男性与女性，无论是哪方被剥夺了话语权都有可能讲述不真实的故事，黑人女性也不例外；黑人男性经历了从无声到有声的过程，体会到被剥夺话语权的痛苦滋味，让他们深刻体会到自己曾加注在黑人女性身上的痛苦，从而使双方都意识到当对方的话语权被剥夺时，真相将会被掩盖。所以对于内勒来说，男人和女人都一样，谁也无权剥夺对方

① Barbara Christian. *Black Feminist Criticism: Perspectives on Black Women Writers*. p.xii.

发出“声音”的权利。跟男性一样，当女性获得话语权时，她仍然可能如男性一样剥夺对方的权利。在《布鲁斯特街的女人们》中，由于故事是通过女性视角叙述，因此她们无法深入到男性的心里，无法看到男性的视角所能看到的事物。玛蒂直到去世也不知道她深爱的人从未背弃她，而她的儿子也渐渐成长为一个像她一样的人。而茜尔也永远不知道她丈夫的痛苦，他是为了她的幸福才离开她，正如尤金所说：“她老是问我为什么一次次地离开？但这并非是正确的问题。她应该问我为什么总是又一次次选择回来？”[①]因为他们两个的视角不同，只能从自己的角度出发去思考问题。因无法看到尤金离开家后的挣扎，茜尔只能看到他对自己的抛弃。因此男性与女性只有共同分享发出声音的权利，用自己的声音讲出自己的故事，那么人们才能够了解到相对完整的事实。

在《布鲁斯特街的女人们》和《布鲁斯特街的男人们》中，内勒采用了集体型叙述交流模式，为我们建构了一个完整的黑人社群。《布鲁斯特街的女人们》中的单个叙述者被集体赋予声音的权力来讲述整个黑人女性群体的故事。她聚焦于每个黑人女性的故事，并将每一个个体的故事最后汇聚成为群体的故事；与《布鲁斯特街的女人们》不同，《布鲁斯特街的男人们》中集体的故事是由各个成员轮流讲述。从《布鲁斯特街的女人们》到《布鲁斯特街的男人们》，内勒所要争取的不再只是黑人女性的声音权力。她将《布鲁斯特街的男人们》献给“我的父亲和你们”；同时又让在《布鲁斯特街的女人们》中被黑人女性误杀的本复活来讲述自己的故事。这证明内勒关心和想要书写的故事是关于整个黑人世界，是要推进黑人男性和女性之间的相互交流与彼此了解。她向我们展示了一个完整的黑人缩微世界，在这个世界，黑人男性和女性应该享有同等的话语权，用自己的声音讲述自己的故事。他们不仅讲述自己的故事，也同时需要阅读彼此的故事，这样他们的人生才完整。如果玛蒂知道爱人和孩子的故事，那么她的人生会更加幸福。茜尔和其他黑人女性也同样如此。布鲁斯特街

① Gloria Naylor. *The Men of Brewster Place*. p. 70.

是他们天然的联系，他们属于同一个世界，同一个社区，面对同样的情况，黑人男性与女性需要彼此尊重，彼此交流，建立一个在肯定差异性的基础上，彼此独立、平等而又相互联系的空间。

讨论完内勒作品中的集体声音和内勒对集体的观点后，我们继续来看艾丽斯·沃克在《殿堂》中对集体的不同解读。与内勒不同，艾丽斯·沃克更加关注世界这个大集体的建构问题。小说《殿堂》通过叙述将世界压缩成一个集体，并倡导在这个集体中所有生物都应和谐共存。

第二节 和谐包容的地球村：《殿堂》中的声音与时空压缩

《殿堂》是艾丽斯·沃克继《紫色》获奖后的第一部长篇小说。该小说在 1989 年出版后得到了普遍的赞誉。《殿堂》因其宏大的主题也广受争议。读者们认为在该小说中，艾丽斯·沃克发展了所有她过去在其他小说中书写过的主题。然而，同时小说混杂的叙述技巧和风格也使众多读者颇感困扰。目前对《殿堂》的研究主要分为两类：一类是主题研究；另一类是叙述技巧及风格研究。

从主题研究来看，批评家们主要关注《殿堂》中对历史的书写。卡门·吉莱斯皮（Carmen Gillespie）认为《殿堂》是一部极为复杂的叙事作品，它几乎是在尝试重新书写世界历史。[①]西尔维娅·博雷戈（Silvia Borrego）指出艾丽斯·沃克加入她同时代的作家群，致力于解构现存的历史，从而为书写美国黑人的历史创造空间。[②]马德琳·贾布洛（Madelyn Jablon）与亚当·索尔（Adam Sol）均关注到了小说对“过去”的书写。强调人们需要认识自己的过去，聆听祖先的教诲，这样

① Carmen Gillespie. *Critical Companion to Alice Walker: A Literary Reference to Her Life and Work*. New York: Facts on File, 2011, p.157.

② Silvia Del Pilar Castro Borrego. “There Is More to It than Meets the Eye: Alice Walker’s *The Temple of My Familiar*, A Narrative of the Diaspora.” *Revista de Estudios Noreamericanos*, 9(2003), pp. 9-22.

人们才能成长，伤痛才能愈合。[①]除了关注小说对历史的书写外，艾肯那·迪克（Ikenna Dieke）重新审视了《殿堂》中对妇女主义的再阐释。她指出，艾丽斯·沃克试图在小说中建构一个独一无二、平等的妇女主义新世界。在这个世界中，人类、动物及整个生态系统和平共存。[②]

从叙述技巧与风格研究来看，帕特里西娅·杜尔索（Patricia Durso）主要研究了艾丽斯·沃克如何将信件、日记等私下叙述模式应用到小说的公开叙述模式中，从而通过私下话语模式向读者讲述了真实的故事。[③]邦妮·布伦德林（Bonnie Braendlin）认为《殿堂》是后现代语境下的一部多声部文本。她将《殿堂》视作后现代拼贴，是对传统成长小说的改写。[④]罗兰·沃尔特（Roland Walter）通过研究书写行为与阅读行为之间的辩证关系，探讨了小说的作者、读者和审美形式如何共同创造了小说中的政治无意识。[⑤]

事实上，对集体的书写也是小说《殿堂》关注的焦点。与内勒不同，艾丽斯·沃克的集体观是一种泛宇宙观，这与她所推崇的妇女主义也是息息相关的。小说中不同的叙述者在对过去、对个人及集体历史的叙述中，重新认识了自己，重新认识了自己所生存的世界。艾丽斯·沃克在小说《殿堂》中为我们勾勒了一个和谐的理想世界，她将整个宇宙看作一个集体，在这个世界里，人类无论种族、性别、阶级

---

① Madelyn Jablon. "Rememory, Dream History, and Revision in Toni Morrison's *Beloved* and Alice Walker's *The Temple of My Familiar.*" *CLA Journal* 37 (1993), p.193; Adam Sol. "Questions of Mastery in Alice Walker's *The Temple of My Familiar.*" *Critique* 43.4 (Summer, 2002), p.393.

② Ikenna Dieke. "Walker's *The Temple of My Familiar*: Womanist as Monistic Idealist." *Critical Essay on Alice Walker.* Ed. Ikenna Dieke. Westport: Greenwood Press, 1999, pp.128-129.

③ Patricia Durso. "Private Narrative as Public (Ex)Change: 'Intimate Intervention in Alice Walker's *The Temple of My Familiar.*" *In Process: A Journal of African American and African Diasporan Literature and Culture* 2 (2000), pp.137-154.

④ Bonni Braendlin. "Alice Walker's *The Temple of My Familiar* as Pastiche." *Modern Critical Views: Alice Walker.* New Edition. Ed. Harold Bloom. New York: Infobase Publishing, 2007, p.118.

⑤ Roland Walter. "The Dialectics between the Act of Writing and the Act of Reading in Alice Walker's *The Temple of My Familiar*, Gloria Naylor's *Mama Day* and Toni Morrison's *Jazz.*" *The Southern Quarterly* 35.3 (Spring, 1997), p.55.

都能和谐相处。不仅如此，人类与自然界的动物、植物等各种生物也能够和谐共存。艾丽斯·沃克在《殿堂》中通过叙述重新考察了时间、空间和地球上的各种生物，从而为我们创造了一个和谐的世界。这样的世界在人类的历史中曾经存在过，只是因人类的破坏而不复存在。因此，叙述者通过叙述为人类提供了一次重新思考和认识和谐世界的机会。小说通过叙述将时间与空间压缩成一个整体，同时也通过叙述将生活在这个整体时空中的各种生物联系起来整合成一个不可分割的集体。在接下来的部分中，我们将关注艾丽斯·沃克是如何通过叙述将时空压缩，而又是怎样通过叙述，通过各种声音将世间万物统一到一个共同的集体的。

一、叙述中的空间压缩与并置

从空间的维度来考察，我们首先来看小说的空间形式及故事空间。《殿堂》无论是在文本自身的建构设计上，还是在故事中的地理空间的设置上都体现出了空间并置的特征。小说从自身建构的空间形式及故事空间上，通过空间并置，凸显出了小说碎片式叙述背后的整体性，同时也将地理空间压缩并置，从而将世界压缩成一个整体。

从文本自身的建构和设计上来看，小说主要分为两个叙述层，小说大部分的故事都是由第二叙述层中的各个人物来完成。小说可以说由各种不同的声音构成，第二层的人物叙述者通过面对面的直接讲述，或者通过书信或是日记的形式来讲述故事，从而发出各种不同的声音。小说主要关注三对人物的故事：卡洛塔（Carlotta）和阿维达（Arveyda）；范妮（Fanny）和苏维洛（Suwelo）；丽茜（Lissie）和哈尔（Hal）。叙述者将这三条故事线索并置并让其各自发展，同时又相互交错，成为不可分割的整体。小说一共分为六章，围绕着这三条故事线索又延伸出大量不同人物的故事，这些故事碎片式地散落在每章。一方面，这些故事与三条故事主线的人物有千丝万缕的联系，他们之间的故事构成了相互影响的关系，因此构成了故事整体不可分割的一部分；另一方面，这种空间形式的采用将阐释的重任交到读者手中，读者只有在阅读中通过整体把握，将每一个碎片安置到适当的位置时，文本的意义才能展现出来。从小说的第二叙述层来看，叙述者不断变化，叙述风格也在不断转变，同时故事情节也纷繁复杂。小说看似全是由不同的碎片构成，分崩离析。然而正如我们上面所说，一方面，这些不同的故事相互并置，却又相互影响，构成了不可分割的整体，每一个碎片都是整体故事不可替代的一部分；另一方面，读者在阅读中将每一个碎片放置到适当的位置，将各个碎片有机地组织成一个整体。小说的建构和阅读拆解就犹如玩拼图游戏，作者是拼图游戏的设计者，他所设计的对象是一个整体（一幅人物肖像、一个动物，或是一处风景），但他将这个整体打碎，将碎片（正如文本中的碎片一样）散落在各个角落。这些碎片之间相互独立又彼此联系，缺一不可，因为统一的主题将它们组合成为一个不可分割的整体。而读者则是拼图游戏的玩家，它接触到的是拼图的各个碎片，面对这些碎片他必须要与作者达成一个共识——碎片背后的整体性。他明白这些碎片各自不同但是却相互联系、相互参照，最终将指向同一个主题，构成一个统一的整体。因此，在拼图的过程中，读者必须将各个碎片进行不断并置、比较、重构直到将各个碎片放到它的适当位置，最终得出完整的图形。除此之外，小说第二个叙述层的各个故事由于被共同包含在一个叙述层之内，因此也共同构成了一个更大的整体的有机组成部分。在小说的第一个叙述层中，第三人称全知全能的叙述声音起到了举足轻重的作用。由于小说的主体部分由一系列零散的故事构成，这些故事并不按时间顺序排列，而是散落在每个章节，第一叙述层的全知全能的叙述者就肩负起了整体把握叙述整个故事的重任，他负责交代各个故事背景、人物关系，并将各个零散的故事联系成为一个有机整体。由于有第一层的叙述者从中斡旋，小说的整体性显得更为强烈。

从小说的故事空间来看，小说通过叙述将小说中的地理空间压缩为一个整体，从而将世界压缩为一个集体展现在读者面前。小说中故事的产生与发展并非是停留在一个固定不变的地方，而是在世界各地展开，这样一来，世界各地就被同时置于同一个整体故事中，从而将世界压缩成一个整体展现在读者面前。小说通过叙述，用不同的声音将这些不同的地域连接起来，同时展现在读者面前。小说的主要人物均是生活在美国，这成了故事发生的主要地点。随着故事的发展，南美、欧洲、非洲也一一走入读者的视线。通过故事的讲述，这些不同的地方逐渐连成了一个整体：卡洛塔和母亲泽德（Zede）来自南美，阿维达与泽德成为恋人后，他们一起回到了南美去寻找过去的记忆。在这个过程中泽德向阿维达讲述了过去发生在南美的故事，而阿维达又将泽德讲述的南美的故事及他们在南美的故事带回美国，重新讲述给妻子卡洛塔听。范妮的母亲奥利维娅（Olivia）向自己的第二任丈夫讲述她曾经在非洲的经历，后来范妮与母亲一起回到非洲去寻找自己的父亲，而我们的视线也从美国转移到非洲，但同时范妮又通过写信的方式将他们一家在非洲的故事告诉丈夫苏维洛。这样一来，读者似乎又与苏维洛一起在美国听着来自非洲的故事。小说中还有另外一个人物玛丽·安（Mary Ann），她离开美国去了欧洲，在看望病重的曾姑姑（Great aunt）的过程中，她向读者展示了一系列关于欧洲和非洲的故事。曾姑姑将自己的论文、书籍等都捐赠给了当地的一所女子大学，这所大学为了纪念她，在图书馆规划了一个专区来放置她的收集，不仅包括书籍、论文，还有她在非洲收集的篮子、碗、雕像、衣服等。[①]这个专区内有间屋子是按照曾姑姑在非洲时所住的屋子来布置，里面放置了她在非洲生活时写的书和各种收集。玛丽·安在这个非洲复制品的屋子里阅读着曾姑姑的书籍和日记，又通过曾姑姑的书籍和日记发掘了曾姑姑的姑姑与非洲的故事。这样一来，欧洲与非洲又相互联系起来。除此之外，范妮在访问非洲时，她的父亲和妹妹也都分别讲述了他们在欧洲留学的故事，而范妮又将她们讲述的故事通过信件告诉了在美国的丈夫。可见，不同的地域你中有我、我中有你，被各个人物通过叙述压缩成为一个整体。小说中对空间的压缩和并置最集中体现在阿维达身上，阿维达可以说是一个典型的"世界人"，他身上汇入了世界各地的血液，包括非洲、欧洲、墨西哥、印度、菲律宾、中国，[②]当然还包括他目前生活的美国。这样一来，整个世界都在阿维达身上得到压缩与并置，构成了他这样一个主体。

① Alice Walker. *The Temple of My Familiar*. Boston: Mariner Books, 2010, p. 211.

② 同上条文献，第 393 页。

《殿堂》通过各种声音对不同故事的叙述，将文本在结构上统一为一个有机整体。同时，也将小说中的故事空间并置，压缩成为一个有机整体，使世界成了一个地球村。小说呈现给读者强烈的整体感，同时也将整个世界作为一个集体呈现在读者面前。

二、叙述中的时间压缩与并置

《殿堂》不仅通过叙述将空间压缩并置，将世界构成一个整体，同时它还将时间压缩并置，让过去与现在相互交织，模糊过去与现在的界限，从而将人类历史也压缩成为一个整体。

小说并不是按时间顺序线性发展，而是在过去与现在之间来回穿梭。随着故事情节的推进，小说中的各个人物叙述者通过不同形式，不断再现过去的故事。而对过去故事的讲述，又不断影响人物对现在的理解，从而影响现在故事的发展。如此一来，过去与现在就相互交织起来，过去的历史与现在就融合成了一个整体。“叙述让小说中的各个人物重新认识这个世界及他们在这个世界的位置。”[①]通过对过去的讲述，生活在现在的人们获得了重新认识世界、认识自己的机会，过去则自然影响了他们对现在的决定，影响了现在与将来的故事发展。泽德在去南美的旅行中向阿维达讲述了自己的过去、母亲的故事及其祖先们的故事：“我们的母亲们告诉我们，在很久很久以前，当她们是她们的曾祖母的时候（那时她们的曾祖母很老了），祭司是由女性来担任。我们就是我们的曾祖母，只是我们身上又加入了新的元素。”[②]过去与现在从来都是不可分割的整体，泽德通过对过去的讲述，重新认识了自己的身份，从而决定继续留在南美，找寻自己的母亲。

小说中叙述对时间的压缩最主要体现在丽茜身上。贾娜·赫克兹科夫（Jana Heczkov）认为丽茜是一个超常的人物，因为她身上体现了人

① Adam Sol. “Questions of Mastery in Alice Walker’s *The Temple of My Familiar.*” p.396.

② Alice Walker. *The Temple of My Familiar*. p. 48.

类存在的一切形式，包括文化的、历史的甚至是神话的。①西尔维娅也认为丽茜的梦记忆（dream memory）就是一部故事百科全书，②记录了过去与现在的所有故事。丽茜在小说中是一个典型的历史产物，过去与现在在她身上汇聚。丽茜几经轮回转世，依然拥有每一世的记忆。她拥有人类史前的记忆，经历过人类与自然和谐相处的世界；她也拥有奴隶制的记忆，因为在她的某一世里，她和家人被叔叔卖给了奴隶贩子，因此她能够清楚地讲述奴隶被贩卖的过程；她也曾经是被男性烧死的女巫等。每一世的故事都储存在她的记忆里，因此丽茜就如同一本活着的历史书。她经历过人类的所有历史，见证了人类所有的故事。所有的过去汇聚在她的记忆里，造就了今天的她。无论是轮回几世，她的过去和现在总是共存在同一个身体内。这样一来，过去与现在之间相互交织，不再有清晰的界限，被压缩成了一个整体。

除此之外，读者还会发现，随着故事的发展，在每一个主要人物身上，过去与现在都慢慢对接起来。这些人物只有在发掘自己的过去并重新认识过去的基础上才能够真正地面对现在，得到成长。小说的几个主要人物对过去的记忆由于父母的缺失而断裂，他们只有找回对父母、家族的集体记忆，才能将记忆的链条连接起来。范妮到非洲找到了父亲，并将父亲的故事写信告诉了丈夫；卡洛塔通过阿维达的叙述获悉了母亲及父亲的故事，并向苏维洛讲述了母亲的故事；苏维洛在丽茜与哈尔的鼓励下，愿意面对父母的故事，并且将父母的故事讲述给卡洛塔听；而阿维达最终也通过向范妮讲述自己父母的故事而原谅了自己的父母。由此可见，每一个主要人物都通过对过去的探索和讲述，将断裂的记忆链条重新连接。通过对过去的叙述，这些人物重新认识了自己的身份，从而获得成长。在作者看来，过去与现在是息息相关、不可分割的整体。

通过分析叙述对时间的压缩与并置，我们可以看出，《殿堂》中的

---

① Jana Heczkov. "'Timeless People': The Development of the Ancestral Figure in Three Novels by Alice Walker." *Current Objectives of Postgraduate American Studies* 9 (2008), pp.27-35.

② Silvia Del Pilar Castro Borrego. "There Is More to It than Meets the Eye: Alice Walker's *The Temple of My Familiar*, A Narrative of the Diaspora." pp.9-22.

过去与现在是统一的整体。小说通过叙述让过去与现在并置，过去对现在有着举足轻重的影响，人们只有勇于面对过去，厘清历史，才能更好地认识现在。

三、声音与和谐包容的新世界

通过对时间与空间的考察，我们可以看到《殿堂》通过各种声音的叙述将时间与空间压缩并置为一个统一整体。在这个统一整体中，小说又通过各种声音试图构建一个和谐的新世界。在这个世界里，世界上的各种生物都应该和平共存。因为生存在这个时空统一的世界里，各种生物也是不可分割的统一体。他们之间相互影响、相互依存。艾丽斯·沃克的集体观是将这个世界统一成一个整体，各种生物都是这个大集体的一部分。

我们首先来看一看小说中的人类这个集体，《殿堂》可以说是整个世界的缩影。小说中人物众多，包括不同种族、性别和阶级。虽然小说中的主要人物都是黑人，但是在他们周围我们同时可以看到不同种族的人，如奥利维娅的第二任丈夫兰斯（Lance）是白人，而她的养母科琳（Corrine）是美国印第安人，范妮的心理医生罗宾（Robin）是墨西哥人，小说中另外一个非常重要的人物玛丽·安也是白人。此外，小说也提到他们的邻居中还有亚洲裔美国人。当然从阿维达身上，我们就可以看到整个世界的缩影。正如我们前面提到的，阿维达一人就是不同种族的混合体，身上混着美洲、欧洲、非洲和亚洲的血。在他身上，我们可以看到整个世界是一体的。

小说中人物众多，人物关系也自然显得纷繁复杂。小说主要有三条故事线，主要人物包括：丽茜与哈尔，卡洛塔与阿维达，范妮与苏维洛。随着故事的发展，这三条主线交织到一起，这些人物也自然连成了一个集体。除了这些人物，小说中还有大量的其他重要人物。随着故事情节的推进，这些人物之间也相互联系起来，构成了一张巨大的关系网。例如，在讲述卡洛塔与阿维达的故事时，卡洛塔的母亲泽德是一个非常重要的人物，通过泽德，又引出了另外一个重要人物玛丽·安。苏维洛本来与丽茜没有任何关系，但是由于丽茜和哈尔是苏维洛叔叔的好朋友，苏维洛去继承叔叔的遗产时认识了丽茜和哈尔。卡洛塔与苏维洛是同一个学校的老师，通过卡洛塔，苏维洛和范妮又认识了卡洛塔的丈夫。奥利维娅是范妮的母亲，范妮随着母亲去非洲，见到了自己的父亲奥拉（Ola）和妹妹，最后范妮又通过父亲认识了前往非洲的玛丽·安。这样看来，这些看似毫无关系的人物，都因某种关系而联系在一起，形成了一个彼此联系的整体。

小说中的人物不仅彼此联系构成一个集体，同时在这个集体中他们也相互影响，共同成长。我们可以看到小说中的各个人物通过叙述这种方式彼此之间相互影响，帮助彼此成长。正如前面所说，讲述故事给予了各个人物一个重新认识世界、认识自己身份的机会。通过彼此之间的故事讲述，各个人物在相互的鼓励下，用自己的声音讲述了自己过去的故事，从而重新认识了自己，重新定位了自己在所生存的世界的位置，从而成长起来。与《紫色》不同，在《殿堂》中，每一个叙述者都拥有一个理想的听者。无论是采取哪种形式的叙述，叙述者总能找到一个渴望听他故事的受述者，从而无论是叙述者还是受述者都在叙述和聆听中成长起来。在该部分，笔者主要讨论小说如何通过口述、书信和日记的形式将各个叙述者有机联系起来，成为一个不可分割的集体。在这个集体中，他们通过叙述彼此影响，共同成长。

小说中有大量的情节，是人物通过口述形式，面对面讲述自己的故事给另外一个人物听。叙述者通过讲述，重新认识自己，从而成长起来；而听故事的人也通过别人的故事，感受到叙述的力量，并从中得到鼓励，从而敢于讲述自己的故事。

泽德一生经历了很多痛苦与波折，由于过去太过沉重，因此她从来不向别人讲述自己的故事，直到遇到阿维达。在他们去南美的旅途中，泽德第一次向阿维达讲述了自己的故事。她讲述了祖先们的故事、她与爱人的故事、她的奴隶经历，等等。在讲述的过程中，她显示出了自己声音的巨大力量，她的“口才让阿维达甚为吃惊”[①]。因为有阿维达这个理想的倾

① Alice Walker. *The Temple of My Familiar*. p.45.

听者，泽德才有机会讲述自己的过去，而通过讲述自己的过去，泽德也重新认识了自己，并决定留在南美。而阿维达也从泽德讲述的历史中获得了力量，他回到卡洛塔身边后，向她重新讲述了卡洛塔的父母的故事。阿维达通过叙述，意识到自己声音的力量，并明确了自己作为一个音乐家的责任。由于他的叙述，他搭起了泽德和卡洛塔交流的桥梁。阿维达顿悟了自己作为一个音乐家的责任是歌唱这个世界，传递信息，同时他也感受到自己声音的巨大力量："他最后终于明白，他为什么会如此轻易地就爱上自己妻子的母亲。因为他是一个音乐家，一个艺术家，是一个信使。他的责任就是要将整个世界联系起来。"①"他知道他为他们的生命而歌唱。作为一个真正的艺术家，他知道他不会再质疑他的歌曲的力量。"②由此可见，通过聆听与叙述，阿维达被泽德强大的声音力量所影响。同时他也不再质疑自己声音的力量，并通过叙述与歌唱再将声音的力量传递出去，影响更多的人。卡洛塔就是第一个受他影响的人。经过阿维达的转述，卡洛塔第一次了解了自己的母亲，认识了自己的父亲及他的部落。这样一来，卡洛塔重新认识了自己的身份，从而开始了自己的新生活，小说结尾时卡洛塔也终于有勇气向苏维洛讲述了自己母亲的故事。

苏维洛去继承叔叔的遗产时，认识了丽茜和哈尔。此时的苏维洛正处在人生的交叉口，苏维洛由于父母早逝而成了孤儿，父母的车祸给他造成了巨大的创伤，他甚至都不愿意去提到父母的名字，而此时的他又与妻子范妮处在一场婚姻危机中。遇到丽茜和哈尔后，丽茜和哈尔在讲述自己故事的同时，鼓励苏维洛也讲述自己的故事，苏维洛受到他们的鼓励开始对丽茜和哈尔讲述自己和妻子的故事，在讲述的过程中，他重新审视了自己与妻子的这段关系。不仅如此，丽茜还鼓励苏维洛要正视自己的过去，敢于面对自己父母的故事，将关于父母的记忆找回来："哈尔和我感觉你关上了一扇大门，一扇非常重要的门。这道门通向你的记忆、你的痛苦。这扇门的钥匙就是你的父母，然而即使是提到他们的名字马塞尔和路易斯，对你来说也太沉重。我

---

① Alice Walker. *The Temple of My Familiar*. p. 125.

② 同上条文献，第 127 页。

们要求你打开这扇门，叫出他们的名字。自由地诉说你记得的关于他们的一切，通过他们来认识你自己，找到你在精神上和心灵上与他们的联系。”[1]丽茜鼓励苏维洛要勇于面对自己的过去，用自己的声音讲述出自己父母的故事，这样他才能痊愈。在小说的结尾处，苏维洛最终有勇气向卡洛塔讲述了自己父母的故事。

范妮与母亲一道去非洲寻找自己从未见过面的父亲。在这个过程中，她聆听了母亲的故事、父亲的故事，并将所有她听到的、经历的故事用书信的方式叙述给丈夫苏维洛听。范妮因为生活在一个种族歧视的美国社会里，因此一直仇恨白人，而丈夫的出轨也给她带来了巨大的创伤。在寻找父亲的过程中，通过聆听故事与讲述故事，她重新认识了这个世界，重新认识了自己，也重新认识了白人。她从母亲那里学会了原谅，从父亲那里学会了如何让自己的心灵达到和谐的状态。在这个过程中，她还认识了玛丽·安，通过与玛丽·安的对话，她由衷地感叹道：“我从来没有想到一个白人，特别是一个白人女性会对我的人生有那么重大的影响。”而玛丽·安也回答道：“我们一直通过某种方式影响着彼此，只是我们开始时没有意识到。”[2]通过这趟非洲之行，范妮寻获了自己的根；并在与大家的交流过程中，重新认识了这个世界，自己的父母，甚至是白人，从而重新确立了自己在世界的位置、自己的身份。因此她的伤痛得到治愈，她可以重新面对自己的丈夫、自己的生活。

玛丽·安的成长也是非常值得一提的故事。在前面的分析中，我们已经大概明白她的来历，玛丽·安来自一个非常富裕的白人家庭。在她的欧洲之行中，她发掘了自己祖先遗留下来的日记。通过日记，她聆听了曾姑姑及曾姑姑的姑姑的故事，发现她的两位祖先都曾经居住在非洲。因此在祖先的指引下，她也来到了非洲，并在这里开办了一个最好的艺术学校，为当地的孩子们提供了学习的机会，为当地做出了巨大的贡献，后来她还与范妮的父亲及范妮成了好朋友。

通过对人物之间复杂关系的分析，我们可以看到，在这个巨大的关

① Alice Walker. *The Temple of My Familiar*. p. 352.

② 同上条文献，第 349 页。

系网中，所有的人不仅是一个相互联系的集体，同时在这个集体中，无论集体成员的性别、种族、阶级、年龄为何，他们都彼此相互影响着，从而使这个集体的联系变得更为紧密。他们叙述自己的故事，也聆听别人的故事。在叙述与聆听中，他们彼此鼓励，彼此学习，建立起了友好和谐的关系。

在艾丽斯·沃克的世界中，人类并非是唯一的成员。自然界的一切生物都是这个集体不可或缺的一部分，因此人类也必须与自然界的各种生物和谐相处。小说《殿堂》通过叙述为读者展示了一个人与自然和谐相处的世界。

小说一开篇，我们首先听到的就是丽茜的声音："如果他们讲述关于我的故事时说谎了，那么他们对一切都撒谎了。"[①]由于这段引言开始于故事讲述之前，读者并不明白是什么含义。读完小说，了解了丽茜的真实身份后，读者才能明白这句话的含义。如果人们讲述关于丽茜的故事时说谎了，那么人们就对一切都说谎了，因为丽茜就是一切。丽茜经过无数次的轮回转世，依然拥有每一世的记忆。每一次的轮回，她都过着不同的生活，拥有不同的身份。在她不断的轮回中，她曾经是黑人、白人、男人、女人、女巫、妓女、侏儒、狮子等。在她死前她画下了自己的自画像："画中是一棵大树，树上有黑人，各种不同的生物，蛇和各种不同的事物，甚至有白人和很多狮子。"苏维洛告诉哈尔"丽茜在她的最后一幅画中画下了自己"[②]。在这棵生命之树上，丽茜画出了每一个自己。经过无数次的转世，她经历了每一种生命形式，而各种生命形式也都在她身上留下了印记。无论是黑人、白人、男人、女人还是其他非人类的生物都构成了她生命的一部分。

丽茜根据自己的梦记忆给苏维洛讲述了在大自然中各种生物曾经和谐相处的故事。丽茜讲述到他们曾经住在大森林里，森林里到处都是树木。"当时的树木就像大教堂。每一棵树到了晚上就成了居所。白天我们在树下玩耍。我们的阿姨和妈妈有时候带着我们，有时候就把我们留

① Alice Walker. "Dedication." *The Temple of My Familiar*. Boston: Mariner Books, 2010.

② Alice Walker. *The Temple of My Familiar*. p. 412.

给大树照顾。当你了解大树的每一根树枝，每一个树洞，每一个裂缝后，没有任何地方比这里更安全。遇到危险时，你可以迅速躲入大树的怀抱。同时我们还跟其他生物一起分享大树的庇护。”[①]他们把森林中的动物们视作表兄弟，与他们一起嬉戏玩耍，互相做伴，互相保护。直到私有制产生，人类打破了这种和谐的秩序。他们屠杀森林中的动物，剥去它们的皮毛占为己有，烹煮动物作为食物。部落中的男性还由于自己强大的力量而将天生力量相对弱小的妇女和孩童占为己有。[②]另外，在丽茜讲述的另外一个故事中，人类与动物也曾经是朋友，她的妈妈有一个知交是一头狮子。“他们到哪儿都在一起。狮子也有自己的家庭，两个家庭之间来往频繁。在狮子的家里，我总是受欢迎的。在我所说的这些日子里，人们与动物的相处方式，就像是今天人与人之间的相处。大家彼此是邻居，共用相同的水源，吃着相同的食物。”[③]可见，在丽茜的记忆中，这种理想的和谐社会是曾经存在的，只是这种和谐的生态环境被人类破坏了，让人类失去了这个人间乐园。她认为在《圣经》中描述的将来地球上将会出现的和平世界早就已经存在过了。通过丽茜的叙述，读者看到了一个人与自然和谐相处的世界，这个世界是可能存在并早已存在过的，只是遭到了人类的破坏。丽茜的叙述为读者提供了一次重新理解和谐世界的机会。就正如奥利维娅所讲述的，在欧洲殖民者到达非洲之前，非洲也是处于一片和谐的气氛中。欧洲殖民者到达后摧毁了当地居民的村庄，短短几年内就耗尽了当地居民的人力和物力。他们破坏土地，毁坏了曾经漫山遍野的树木。很多非洲的居民因为他们而死于过度劳累、各种热病和营养不良。[④]曾经的非洲就如同丽茜记忆中的世界一样和平，但是殖民者的到来却打破了一切和平，让这个理想的世界不复存在。

因此，《殿堂》为我们提供了一个重新思考这个世界的机会，建立和谐世界并不是不可能。人类要再次建立这样的世界，就要彼此关爱。

---

① Alice Walker. *The Temple of My Familiar*. p.84.

② 同上条文献，第 87 页。

③ 同上条文献，第 355-356 页。

④ 同上条文献，第 150 页。

无论是人与人之间，还是人与其他生物之间都必须是和平共处的关系。西丽（Celie）在自己一生中有无数的痛苦经历，当她受到伤害时，她回到家里就去欺负她家的狗，把自己的痛苦转嫁给比她更弱小的生物。然而在莎格（Shug）的帮助和启发下，西丽开始平等对待周围的一切事物："如果你在西丽面前踩死一只蚂蚁而不道歉的话，你将永远不会再得到她的邀请。"①

小说《殿堂》为我们建构了一个理想世界，讲述了这个理想世界集体的故事。艾丽斯·沃克通过信件、日记及口述等形式将小说中的人物转化为次级叙述者，并让他们轮流讲述自己的故事。在这个理想的世界中，集体的各成员不仅可以通过讲述故事来自我疗伤，同时他们也倾听彼此的故事并从中获得救赎。第三人称叙述者则将这些人的故事汇集成为一个有机的集体故事。小说通过叙述将时间与空间压缩。过去与现在相互交织，世界各地也被压缩成一个集体。在这个时空压缩的整体里，所有的生物，无论是什么样的背景都应该和平相处，因为大家分享着同一个时空。正如丽茜所说："你如果诅咒整体中的一个部分，那么整体也同样会遭到诅咒。非洲因遭到诅咒正濒临死亡。如果她死了，那么全球的各个地方都会相继死去。"②可见各种生物，各个地区都是世界不可分割的一部分，如果要保持世界的生命，那么我们就要保护每一个部分，而生活在这个世界上的不同生物也要和谐共存。

艾丽斯·沃克与内勒一样都强调了集体的兼容性，只是内勒更加关注美国黑人社群中男性与女性之间的和谐关系；而艾丽斯·沃克由于其妇女主义思想及泛非主义观念的影响，她更加关注整个世界的和谐共存。而莫里森《天堂》中对集体的建构也有自己独到的见解，她在《天堂》中为读者建构了一个美国社会的缩微世界，并关注这一世界不断被建构的过程。

① Alice Walker. *The Temple of My Familiar*. p.169.

② 同上条文献，第 198 页。

第三节　不断建构的美国社会：《天堂》中的声音、历史、集体

“集体”毫无疑问是莫里森一直致力书写的主题。“莫里森的小说都是关于非裔美国群体的成功与失败。她认为她的作品必须书写集体与个人，否则就什么都不是。”①无论莫里森所书写的集体是积极的、正面的还是消极的、负面的，个人与集体之间的关系都是不可分割的。在莫里森看来，“个人身份依靠集体，与集体不可分割。她认为个人身份必须通过社会关系来建构”②。

自第一部小说《最蓝的眼睛》开始，莫里森分别在《秀拉》《所罗门之歌》《宠儿》等作品中都强调了集体的重要作用。莫里森的第一部小说《最蓝的眼睛》是对具体历史环境下的黑人群体的真实书写。这个群体将白人的种族歧视完全内化，从而摧毁了群体内最被边缘化、最弱势的成员们。《秀拉》中的黑人群体建构了自己的社会结构和文化标准。符合其标准的成员受到欢迎而违反其所谓规则的成员则遭到排斥，并成为该社群失败的替罪羊。这样看来，莫里森在前两部小说里对集体的描写都是相对负面的。然而这并非说明在莫里森的作品中，集体的地位不重要。相反，小说的主人公，无论是毕科拉（Pecola）还是秀拉（Sula），均是遭到集体的排斥，无法在一个和谐的集体中建构自己的身份，才落得香消玉殒的悲惨下场。1977 年《所罗门之歌》中的集体与前两部小说相比有了相对较大的变化。主人公奶娃在成长的过程中回到南部，找到了属于自己的黑人群体，并因此找到了自己的根，从而在黑人群体中建构了自己的黑人身份。《宠儿》继续了《所罗门之歌》中正面群体的主题。虽然黑人群体一开始排斥塞斯，但是也正是这个群体最后聚集到塞斯家的院子里帮助塞斯驱除了宠儿的鬼魂，并拯救了塞斯和

① Lisa Cade Wieland. “Community.” *The Toni Morrison Encyclopedia*. Ed. Elizabeth Ann Beaulieu. Westport: Greenwood Press, 2003, p. 83.

② 同上条文献，第 84 页。

女儿。

莫里森1998年发表的《天堂》无疑是对“集体”这一主题的进一步开拓与发展。众多批评家都以“集体”为焦点来讨论小说的主题，探讨莫里森的集体观。现有的研究对莫里森的集体观主要有四种解读。第一，莫里森在小说中讨论了集体的兼容性。在小说中她将两个不同的集体并置，批判了鲁比镇的排他性和女修道院的兼容性。①第二，莫里森通过《天堂》批判了乌托邦式的天堂，因为任何形式的乌托邦都存在“排除异己”的现象。②第三，将小说中的鲁比镇当作整个美国社会的缩影，讨论了美国社会的种族、性别和阶级等问题。③第四，关注《天堂》中的集体建构问题，一些批评家注意到莫里森在《天堂》中所塑造的集体并不是静态的，而是处在动态的发展中，集体是一个不断建构的过程。④无论是从哪个角度来讨论莫里森的集体观，我们都可以看到，莫里森与内勒、艾丽斯·沃克均有一个共同点：她们所要建构的集体均是融合性的集体，在其中，相似得以共享而差异得到包容。然而与内勒和艾丽斯·沃克不同，内勒和艾丽斯·沃克对小说中的集体可以说是一个共时的讨论，讨论了已经构成的集体在具体社会历史条件下的故事，这个集体本身已经有自己的社会结构、文化规约等。而莫里森在《天堂》中更多的却是对集体的一

① David Ikard. “ ‘Killing the White Girl First’: Understanding the Politics of Black Manhood in Toni Morrison's *Paradise.*” *Critical Insights: Toni Morrison*. Ed. Solomon O. Lyasere, and Marla W. Lyasere. Pasadena: Salem Press, 2010; Jason Barr. “Viewing Toni Morrison's *Paradise* as a Response to William Carlos Williams's Paterson.” *African American Review* 44.3 (Fall, 2011), pp. 421-433.

② Kelly Reames. *Toni Morrison's Paradise: A Reader's Guide*. Continuum: The Continuum International Publishing Grou, Inc., 2001, pp.21-27; Verena Harz. “Building a Better Place: Utopianism and Revision of Community in Toni Morrison's *Paradise.*” *Current Objectives of Postgraduate American Studies,* 12 (2011). https://copas.uni-regensburg.de/article/view/135/161.

③ Marni Gauthier. “The Other Side of *Paradise:* Toni Morrison's (Un)Making of Mythic History”. *African American* Review 39.3 (2005): 395-414; Channette Romero. “Creating the Beloved Community: Religion, Race, and Nation in Toni Morrison's *Paradise.*” *African American Review* 39.3 (2005): 415-430.

④ Johnny R. Griffith. “In the End Is the Beginning: Toni Morrison's Post-Modern, Post-Ethical Vision *of Paradise.*” *Christianity and Literature* 60.4 (Summer, 2011): 643-661; Magali Cornier Michael. “Re-Imagining Agency: Toni Morrison's *Paradise.*” *African American Review* 36.4 (2002): 581-610.

个历时的讨论。《天堂》中的女修道院随着一个个成员的加入而处于不断的建构中。与女修道院相比，鲁比镇表面是一个封闭而静止的集体，因此批评家们在研究集体的动态发展问题时，主要是集中在女修道院，因为女修道院的成员在不断增加，集体在不断变化。然而，我们需要注意的是一个集体的变化和建构，并不只是集体成员的变化。从小说中，我们可以看到，修道院的变化不仅是增加了成员，而是每个成员带来了不同的历史、不同的声音。事实上，历史与集体从来都是相互建构的。集体与个人不断创造历史，丰富历史；同时集体和个人又因历史或说在自我创造的历史中不断得到定义从而建构自己的身份。集体因不同的历史从而得到不同的定义因此拥有不同的身份。从这个角度来看，《天堂》中的鲁比镇也因女修道院的存在而处于不断的建构中。本小节以声音为切入点，通过对小说中两个集体及历史的研究，试图解释叙述者是如何通过叙述历史来建构了一个始终处于动态变化的集体。在这个集体中，无论是叙述历史的不同声音还是集体的构成都处在不断的建构中。因此，无论是历史的叙述还是集体的构成都始终是兼容并蓄而非盲目排外的。

一、声音、历史与集体的相互关系

集体因为不同的历史而得到不同的定义，获得不同的身份。历史的不断创造和不断重获新的阐释，使得集体也不断获得新的生命与身份。一个兼容的集体不仅能够容纳不同的声音对其历史的不同阐释从而不断获得对自己新的认识，同时，一个兼容的集体也欢迎新成员加入，融入更多的声音从而创造更多新历史，只有这样，集体才能不断发展，不断获得新生。在莫里森的小说《天堂》中，声音、历史与集体本是一体，不同的声音阐释出不同的历史从而赋予集体不同的意义。新声音的加入创造出新的历史，又使集体的身份得到不断再建构而获得新生命。莫里森在小说《天堂》中试图探讨一种集体的新模式，这个兼容的集体能够容纳不同的声音、不同的历史及不同的成员。他们之间的声音、故事、利益在这个集体中不断得到协商，从而不断赋予这个集体以新的意义、新的身份。

莫里森的集体并非是一日建成的。她的集体观从第一本小说开始就在不断建构中。莉萨·威兰（Lisa Cade Wieland）认为在莫里森的所有小说中，“集体”都作为某种人物而存在，因为它对个人的存在极为重要。①在《天堂》之前的小说中，莫里森的集体是一个已经建成的、相对稳定的群体，拥有自己的社会结构及文化规约。无论是《最蓝的眼睛》《秀拉》，还是《所罗门之歌》《宠儿》，它们都有各自的主角。集体无论是正面的还是负面的，都被背景化，作为主人公生活的背景或环境而出现。然而在小说《天堂》中，集体被推向前景。小说中没有任何一个单个的人物成为小说的主人公，整个集体成了小说的主角，而这个集体也与前面小说中的集体不同，它始终处于建构的状态中。随着成员的增加，新历史的不断阐释与创造，集体不断地被建构，身份得以不断地被重新定义。

小说中叙述者将两个集体并置，向我们讲述了两个群体的故事。鲁比（Ruby）镇是一个高度隔离的黑人镇，女修道院（Convent）则是一个被边缘化的女性群体。这两个群体看似相互隔离，实则相互影响。小说一共分为九章，每章分别用来自两个集体的女性人物命名。这样从小说的布局来看，我们可以看到，小说中的两个镇并不是相互隔离、互不来往的。同时，这些女性人物，包括鲁比镇的男性人物也与女修道院有着千丝万缕的联系。与《布鲁斯特街的女人们》相同，叙述者代表两个集体来讲述他们的故事。她聚焦于每一个主要人物，从她们的视角讲述他们的故事，从而构成了他们集体的故事。《布鲁斯特街的女人们》中的每一故事之间相对独立性较强，读者可以将整本小说看作是讲述集体的故事，但是也可以将其中的单个故事抽出，进行独立阅读。然而《天堂》中的每章虽然都有各自讲述的重点，但是每章却是紧密相连，如果单独抽出，那么每个故事都会留下无法解决的谜题。因此，《天堂》中的每章之间的联系相对更为紧密，这也体现了莫里森一贯的宗旨，个体与集体之间、个体与个体之间都是密

① Lisa Cade Wieland. “Community.” p. 87.

不可分的。同时，在《布鲁斯特街的女人们》中，叙述者主要聚焦于每个中心人物，讲述她们不同的经历，从而构成她们集体的故事。在《天堂》中，叙述者不仅聚焦于不同的人物，从她们的视角讲述她们自己的故事，同时叙述者还分裂出不同的声音或是通过不同人物的内心独白来阐释同一个故事，从而让不同的声音相互协商，共同阐释历史，从而定义不同的集体身份。

对一个集体来说，共同的历史、共同的经历使得集体得以建立并增强集体成员之间的凝聚力，共同的历史是集体构成和发展的前提。这一点，我们从小说中两个集体的构成可以看出。鲁比镇是在 1951 年由 15 个家庭建立的。然而鲁比镇的历史并不是开始于 1951 年，而是可以追溯到 1890 年。在美国，南方重建遭遇破产后，严重的种族隔离使得鲁比镇的祖先们举家向美国西部的俄克拉何马（Oklahoma）迁移，在这个迁移的过程中，他们不仅受到白人世界的歧视与拒绝，同时也被相对富裕和皮肤颜色较浅的黑人和其他种族的人所抛弃。相同的际遇和遭遇让祖先们团结起来，在西部建立了一个属于他们自己的世界——黑文（Haven），在这个镇子里，人们相互帮助，一步步走向繁荣。他们在镇子里建造了一个大炉灶，为整个集体提供食物，这个大炉灶也成了整个黑文镇集体的象征和骄傲，它象征着这个集体的团结，同时镇上的男人们也因集体中的女性们不用在白人的厨房里煮饭而骄傲。这个关系紧密、自给自足的集体在 20 世纪 40 年代开始在各方面走向衰败，因此，住在黑文的 15 家人于 1951 年举家迁移到西部的更深处，试图逃离外部世界的入侵。新建立的镇子本没有名字，但是在 1954 年，镇上最具有影响力的摩根家族的女儿鲁比·摩根因得不到医生的救治而去世，因此该镇从此以鲁比来命名。以鲁比命名不仅用于纪念摩根家族的成员，同时更重要的是，鲁比时时提醒着该镇的成员们外部世界对黑人的种族歧视及种族隔离。[①]这样一来，我们可以看到鲁比镇的人们共同经历了被外部隔离和歧视的历史，从而建立了一

① 鲁比生病后被送到医院，却因得不到白人医院的救治而死在医院的走廊上，虽然医院后来试图帮忙找医生，却是在帮忙联络兽医。

个与世隔绝的集体。

与鲁比相似，女修道院中也聚集了一批遭受外部压迫、急于想要逃离外部世界而寻找一个避风港湾的女性。虽然这些女性具有不同背景，但是她们都被不堪的过去所纠缠，她们都是被外部世界遗弃的人。梅维丝（Mavis）因长期受到精神上和肉体上的虐待，精神高度紧张。在一次去超市为丈夫买食物的过程中，意外将一对双胞胎孩子闷死在车里。惨剧发生后，面对巨大的压力，她选择逃走，最后在女修道院找到了自己的避风港。与梅维丝一样，其余的成员也纷纷被过去所纠缠，被外部世界所抛弃：格蕾丝（Grace）在一次抗议行动中目睹一个小男孩被枪击，死在自己面前，这个场景在格蕾丝心中造成了巨大的创伤，挥之不去。同时，她男朋友因暴动被抓，父亲也被关在监狱里。她不知该去何处，最后来到了女修道院。塞尼卡（Seneca）从小被母亲抛弃，辗转于各个寄养家庭，在精神上和肉体上都遭到了极大的伤害。而帕拉斯（Pallas）则被母亲和男朋友背叛、抛弃，在逃跑的过程中又不幸被流氓强奸，未婚先孕的她也来到了女修道院。从以上分析可以看出，虽然这些女性遭遇的事情各有不同，但却都是被不幸的历史所纠缠而又被外部世界遗弃的人。

对于鲁比镇来说，这个集体的人来自共同的社会阶层，彼此相互认识，他们经历了相同的历史，拥有共同的过去，从而形成了共同的团体；同时他们与女修道院的女人一样又受到外部世界的隔离甚至是歧视，同时，逆境也成为他们团结在一起的动力。①无论是鲁比镇还是女修道院，共同的历史、共同的遭遇让他们建立了共同的集体。这个集体的身份依靠历史来定义，历史是集体形成的前提。

同时，集体在实践中不断创造新的历史，并通过叙述将历史保存在时间的记忆里，因此，集体的实践与叙述是创造和保存历史的唯一方法。集体通过叙述将历史保存下来，并将其传递下去。以鲁比为例，从黑文镇到鲁比镇，黑人群体将过去的历史通过叙述保存下来，一代代地传下去。在

① Heike C. Alberts. "Changes in Ethnic Solidarity in Cuban Miami." *Geographical Review*, Vol. 95, No.2, *New Geographies of U.S. Immigrants* (Apr., 2005), pp.231-248.

小说《天堂》中，我们可以看到鲁比镇的居民将他们祖先的故事通过各种方式一直传递下去。鲁比镇最重要的一家人就是摩根家族，他们掌握着鲁比镇的经济命脉。两兄弟生于 20 世纪 20 年代，从小听着祖辈的故事长大，并将历史牢牢记在心里。“双胞胎兄弟生于1924年，足足听了二十年有关以往四十年间的故事。他们聆听着，想象着，记忆着每一件具体的事，因为每一个细节都是一次愉悦的震撼。”[①]可见，摩根家的祖先们都在向他们讲述着自己的故事，而摩根兄弟也将祖辈的历史保存在记忆里。另外，镇上几大家族的孩子们每年都会将以他们祖先为原型的故事搬上舞台，所有居民都会到场观看。叙述者告诉我们“帕特一生都在看这出戏”[②]。同理，我们也知道鲁比镇的其他居民也是一生都在看这出戏，因此鲁比镇祖先们的历史就这样一代代传递下去。鲁比镇与黑文一样，均是建立在被外部世界拒绝的基础上。鲁比镇将祖先们被外部世界排斥的历史一直保存并传递下去，这段历史造就了鲁比镇这个与世隔绝的集体，这个集体由于历史原因而变得封闭、专制，无法接受新事物，从而也就无法创造新的历史，只能在过去的历史中盘旋。

事实上，声音、历史与集体是不可分割、辩证发展的。不同的声音讲述不同的历史从而定义不同的集体；而不同的集体创造新的历史并通过叙述保存历史，从而使得历史一直继续下去。只要历史与声音不中断，集体就会不断获得新的身份和新的意义；同时只要集体不断建构，历史就会得到不断的改写，新的声音就会不绝于耳。在接下来的部分，笔者将继续讨论莫里森如何从声音、历史和集体三方面入手来为我们建立一个兼容的集体。在这个集体中，不同的声音、不同的历史和不同的成员均得到包容。

二、封闭的集体：被掩盖的声音

无论是黑文镇还是后来的鲁比镇都遭到外部世界的孤立和歧视。由于

① 托妮·莫里森：《天堂》，胡允桓译，上海：上海译文出版社，2007 年，第 14 页。
② 同上条文献，第 210 页。

这个历史原因，鲁比镇人及其祖先为了逃避外部世界的歧视而在边缘地区建立了属于自己的世界，这个世界里的人们因为有共同的历史而团结起来抵制外部的歧视和压迫。然而随着世界的发展，鲁比镇将自己的世界封闭起来，断绝了与外部的往来，不愿意接受新的成员、新的声音。他们祖先的最初目标是想要建立一个兼容的世界，在这个世界里不再有人被歧视和排斥，因为他们曾经遭受了排斥，但是鲁比镇却慢慢变成一个他们曾试图逃离的白人世界的缩影，在这个世界里，肤色决定了一切，排斥一切外来的声音；在这个世界里，只有富裕的黑人男性才有发言权，而女性、外来人员甚至是年轻一代都没有话语权；这个极端的父权制社会能够容纳的只有祖先的声音、祖先的历史，他们不允许新成员加入，也不允许新的声音讲述新历史。正如米斯纳神父所认为的那样：

> 他们一次又一次地、毫无挑动意味地从他们的故事包里掏出他们老人的事、他们的祖辈和曾祖辈的事、他们的父亲和母亲的事……可是为什么没有他们自己的故事可讲呢？对于他们自己的事，他们闭口不谈。没有什么可说的，已经过去了。仿佛往昔的英勇事迹已经足够靠它度进将来了。仿佛，他们想要的是复制品而不是孩子。[①]

可见，鲁比镇的人一直生活在过去的历史里，他们不愿意接受新的声音、新的历史，因此他们的世界变成了一个封闭的集体，在这个世界“外来人就等同于敌人”[②]。

从鲁比镇的地理位置就可以看出它是一个远离外部世界、与世隔绝的地方。小说一开篇就向读者交代了鲁比镇偏远的位置。“他们离一座镇子有十七英里，而那座镇子离别的城镇都有九十英里之遥。”[③]鲁比镇周围除了女修道院以外什么都没有，要在接近 100 英里以外才能看到别的城镇。同时从鲁比镇的公共设施来看，他们也不准备接待任何的外

---

① 托妮·莫里森：《天堂》，第 157 页。标点有改动。

② 同上条文献，第 207 页。

③ 同上条文献，第 1 页。

来人。鲁比镇是“一座沉睡的镇子。只有三座彼此相隔不足一英里的教堂，而为游人服务的项目却全不具备：没有饮食业，没有警察，没有加油站，没有公用电话，没有电影院，没有医院”[①]。鲁比镇在鲁比人看来是一座被时间遗忘的城镇。鲁比人生活在自己独立的时间与空间中；他们生活在过去的历史中，似乎世界从未改变；他们拒绝外来人，拒绝新的声音、新的历史。在这座镇子里，能够被认可的只有父权制的声音。祖辈的历史得以储存和传递，成为无可反驳的官方历史；女性和年轻一代的声音和历史却被忽略。

在鲁比镇，女性在公开场合得不到话语权，就算是与自己息息相关的大事，她们也无法发出自己的声音，在小说中最具有代表性的例子应该算是摩根和弗利特伍德两大家族的会谈。出席这次会谈的成员有米斯纳神父、摩根家两兄弟、始作俑者 K. D.及受害者家属弗利特伍德父子，而受害人及其母亲却始终没有上场，更是无法发表自己的观点。这次会谈表面是因 K. D.打了阿涅特·弗利特伍德，但实则却是阿涅特因 K. D.而怀孕的善后处理事宜，然而在整个过程中，怀孕的事情却从未提及，阿涅特也没有任何机会发出自己的声音而提出自己的意见。最后就由双方男人们达成了一致意见：送阿涅特去上大学并由摩根家支付大学学费。当摩根家问阿涅特的父亲：“离八月还有好长时间呢。现在才是五月。她可能会改主意。决定呆着不走了。”她的父亲回答“我是她父亲。我负责安排她的主意”[②]。可见女性在鲁比镇没有声音的权利，她们的声音被男性所剥夺。

在鲁比镇，不仅女性没有权利发出声音，同时年轻一代也没有发言权。年轻一代受到了新时期、新思想的影响，对历史有新的理解、新的阐释，然而这种新的声音不仅得不到认可，反而还受到压制。年轻一辈与老一辈对大炉灶上面所刻的铭文的争论就是最好的例子，大炉灶在鲁比有着重大的历史意义。在老一辈看来，大炉灶承载着祖辈的历史，地位不可撼动，而新一代鲁比的年轻人想要赋予大炉灶新的意义、新的生命。大炉灶

① 托妮·莫里森：《天堂》，第 10 页。

② 同上条文献，第 57 页。“呆”应作“待”。

上面刻了一句铭文，事实上谁也没有确凿的证据证明真实的文字到底是什么，但是以摩根家兄弟为代表的父辈却坚持认为大炉灶上刻着“当心上帝皱起的眉头”，告诫大家要敬畏上帝，遵从祖辈的教训；而年轻的一代却受到了外界民权运动、黑人权力运动的影响从而相信自己的力量，认为大炉灶上刻着“成为上帝皱起的眉头”。父辈认为大炉灶上刻着“当心”，因此权力是属于上帝的，大家必须服从；而年轻一代却认为是“成为”，因此得出“我们是上帝的工具，我们就是权力”[①]。这一争论表面上是上帝权力之争，实则却是鲁比镇的权力之争，当父辈们无法控制意义的阐释时，就证明他们在慢慢丧失自己的专权。他们无法控制年轻人的不同声音，那么他们就无法控制年轻人。因此，在整个讨论过程中，老一辈总是试图诋毁年轻人的人品，压制年轻一代的声音。在米斯纳神父看来，年轻人“没有不尊重。正是因为他们确确实实知道大炉灶的价值，才想给它一个新生”。然而在老一辈看来：“他们什么都不想给大炉灶。他们要摧毁它，把它变成他们做的东西。”大炉灶就是老一辈权力的象征，改变大炉灶就意味着他们的改变，而这是老一辈无法接受的。当这些年轻人说“大炉灶也是我们的历史，老爷。不光是你们的。”，第克作为老一辈的代表却回答“我只要告诉你们，大炉灶已经有历史了。它不需要你们去打扮它”[②]。最后斯图亚特·摩根还威胁道：“如果你们，你们当中的任何人，忽视，改变，去掉或增加大炉灶口处的词句，我就把你们头打掉。”[③]可见在鲁比镇只允许一种声音存在，不允许不同的声音与不同的观点。鲁比镇也变成了一个越来越封闭的集体。然而正如我们前面所说，叙述不断继续，新的历史就不会被掩盖，集体就会发生变化。虽然鲁比镇是一个与世隔绝的世界，但是只要这个集体继续存在，实践不断，那么新的历史必然被创造，新的声音必将赋予这个集体以新的身份。接下来，笔者将继续讨论莫里森在小说中如何用各种不同的声音来叙述不同的历史，从而赋予集体不同的身份。

---

① 托妮·莫里森：《天堂》，第 83 页。

② 同上条文献，第 82 页。

③ 同上条文献，第 84 页。

三、开放的集体：声音对历史与集体的不断建构

在鲁比镇，只有父权制男性的声音才能得到肯定。然而虽然女性的声音被压制，但是叙述者还是通过不同的叙述策略，让我们不仅能够听到男性的声音，同时让读者也能够听到属于女性的声音。让女性讲述被官方历史抹去的历史，同时也从她们的视角来阐释历史。

首先，从人物来看，鲁比镇的女人们对鲁比镇的历史、对发生在鲁比镇的事有自己不同的看法，只是她们从来不会公开发表自己的观点。但是，她们却背着男性将不同的历史保存下来。小说的第六章以鲁比镇的历史学家帕特为中心人物来展开。帕特想记录鲁比镇的历史，撰写鲁比镇的家谱，作为礼物献给镇上的人们。在这个撰写历史的过程中，她发掘了女性保存下来的与官方历史不同的历史，同时也让读者听到了不同的声音。在官方的叙述中，浅色皮肤的黑人们拒绝了鲁比镇的祖先们，但是为他们提供了食物和毯子。鲁比镇的祖先们禁止妇女们吃那些食物，带着家人愤然离去。然而，据索恩（Soane）所说“她奶奶塞列斯特・布莱克霍斯偷偷溜回去，拿了吃的，又悄悄把吃的传给她妹妹萨莉・布莱克霍斯、比蒂・卡托和普蕾斯・康普顿，再分给孩子们”①。另外，帕特在向读者讲述鲁比历史的时候，也用自己的声音讲述了自己家族的故事，特别是被官方历史抹去的她母亲的故事。从她的讲述，我们得知了帕特的母亲由于肤色较浅，因此被鲁比镇的人们所排斥，使得帕特整个家族都遭到鲁比镇的孤立。当她母亲病重时，没有男性愿意开车出去为她找医生，从而导致了她母亲的死亡。可见，鲁比镇的妇女们不仅有自己的历史，同时也用自己的方式保存了自己的历史。

叙述者不仅通过叙述发掘了鲁比镇被抹去的女性历史，同时也让女性对同一历史事件发表自己不同的看法。不同的阐释赋予了历史不同的意义，同时也就赋予了集体不同的意义与身份。在对大炉灶的问题上，虽然在公开讨论中，没有一个女性得到公开发表意见的机会，但是随后，叙述者却分别从多薇、索恩和帕特三个女人的视角来发表了对大炉

① 托妮・莫里森：《天堂》，第191页。

灶的看法。多薇认为男人们的争吵没有意义。索恩则认为大炉灶如今“除去洗礼，没有真正的价值。当年在黑文的初创时期所需要的在鲁比镇不再需要了。男人们把大炉灶拆开、打包、运送和重新安装时，妇女们在一旁点头赞许。可是私下却抱怨卡车上的地方全让大炉灶占了。一个实用的东西变成了一座圣坛了”①。在索恩看来，与黑文相比，鲁比镇已经发生了巨大的变化，正如大炉灶以前具有实用价值，女性在这里为全镇的人做饭，而现如今大炉灶早就失去了它曾经的实用价值。帕特对于大炉灶上面的铭文也有自己的看法。“当心他皱起的眉头，不是对信仰者的命令，而是对不承认他们的那些人的威胁。”②在帕特看来，这句话是对当初拒绝鲁比镇的祖先的那些人的威胁。可见，对同一事件，女性有自己不同的观点和声音，她们用自己的方式保存了与男性不一样的历史。除了对大炉灶事件的态度以外，鲁比镇的女性对镇上发生的很多其他事件也都有自己的看法，如对于阿涅特与 K. D.的关系，对于帕特的女儿比莉（Billie）三岁时候当众脱裤子的事，以及对女修道院的女人们的评价等方面都有自己的看法和声音，从而让读者可以听到不一样的声音，看到不一样的历史和集体。

从叙述者口中的鲁比镇，我们可以看到一个集体包含不同的历史，有的历史得到书写，有的历史却被抹去。然而不同的历史总会有不同的方式保存下来，从而会影响集体的身份建构。同时，对于相同的历史，也会有不同的阐释，从而就显示了历史的多样性及包容性。那么我们就一起来看一下叙述者怎样为读者建构了一个兼容性的理想集体，这个集体随着成员的增加，集体的历史不断得到重新书写，而集体的身份也不断得到重新建构。

叙述者不仅代表鲁比镇向我们讲述了他们的故事，同时还为我们讲述了另一个集体——女修道院的故事。女修道院与鲁比镇一样都是一个与世隔绝的地方。然而不一样的是，女修道院并不是一个自我隔离的集体，“她们被孤立最主要是因为父权制的鲁比镇把她们看作是威胁，将

---

① 托妮·莫里森：《天堂》，第 99 页。

② 同上条文献，第 191 页。

其隔离开来”[①]。然而它的大门永远是对外敞开的，女修道院随着成员的变化和增加，一直处在不断的建构中，其身份也在不断地变化。女修道院原本是一所贪官的住宅，后来变成了一所天主教学校，学校结束后，只剩下康妮（Connie）和她的养母住在这里。随着不同成员到来，这个集体变得越来越大，而这些不同的成员也同时带来了自己不同的历史。同时她们聚在一起又创造了新的历史，从而创造出了不同的集体，一个兼容各种声音、各种利益和观点的集体。

首先从女修道院的构成来看：女修道院与鲁比镇不同，它是一个由不同种族、阶级、年龄等构成的混合体。她们的成员包括白人、黑人、混血。她们也来自不同阶级，有来自富裕家庭的帕拉斯，也有来自社会最底层的塞尼卡，同时在她们中间甚至还有像格蕾丝这样的同性恋者。除此之外，这些来自不同背景、不同年龄的女性之间也充满了矛盾。相对保守的梅维丝和相对开放的格蕾丝之间自第一次见面就因性格各异而互生嫌隙，甚至后来还大打出手；但是这个集体却包容每个人的不同，让她们住下来后就舍不得离开。不仅如此，修道院的大门还向鲁比镇敞开：在鲁比镇的居民遇到困难时，她们总是敞开大门为他们提供避风港湾。她们接待过醉酒的米努斯，照顾过受伤的比莉，看护过因照顾孩子而心力交瘁的斯维蒂和未婚先孕的阿涅特。在这些人最脆弱的时候，是女修道院为他们提供了休憩的空间，让他们度过生命中最艰难的时刻。可见，作为一个集体的女修道院包容集体的每一个成员，同时敞开大门欢迎不同的成员加入。在这样一个兼容的集体中，每个成员的声音和历史都得到尊重，而这些成员又为这个集体加入新的历史，让这个集体永远处于一个不断建构的过程，永远充满了生命力。

小说一共有九章，其中有五章是以女修道院的五个成员来命名的。在这五章中，叙述者一方面从这五个女性的视角讲述了她们在来到修道院之前的历史，另一方面也讲述了她们加入修道院后的故事。这样一来，修道院作为一个集体，不仅容纳了每一个个体的故事，同时每一个

① Magali Cornier Michael. “Re-Imagining Agency: Toni Morrison’s *Paradise*.” p.652.

个体的历史又丰富并重新建构了修道院的历史。她们最终又聚在一起，一起创造了女修道院新的历史。随着新成员的增加，修道院的历史一遍遍地被重新书写和定义。从小说的结构来看，小说的第二章、第三章、第四章、第五章和第七章分别以女修道院的五位女性命名。在这五章里，叙述者不仅从这五位女性的视角分别讲述了她们的故事，同时在每一章里穿插了鲁比镇和女修道院的故事。这样一来，每一个新成员到来，无论是对鲁比镇还是对女修道院都产生了影响，因为她们带来了新的历史。小说的第七章是以第一个住在修道院的女主人康妮为主要中心人物来展开故事。故事叙述到这里，女修道院的人物已经一一在小说中登场，她们开始有了共同的记忆、共同的历史。“集体是由个体之间相互互动并在共同历史的基础上建立的。集体的历史是由个人为集体带来的共同记忆而构成的。”①在这一章，叙述者首先从康妮的视角简述了女修道院的成员及她们的生活，这是属于她们共同的记忆。“她们是在过去的八年中陆续到来的。第一个来的梅维丝是在母亲长期卧病期间；第二个来的在梅维丝的母亲刚死之后。然后又来了两个。这两个都是请求逗留几天，但实际上再也没走。”②叙述者用短短几句话就交代了女修道院构成的历史。随后叙述者又从康妮的视角讲述了康妮自己的故事，主要涉及她与鲁比镇上的第肯·摩根的一段婚外情，同时也从自己的视角回忆了发生在鲁比镇和女修道院的故事。也就是在同一章，叙述者在讲述完康妮的故事后，又将视角转向修道院的每一个成员，从她们的视角讲述了她们来到修道院后经历的或是前面还没有来得及交代的部分故事。这样一来，在这一章中，读者听到的不仅是康妮单个人的故事，还有女修道院集体的故事。在这章的最后，康妮还将女修道院的成员们全部聚集在一起，让她们讲述自己的故事，并彼此分享对方的故事，让个人的记忆和历史融入集体的记忆中。这样一来，由于不同成员的加入，她们带来了不同的历史，并与集体的各个成员创造了新的历史，女修道院作为一个集体因此

① Ana Maria Fraile-Marcos. “Hybridizing the ‘City upon a Hill’ in Toni Morrison’s *Paradise.*” *MELUS: The Journal of the Society for the Study of the Multi-Ethnic Literature of the United States* 28.4 (2003), p.15.

② 托妮·莫里森:《天堂》，第 217-218 页。

有了集体新的记忆、新的历史，从而有了新的身份。

女修道院完全不同的生活理念及模式对鲁比镇的父权制造成了威胁。正如鲁比镇的男人所担心的“她们不需要男人，也不需要上帝”，他们容不下这样的集体存在。①小说的结尾，鲁比镇的男人们偷袭了手无寸铁的女修道院，残杀了女修道院的所有成员。值得注意的是，叙述者在这里对该事件进行了重复叙述，从而让读者可以从不同的视角来了解这个故事。小说的开篇就是以鲁比镇的男人们偷袭女修道院开始。在第一章，叙述者主要是从袭击者的视角来叙述这个故事，因此在阅读小说第一章时，读者主要通过鲁比镇的男人们的视角来看这个故事。为了给自己的袭击找到一个正当理由，鲁比镇男人眼中的女修道院的女人们都是巫婆，是她们给鲁比镇带来了不良的影响，女修道院的女人们成了鲁比镇走向衰落的替罪羊。因此从第一章来看，读者通过鲁比镇男性的视角看到的是一场正义之战，一帮正义凌然的男人为保护家园而去消灭一群怪异的巫婆的正义战争。然而在小说的结尾，叙述者又从娄恩的视角及自己的视角重新叙述了这次偷袭。事实上，参加这次屠杀任务的每一个鲁比镇男人都各怀鬼胎，但都想除去这些女修道院的女人们。例如，K. D.因为格蕾丝的拒绝一直怀恨在心，萨金特（Sargeant）试图强迫康妮将女修道院的土地贱价卖给他；而摩根兄弟一方面是想掩饰康妮与第肯曾经的婚外情丑闻，另一方面也想保持他们对镇子的控制。其他人也各有各的私心，试图将女修道院当作他们失败或不幸的替罪羊。因此在叙述者的重复叙述下，读者对小说的理解也不是固定不变的，而是不断被建构的，因为我们看到了对同一事件的不同阐释。屠杀事件发生以后，鲁比镇发生了巨大的变化。女修道院的女性们就如基督一样，用自己的死亡唤醒了鲁比镇的人民。自此，在鲁比镇不再只有一种声音。关于这场战争发生的原因，官方说法就有两种，而鲁比镇上的居民都各有各的看法。同时，摩根兄弟这对曾经一直保持一致意见的官方代表也决裂。从此，鲁比镇不再是一个声音做主，而是开始听到各种不同的声音。

---

① 托妮·莫里森：《天堂》，第 270 页。

代表进步思想的米斯纳神父也决定留下来，因为他看到了希望。小说的结尾虽然是一个集体消灭了另一个集体，但是我们却看到鲁比的变化。它开始学会容纳不同的声音和不同的历史。我们可以预想随着对不同的声音和不同历史的容纳，鲁比将慢慢敞开自己的大门，容纳更多的成员，从而让他们长期处于静止状态的集体重新获得生命，得到进一步的发展。随着历史不断发展，他们的集体也像女修道院一样不断得到重新建构。

莫里森在《天堂》中为我们呈现了一个不一样的集体建构。在小说中，代表集体的叙述者为读者讲述了一个处于不断建构过程的集体故事。小说的叙述者聚焦于集体中的每一个成员，首先讲述了每个成员的个人故事，随着这些成员走入同一个集体，叙述者又向读者讲述她们所组成的集体的故事。由于集体成员的更新，集体不断融入新的思想，创造出新的历史，从而集体就不断得到重新建构，集体的身份也不断得到重新定义。不仅如此，由于叙述者将不同的观念展现在读者面前，读者对集体的观念也随着叙述的发展不断被重新建构。与内勒和艾丽斯·沃克类似，莫里森同样强调了集体的兼容性；但与内勒和艾丽斯·沃克不同的是，莫里森更注重集体的动态发展，更重视集体不断建构的过程。

第四节　小　　结

本章主要讨论了黑人女性书写的集体故事。在这个时期，黑人女性采用了各种不同的声音来讲述不同的故事。她们不仅讲述自己的故事，也从自己的视角重新阐释历史，讲述集体的故事，从而建立集体声音的权威。《布鲁斯特街的女人们》和《天堂》中的叙述者代表某个集体讲述了这个集体的故事。叙述者聚焦于集体中的视角人物，在讲述其个人故事的同时，又将其汇聚成为具有代表性的群体故事。在《布鲁斯特街的男人们》中，集体的成员轮流用自己的声音讲述了他们的故事。《殿堂》中的叙述者将小说中的人物转化为次一级的叙述者，通过书信、日记和口头叙述等方式，让人物叙述者轮流讲述故事。而第三人称叙述者又将这些故事有效地组织成为集体的故事。三位小说家均关注集体的建构，然而她们采取了不同的叙述策略，表达了自己对集体的不同看法。

内勒自第一本小说《布鲁斯特街的女人们》开始就非常关注黑人群体，特别是黑人女性群体。她前四部小说主要关注黑人女性群体的故事，每一部小说都向读者展示了一个黑人女性的集体，在这个集体里，黑人女性相互支持，相互帮助。《布鲁斯特街的男人们》的出版，标志着内勒不再只关注女性，而是发展到关注整个黑人群体，因为在内勒看来，黑人男性和黑人女性属于同一个集体。黑人女性的故事只是黑人群体故事的其中一部分，只有将黑人女性和黑人男性的故事结合起来，我们才能获得相对完整的非裔民族的集体故事。

与内勒不同，艾丽斯·沃克所关注的集体是整个世界。这与她所推崇的泛宇宙论及其妇女主义思想是分不开的。在艾丽斯·沃克看来，整个世界就是一个集体，人与人之间不分国界、不分种族、不分性别都是属于同一个集体，艾丽斯·沃克自《紫色》开始，她所关注的集体就不再局限于美国本土。在小说《紫色》中，艾丽斯·沃克所关注的集体涉及美国与非洲。《殿堂》虽然重点书写美国、欧洲与非洲，但是我们在小说中几乎看到了整个世界。在她的小说《拥有快乐的秘密》（*Possessing the Secret of Joy*）中，艾丽斯·沃克书写的故事也是在美国与非洲展开。因此，在艾丽斯·沃克看来，人与人之间无论种族、性别和阶级都需要和谐相处，同时人类与大自然的各种生物之间也应该建立一种和谐的生态关系，因为人类与其他生物一样都是世界这个整体的一部分，整个世界就是一个集体。

与内勒和艾丽斯·沃克不同，莫里森的集体处在一个不断建构的过程中，自其第一本小说《最蓝的眼睛》开始，莫里森就在不断建构自己的集体。在《最蓝的眼睛》和《秀拉》中集体只是作为小说主角所生存的背景出现。《所罗门之歌》和《宠儿》中的集体慢慢从背景走到前景，并对建构小说的主角身份起到了积极作用。直到《天堂》，莫里森的集体最终成了被书写的主角，《天堂》中的集体处在不断被建构的过程中。随着集体成员的增加，集体的历史不断得到重新阐释；随着新历史不断加入，整个集体的身份也不断被重新建构。这样一来，集体的建构永远不会停止，因为新的成员会不断加入，新的历史也会不断被书写。因此与前两个作家不同，莫里森虽然主要书写美国这个大集体，但是她更加关注的是集体的建构过程。她的集体是动态的，永远处于不断被建构的过程中。

虽然三个作家对集体的解读和书写方式各有不同，但是她们也有共同点。三位作家都很关注“声音”问题，她们用群体的声音讲述群体的故事。同时虽然她们对群体的关注点不同，但她们都赞成群体的兼容性。在内勒的黑人群体中，男性与女性不仅要讲述自己的故事，还要彼此倾听并了解对方的故事，才能够获得相对完整的故事。在艾丽斯·沃克的集体中，世间万物都应该被包含到同一个整体中；而莫里森的集体则处于不断的建构中，兼容不同的成员、不同的历史、不同的故事。可见，黑人女性作家之间形成相互关照，构建了一个黑人女性的作家群。她们用自己的声音叙述集体的故事，建构了自己声音的权威。这个黑人女性作家群也是一个极富包容性的集体。她们的创作不仅继承了非裔民族传统，代表着美国民族文化，更是世界文化中不可或缺的部分。

结　　语

与美国其他移民不同，早期的非裔先祖带着镣铐踏上了美国这片土地。从他们踏上这片土地的第一天起，他们就被看作低劣的民族。这种独一无二的经历使非裔美国文学与主流文学及美国其他少数族裔文学有根本不同。非裔美国文学从诞生之日起就肩负着族裔兴亡的使命，它被当作美国黑人证明自己的人性、争取自身自由、独立和公平权利的武器，如西尔维斯特·沃特金斯（Sylvestre C. Watkins）所说："黑人历史和非裔美国文学一直息息相关。在他们为争取更好生活的斗争中，黑人不得不使自己的文学具有强烈的目的性。"①因此大多数非裔美国作家都试图通过文学来实现其政治目的，通过讲述真实的历史，在白人世界的夹缝中构建黑人世界，从而恢复黑人在世界历史中的地位。我们甚至可以说整部非裔美国文学史就是对黑人性和黑人经历的书写。

"任何一个能创造出伟大文学和艺术的民族都不可能被看作是低劣的民族。"②由于其特殊的经历，非裔美国文学从早期的奴隶叙事开始就试图在美国历史的边缘为自己建造一个叙述空间，讲述其真实的历史与故事，从而实现其意识形态的政治目的。非裔美国文学在试图瓦解传统权威的同时，建构属于自己的声音权威。因此，在众多的文学形式中，本书选择了长篇小说作为研究对象，试图讨论黑人女性小说是采取什么样的策略来实现自己声音的权威。长期以来黑人男性作家都是非裔美国文学不可置疑的代表，黑人男性曾经一度是非裔美国文学无可争议的代言人。然而 20 世纪见证了非裔美国女性文学的繁荣与发展。在 20

---

① Henry Louis Gates, Jr., and Nellie Mckay, eds. "Preface." *The Norton Anthology of African American Literature*. p.45.

② 同上条文献，第 35 页。

世纪哈莱姆文艺复兴时期，非裔美国女性文学开始崭露头角。20 世纪五六十年代，随着外部政治、经济与文化教育的变化，非裔美国女性文学得到了进一步发展。70年代以来，非裔美国女性文学赶超男性，取得了巨大成就。黑人女性无论在黑人世界还是白人世界里，那种既边缘又中心的地位使她们拥有一种特殊的经历，更有一种崭新的视角。她们从边缘审视中心，又从中心关照边缘，用一种全新的声音讲述美国历史，从而恢复非裔美国人民在美国历史中的地位。黑人女性用自己的小说为非裔美国人建造了一个黑色的可能世界。她们一方面将现实世界的经验编码，写进小说，为大家构筑了一个可以模拟的虚构世界；另一方面又通过对虚构世界的探讨来影响、改变现实世界，而她们要实现用文学影响并改变现实世界的目的，则需要建立自己声音的权威，这种声音的权威不仅具有知识性和审美价值，更重要的是能够实现其意识形态有效性。而要实现这种目的，则是要生产出符合自己利益的意义，将自己的意义和利益合法化，从而让自己的声音不仅被听见还要发挥其权威。

本书以黑人女性长篇小说为研究对象，试图探讨在具体社会历史语境下，黑人女性小说家怎样采取了有效的叙述策略，通过不同的叙述交流模式，生产出符合自己利益的文本意义，并将文本意义有效地传达到读者，从而实现其声音的权威。作者和读者的意识，文本的意义都会受到构成社会规约的各种权力关系的影响，不同社会历史条件会影响作者的创作和读者的接受。每位发表小说的作家都希望自己的作品对读者产生影响，都想在一定范围内对那些被作品争取过来的读者群体产生权威。然而，在西方文学传统中，话语权威大都自然归属于主导意识形态中受过教育的白人男性，非主流的作家不得不与这一主导社会权力保持微妙的平衡，对主导的写作策略、技巧及方式等或吸纳挪用，或拒斥颠覆以建构自己的话语权威。①

从哈莱姆文艺复兴到 20 世纪 60 年代，非裔美国女性文学逐渐兴起，并得到发展。由于受到政治、经济和教育等方面的限制，黑人女性无法有效地参与社会话语权威建构的进程。无论是在哈莱姆文艺复

① 参考苏珊·兰瑟：《虚构的权威：女性作家与叙述声音》，第 3-26 页。

兴，还是黑人抗议文学或是民权运动中，主导话语权都属于男性。因此，在这个时期，黑人女性的主要任务是要争取和男性相同的发声机会。为了实现这一目的，她们不仅要向大众证明其声音的巨大力量，同时还要同一切阻碍自己发出声音的力量做斗争。然而在当时的社会历史语境下，由于话语权威大都归属于受过教育的白人男性，为了让自己的写作更接近读者的阅读期待，以获得更多肯定，她们只能采取特殊的叙述策略，借用能够被主导意识形态接受的叙述策略及技巧，以争取自己发出声音的权利。在这个时期，黑人女性几乎毫无例外地采用了作者型叙述交流模式。该模式中的叙述者本身具备结构上的优势，具有超越具体人物的优先地位。一方面，“他不受视角限制，拥有发挥知识和判断的宽广余地”①。另一方面，由于叙述者的性别没有被标出，女性可以在性别面具的掩护下，采用最接近男性权威的声音偷偷参与社会话语权威建构。因此在这个时期，几乎所有的黑人女性都地戴着某种面具在讲述故事。

在《他们眼望上苍》中，赫斯顿用珍妮作为人物叙述者，为读者构筑了一个黑人女性的私下叙述，让一个黑人女性对另一个黑人女性讲述她的个人故事。在这个被认为不具威胁性的模式下，赫斯顿用另外一个更具权威的作者型叙述声音向读者大众讲述黑人女性的故事，证明了黑人女性声音的力量，并争取将信息传递给更多的读者。表面上，珍妮的成长依靠身边的男性，但实际上她生命中每一次重要的转折都是以男性的缺场为标志。在《褐姑娘、褐砖房》中，马歇尔同样采用了无性别标志的作者型叙述交流模式，这位性别模糊的叙述者利用女性的私下空间——厨房作为掩护，向读者讲述了一个女性参与社会话语权威建构、争夺话语权力的故事。在厨房这个被认为是女性讨论琐碎家事的私下空间，叙述者让女性对政治、经济、战争、宗教等天下大事发表自己的独特见解，她们在这里筹谋大事，最终从男性手中夺过声音的权力。在《所罗门之歌》中，莫里森同样是让叙述者戴上这个性别面具为读者讲述了一个看似以男性成长为中心的故事，而实际上，该叙述者却在这个面具下恢复了女性在历史中的地

① 苏珊·兰瑟：《虚构的权威：女性作家与叙述声音》，第 21 页。

位。黑人女性是家族历史的传递者，她们从自己的视角重新定义了男性，将家族历史传递给下一代，并开创新的历史。

除了以上几位主要讨论的作家及作品以外，在 20 世纪 70 年代以前，初露头角的黑人女性作家的代表作品几乎毫无例外地采用了这种无性别标志的叙述模式。内拉·拉森在她的代表作《流沙》（*Quicksand*）中讲述了女主人公赫尔加·克兰（Helga Crane）的成长故事。作为一个黑人女性，赫尔加游走于欧洲、美国，接触黑人群体、白人群体，但是却无法得到任何群体的认同；佩特里的代表作《大街》同样以相似的叙述声音为读者讲述主人公卢蒂·约翰逊（Lutie Johnson）的故事。她在这个处处充满危机的社会拼命地想要证明自己，但却一次又一次落入男性的圈套。最终在绝望之中，她杀死了本以为可以帮助自己却最终伤害自己的布茨·史密斯（Boots Smith），从而再次踏上一个新的逃亡征程。20 世纪 60 年代末，玛格丽特·沃克在其小说《禧年》（*Jubilee*）中用作者型叙述声音讲述了女主人公薇瑞（Vyry）的故事。小说女主人公开始寄希望于黑人男性和开明的白人获得自由。后来她不仅成了自己生命的主宰，还肩负起了撑起整个家的重任。作者实际上是将非裔美国历史投射到女主人公身上，从一个新的视角讲述了美国的历史。可见在这个时期，由于各种主观和客观因素，黑人女性采用了作者型叙述交流模式来传递自己的信息，在男性权威面具的掩护下，偷偷参与社会话语权威建构。随着 20 世纪 70 年代的到来，当各方因素皆成熟时，黑人女性可以摘下这一面具，用自己黑人女性的声音讲述自己的故事。

自 20 世纪 60 年代末，特别是 70 年代以来，黑人女性作家走到了美国文学的中心。由于美国政府种族政策的改善，再加上黑人民众的不懈斗争，非裔美国人民在政治、经济及文化教育方面都取得了较大进步。黑人女性在民权运动和女权运动中逐渐成长起来。到了 20 世纪七八十年代黑人女性作家已经成为美国文坛的一支生力军，占据了无可取代的地位。同时由于社会历史语境的变化，随着黑人女性参与社会话语权威建构步伐加快，她们的读者群也发生了巨大变化。黑人女性拥有了更多理想读者，并有能力争取更多读者。在这样的情况下，黑人女性小说家改变了叙述策略。在这个时期，她们不仅继续通过作者型叙述交流模式获得了声音的权威，同时还开始采用个人型叙述交流模式及集体型叙述交流模式并取得了个人声音和集体声音的权威。

黑人女性的个人型叙述声音在 18 世纪、19 世纪的奴隶叙事中早已出现，但是这两个文类中的黑人女性声音又有质的不同。首先，由于黑人女性所处的边缘地位，在美国南北战争前非裔美国文学虽然生产了大量的奴隶叙事，但黑人女奴的作品不到 12%，而 20 世纪 70 年代的黑人女性在非裔美国文学中的成就已经远超黑人男性。另外，奴隶叙事的作者是应废奴主义者的要求才采用第一人称叙事，因为用第一人称讲述自己经历的故事，更能做到以情动人，这样可以呼吁更多的人支持废奴运动。其次，奴隶叙事的作者所讲述的故事大都只能与奴隶制有关，揭露奴隶制的罪恶，同样也起到呼吁大家支持废奴运动的作用。20 世纪 70 年代的黑人女性作家则不同，她们在小说中采用个人型叙述交流模式是自我的主动选择，因为各方面条件在此时已经成熟，她们已经准备好用自己的声音讲述自己的故事。她们个人型声音的权威来之不易，比欧洲受过教育的白人女性整整晚了大概一个世纪，而比黑人男性也晚了近半个世纪。个人型叙述交流模式中的叙述者性别身份被明显标出为女性，因此黑人女性很难在 20 世纪 70 年代以前采用这种叙述模式来参与社会话语权威建构。因为根据人们的阅读期待，黑人女性在此之前被认为是不具备西方受过教育的男性的知识水平，因此她们的权威是受到质疑的。而 20 世纪 70 年代以后，随着政治、经济及文化教育的变化，黑人女性的知识权威逐渐得到肯定，她们建立了用自己的声音讲述自己故事的信心。同时由于读者群的变化，黑人女性也拥有了更多愿意相信她们并听她们讲述故事的读者。在这样的情况下，黑人女性开始大胆用自己的声音讲述自己的故事，用黑人女性自己的声音参与社会话语权威建构，让自己名正言顺地赢得声音权威的斗争。

在 20 世纪 70 年代初期，琼斯在《柯瑞格多拉》中采用了大量对话，戏剧性地展现了黑人女性个人型声音的权威。小说由大量的直接引语构成，淡化了读者对叙述者身份的关注，从而琼斯成功地用第一人称叙述向读者呈现了相对客观的事实。到了 20 世纪 80 年代，艾丽斯·沃克在《紫色》中完全掌握了黑人女性声音的自主权。整部小说用书信体的形式，让黑人女性完全掌控了叙述的自主权，将其他所有声音都完全含纳在自己的声音内。20 世纪 80 年代后期，随着个人型叙述声音的发展，威廉姆斯在《戴莎·罗丝》中进一步建构了黑人女性公开声音的权威。威廉姆斯巧妙地将作者型的声音与个人型的声音结合在一起，让主人公戴莎通过公开的叙述竞争，证明自己声音的力量，并用自己的声音讲述自己的故事从而建构了黑人女性声音的权威。以上三位作家都用自己的方式克服了个人型叙述模式可能对黑人女性建构声音权威所造成的困难，避免了个人型叙述声音结构上的缺陷，用自己独特的方式建构了黑人女性个人型声音的权威。

20 世纪 70 年代以来，黑人女性除了关注个人的声音和经历外，她们也开始关注群体的发展。特别是 20 世纪 80 年代以来，随着美国国内的种族、性别矛盾又一次激化，黑人女性开始关注黑人群体与白人群体的关系，黑人群体内部的关系及世界这个大集体的发展。由于黑人女性作家群的逐渐形成，她们渐渐能够呼出黑人女性集体的声音，她们用集体声音建构了各种不同的群体，探讨各个不同的群体之间的关系。内勒、莫里森和艾丽斯·沃克被称为当代非裔美国女性文学中的圣三一。在 20 世纪八九十年代，她们在作品中将集体作为书写的主角推到前台，集体不再只是构成主人公的生活背景，而是成了小说故事的主体。在内勒的《布鲁斯特街的女人们》和莫里森的《天堂》中，叙述者代表某个集体发出了集体的声音。在内勒的《布鲁斯特街的男人们》和艾丽斯·沃克的《殿堂》中，各个主人公轮流发声，将个人声音汇集成了集体声音。对于集体的书写，她们分别有自己不同的书写对象，有自己独特的叙述策略。内勒主要关注黑人群体，她在自己的两部姊妹篇中分别塑造了黑人女性群体和黑人男性群体，并诱导读者将两部作品进行合一阅读，最终与读者一起构建了一个完整的黑人群体；艾丽斯·沃克在《殿堂》中将整个世界压缩成一个集体，其中包含了不同种族、性别和阶级的成员，甚至连动物、植物等其他物种也被纳入了这个集体；而莫里森的《天堂》更多的是关注社会群体的构建过程，强调任何群体都是处在不断建构的过程中。可见，对于这三个作家来说，群体应该是和谐兼容的。事实上，集体的和谐兼容就意味着集体会处于不断建构中。一个和谐兼容的集体欢迎并包容不同的成员、不同的声音。而新的成员和新的声音又会为集体带来新的历史，并进一步创造新的历史。这样一来，随着历史不断被创造，集体的身份也会不断获得新的定义。

从 20 世纪哈莱姆文艺复兴到 90 年代，黑人女性在不同的社会历史语境下自主采取了有效的叙述策略，通过叙述为自己在男性主宰的父权制社会中赢得了声音权力。黑人女性不仅可以像黑人男性和白人女性一样发出自己的声音，同时她们自己的声音也能够对听众产生权威。她们用自己的声音重新叙述了新的历史，建构了自己的理想世界。在这一过程中，黑人女性既能够获得各自所处的时代和环境的认可，又能灵活采用自己独特的方式和技巧积极参与社会话语权威建构，最终构建了属于她们自己的叙述空间，获得了其声音的权威。

主要参考文献

艾布拉姆斯. 镜与灯：浪漫主义文论及批评传统. 郦稚牛、张照进、童庆生译. 北京：北京大学出版社，2004.

巴尔. 叙述学：叙事理论导论. 谭君强译. 北京：中国社会科学出版社，2003.

巴赫金. 陀思妥耶夫斯基诗学问题. 刘虎译. 北京：中央编译出版社，2010.

巴赫金. 小说理论. 白春仁、晓河译. 石家庄：河北教育出版社，1998.

包丽丽. 冲破囚笼的歌——评《我知道笼中鸟为何歌唱》. 当代外国文学，2006（4）：90-95.

北冈诚司. 巴赫金：对话与狂欢. 魏炫译. 石家庄：河北教育出版社，2001.

北塔. 身份意识：由单一性到多样化——论休斯之后美国黑人诗人身份嬗变. 外国文学，2008（6）：60-66.

比弗斯. 麦克斐逊与莫里森小说的后现代豪语、误读与反讽. 外国文学研究，2006（5）：13-21.

布斯. 小说修辞学. 付礼军译. 广西：广西人民出版社，1987.

曹威. 给黑色亚当命名——托妮·莫里森喜爱说中黑人男权批判意识流变. 外语学刊，2009（2）：138-142.

陈法春.《乐园》对美国主流社会种族主义的讽刺性模仿. 国外文学，2004（3）：76-81.

陈法春. 于迂回中言“惨不堪言”之事——《娇女》叙述手法的心理意义. 国外文学，2000（3）：79-84.

陈光明.《她们的眼睛望着上苍》：一部反映性别歧视的黑人小说. 外国文学，1997（6）：57-61.

陈光明. 佐拉·尼尔·赫斯顿生平与创作述评. 外国文学，1997（6）：41-43.

陈光兴.《他们眼望上苍》的民间狂欢节因素探讨. 外国文学研究，2005（4）：

32-38.

陈光兴.“真实”的谎言——从《抹除》看美国族裔文学的困境.外国文学评论，2010（2）：180-190.

陈华.美国文学中的混血人形象评述.外国文学研究，2000（4）：128-133.

陈清芳.研究美国非裔美国文学的重要参考书——评吉尔亚德·沃迪的《美国非裔美国文学》.外国文学研究，2008（4）：171-173.

陈晓.狂欢、反叛的复调——也谈《紫色》的魅力.外国文学，1999（4）：83-86.

程锡麟.赫斯顿研究.上海：上海外语教育出版社，2005.

程锡麟.历史、空白、虚构——评《道路上的尘迹》.外国文学，2004（4）：92-96.

程锡麟.《他们的眼睛望着上帝》的叙事策略.外国文学评论，2001（2）：67-74.

丁文.奏响生命的新乐章——读艾丽斯·沃克的《紫色》.国外文学，1997（4）：55-59.

董小英.再登巴比塔：巴赫金与对话理论.北京：生活·读书·新知三联书店，1994.

都岚岚.空间策略与文化身份：从后殖民视角解读《柏油娃娃》.外国文学研究，2008（6）：76-82.

杜维.呐喊，来自 124 号房屋——《彼拉维德》叙事话语初探.外国文学评论，1998（1）：65-69.

杜业艳.影响抑或互文性？——《紫颜色》和《他们眼望上苍》评析.淮海工学院学报，2010（7）：50-53.

杜至卿.托妮·莫里森研究在中国.当代外国文学，2007（4）：122-129.

杜至卿.《秀拉》的后现代叙事特征探析.外国文学，2004（5）：80-86.

杜至卿.《秀拉》的死亡主题.外国文学评论，2003（3）：34-43.

杜志卿、张燕.《秀拉》：一种神话原型的解读.当代外国文学，2004（2）：80-88.

范革新.又一次“黑色的”浪潮——托妮·莫里森、艾丽斯·沃克及作品初探.外国文学评论，1995（3）：69-74.

方红.不和谐中的和谐——论小说《爵士乐》中的艺术特色.外国文学评论，1995（4）：14-20.

方红.重新界定与梳理美国非裔美国文学：《剑桥美国非裔美国文学史》主编杰瑞·沃德教授访谈.外国文学研究，2010（5）：1-5.

方钰. 伊格尔顿意识形态理论探要. 重庆：重庆出版社，2008.
费伦. 作为修辞的叙事：技巧、读者、伦理、意识形态. 陈永国译. 北京：北京大学出版社，2002.
费斯克. 英国文化研究与电视//重组话语频道：电视与当代批评理论. 罗波特・艾伦编，牟岭译. 北京：北京大学出版社，2008：263-305.
弗里丹. 女性的奥秘. 程锡麟、朱徽、王晓路译. 哈尔滨：北方文艺出版社，1999 年.
傅婵妮. 文化创伤的言说与愈合——解读盖尔・琼斯的小说《科里基多拉》. 安徽文学（下半月），2009（7）：158-159.
盖茨. 有色人民回忆录. 王家湘译. 北京：北京大学出版社，2010.
宫玉波、粱亚平. 殉难・复仇・融合——试评美国文学中黑人形象的嬗变. 外国文学研究，2003（5）：158-161.
谷红丽.《永远的约翰尼》的叙事策略. 当代外国文学，2008（3）：112-117.
关立凤. 格罗丽亚・奈勒四部曲中的黑人女性主义. 河北师范大学硕士学位论文，2011.
郭鑫. 非裔美国文学中的“母女”：赫斯顿与沃克. 黑龙江大学硕士学位论文，2007.
哈珀. 迁延的终结：梦在兰斯顿・休斯 20 世纪 60 年代诗歌中的使用（英文）. 外国文学研究，2008（2）：12-20.
韩鑫鑫. 托尼・莫里森作品的女性主义解读——以《秀拉》中的女主人公角色为例. 海外英语，2017（16）：191-192.
赫斯顿. 他们眼望上苍. 王家湘译. 北京：北京十月文艺出版社，2000.
洪增流、姚学丽. 为分裂的灵魂找到属于自己的位置——析托尼・莫里森小说中的黑人宗教思想. 国外文学，2008（1）：90-96.
胡俊.《褐姑娘、褐砖房》中开放的场所精神. 外国文学评论，2017（2）：205-219.
胡俊. 托妮・莫里森小说中的姐妹情谊. 当代外国文学，2007（3）：74-79.
胡俊.《一点慈悲》关于“家”的建构. 外国文学评论，2010（3）：200-210.
胡蕾、宋文. 多元文化下的多重声音——全国美国文学研究会“美国少数族裔文学”研讨会侧记. 外国文学研究，2003（6）：161-162.
胡丽霞. 美国少数民族属性重构与女性身份认同——从新历史主义视角解读艾丽斯·沃克的《紫色》. 贵州民族研究，2016（2）：104-107.
胡妮. 托妮・莫里森小说的空间叙事. 上海外国语大学博士学位论文，2010.

胡铁生. 社会存在与心理动机——论《土生子》别格的人格裂变. 外国文学研究，1997（4）：64-67.

胡文征. 另一个托妮·莫里森？外国文学评论，1997（3）：65-68.

华盛顿. 劳依德·布朗：划燃火柴伸向油桶. 外国文学研究，2007（4）：7-22.

黄晖. 20 世纪美国非裔美国文学批评理论. 外国文学研究，2002（3）：22-27.

黄卫峰. 美国黑人小说研究的里程碑——评《20 世纪美国黑人小说史》. 外国文学，2007（2）：115-120.

稽敏.《娇女》的“召唤—回应模式”及其黑人美学思想. 外国文学研究，2008（4）：90-97.

稽敏. 论 19 世纪美国黑人女性书写的社会性和政治性. 外国文学研究，2004（3）：48-53.

稽敏. 美国黑人女权主义批评概观. 外国文学研究，2000（4）：59-63.

焦小婷. 多元的梦想. 河南大学博士学位论文，2006.

荆兴梅. 托妮·莫里森作品的后现代历史书写. 上海外国语大学博士学位论文，2012.

柯里. 后现代叙事理论. 宁一中译. 北京：北京大学出版社，2003.

兰瑟. 虚构的权威. 黄必康译. 北京：北京大学出版社，2002.

李宏洪. 奶娃能飞多高——解读托妮·莫里森《所罗门之歌》中的飞翔主题. 国外文学，2008（4）：73-79.

李鸿雁. 为詹姆斯·鲍德温辩护——解读埃尔德里奇·克里弗的《冰上魂》. 当代外国文学，2006（3）：44-50.

李美芹.《天堂》里的“战争”——对莫里森小说《天堂》两个书名的思考. 外国文学研究，2009（1）：104-109.

李美芹.“伊甸园”中的“柏油娃娃”——柏油孩中的层叠叙事原型分析. 外国文学评论，2007（1）：77-84.

李美芹. 在精神荒野中重建精神家园：论黑人音乐对托妮·莫里森小说的影响. 山东大学博士学位论文，2008.

李敏. 葆拉·马歇尔《寡妇颂歌》与“单一神话”母题. 山东社会科学，2012（12）：59-62.

李敏. 从葆拉·马歇尔《寡妇颂歌》中的民俗事象说起. 山东社会科学，2011（12）：164-168.

李敏. “新时代运动”背景下的美国黑人女性灵性书写——以《寡妇颂歌》和《布鲁斯特街的女人们》为例. 东岳论丛，2016，37（4）：133-138.

李苏. 格洛丽亚·内勒的布鲁斯特街小说中黑人的困境与生存. 四川师范大学硕士学位论文，2011.

李喜芬. 重构黑人女性的自我——解读莫里森小说《宣叙》的叙事奥秘. 外国文学，2005（1）：96-99.

李杨. 伊什米尔·瑞德的“女性仇视”症及美国黑人的性别纷争. 当代外国文学，2006（3）：77-81.

李怡. 从《土生子》的命名符号看赖特对 WASP 文化的解构. 外国文学研究，2007（2）：88-95.

李瑛. 黑人熟悉的河流. 国外文学，2004（3）：24-26.

林文静. 姐妹情谊：一个被延缓的梦——解读格洛丽亚·内勒小说《布鲁斯特街的女人们》. 北京第二外国语学院学报，2008（10）：29-34.

林文静. 玛利亚、夏娃故事的重写——格洛丽亚·内勒小说《贝利的小餐馆》的女性主义解读. 北京第二外国语学院学报，2010（10）：48-55.

林意新、周海霞. 托妮·莫里森小说中的哥特元素探析. 学术论坛，2012（11）：206-209.

林元富. 美国后现代的一头黑牛——伊斯米尔·里德其人其作. 外国文学，2004（6）：3-5.

凌建娥. 漂泊的世系 不变的枷锁——书写黑人女性命运的《凯恩河》. 当代外国文学，2004（2）：53-59.

刘风山. 奥古斯特·威尔逊与他的非洲中心美学. 外国文学，2008（2）：51-59.

刘戈. 革命的牵牛花：艾丽斯·沃克研究. 北京：高等教育出版社，2007.

刘惠玲. 国内托妮·莫里森《秀拉》文学批评和接受的特点及成因研究. 外国文学研究，2009（3）：52-57.

刘炅.《所罗门之歌》歌声的分裂. 外国文学评论，2004（3）：91-98.

刘世生、朱瑞青. 文体学概论. 北京：北京大学出版社，2006.

刘喜波. 成长小说的典范：《棕色姑娘，棕色砖房》的体裁分析. 东北师范大学硕士学位论文，2006.

刘英. 赫斯顿与沃克：美国黑人女性文学史上的一对“母”与“女”——兼谈美国

女性文学传统的建构、继承与发展. 四川外语学院学报，2002（2）：18-20.
卢特. 小说与电影中的叙事. 徐强译. 北京：北京大学出版社，2011.
鲁特尼克. 动物的解放或人类的救赎. 托尼·莫里森小说《宠儿》中的种族和物种主义. 外国文学研究，2007（1）：39-45.
罗良功. 论黑人音乐与兰斯顿·休斯的诗歌艺术创作. 外国文学研究，2002（4）：48-54.
罗良功. 论兰斯顿·休斯的人民阵线诗歌. 外国文学研究，2008（2）：50-56.
罗良功. 论兰斯顿·休斯的幽默. 外国文学研究，2005（2）：25-31.
罗良功. 论兰斯顿·休斯诗歌对民族文化的建构. 当代外国文学，2003（4）：109-113.
罗良功. 诗歌形式作为政治表达. 索妮亚·桑切斯诗歌的一个维度. 当代外国文学，2009（2）：94-100.
罗良功. 走向世界的美国诗人兰斯顿·休斯——兰斯顿·休斯国际学术研讨综述. 外国文学研究，2007（4）：174-176.
吕炳洪. 托妮·莫里森的《爱娃》简析. 外国文学评论，1997（1）：88-94.
马大森、李权文. 评达德利·兰德尔德美国黑人诗歌选集《黑人诗人》. 外国文学，2005（4）：106-110.
马丁. 当代叙事学. 伍晓明译. 北京：北京大学出版社，2005.
马丁-奥根索. 兰斯顿·休斯文学翻译中的文化迁移美学. 外国文学研究，2008（2）：21-30.
马克思维尔. 不自由的爱：克劳德·麦凯的“抒情中断”样式. 外国文学研究，2007（4）：36-44.
马永峰. 论格洛丽亚·内勒《戴妈妈》中的魔幻现实主义. 厦门大学硕士学位论文，2009.
毛凌滢. 沃克《父亲的微笑之光》中女性身体与精神的主体性建构. 外国文学，2017（2）：55-62.
毛信德. 美国黑人文学的巨星：托妮·莫里森小说创作论. 杭州：浙江大学出版社，2006.
米利特. 性的政治. 钟良明译. 北京：社会科学文献出版社，1999.
莫里森. 所罗门之歌. 胡允桓译. 上海：上海译文出版社，2005.

莫里森. 天堂. 胡允桓译. 上海：上海译文出版社，2007.
纽霍尔、甘文平、孟庆凯. 思想模式与创造力——论拉尔夫·埃利森为何未完成他的第二部小说. 当代外国文学，1997（3）：153-161.
庞好农. 焦虑、抑郁与虐待：评理查德·赖特的《野性的假日》. 外国文学，2007（2）：47-53.
乔国强. 美国40年代非裔美国文学. 国外文学，1999（3）：64-70.
秦苏珏.《他们眼望上苍》中的恶作剧精灵意象解读. 国外文学，2008（3）：102-108.
热奈特. 叙事话语 新叙事话语. 北京：中国社会科学出版社，1990.
芮玉萍. 文化冲突视野中的成长与困惑——评波·马歇尔的《棕色姑娘，棕色砖房》. 外国文学，2003（2）：102-108.
尚必武. 被误读的母爱：莫里森新作《慈悲》中的叙事判断. 外国文学研究，2010（4）：60-69.
申昌英. 社会空间的流浪者——评葆拉·马歇尔的"褐姑娘，褐砖房". 外国文学，2007（6）：92-100.
申昌英. 性别、种族、阶级、空间——《莫德·玛莎》的内在空间拓展. 外国文学，2006（2）：46-52.
申丹. 叙述学与小说文体学研究. 北京：北京大学出版社，2004.
申丹、王丽亚. 西方叙事学：经典与后经典. 北京：北京大学出版社，2010.
沈建清. 寻找母亲花园的女作家——几位美国少数民族女作家与"母—女"话题. 外国文学，1999（1）：78-82.
沈建清、叶琳. 同根不同果：《觉醒》与《紫颜色》. 外国文学研究，1998（1）：8-11.
石平萍. 美国少数族裔生态批评：历史与现状. 当代外国文学，2009（2）：78-82.
斯摩瑟斯特. 非洲裔美国新现实主义、大众阵线与20世纪30—50年代先锋派非裔美国文学的兴起. 外国文学研究，2007（4）：23-35.
宋志明."奴隶叙事"与黑非洲的战神奥冈——论沃勒·索因卡诗歌创作的后殖民性. 外国文学研究，2003（5）：113-118.
隋刚. 梦的起始、持续与更新——评《梦的蒙太奇：斯顿·休斯的艺术人生》. 外国文学研究，2010（3）：168-170.

孙薇、程锡麟. 解读艾丽斯·沃克的“妇女主义”——从《他们的眼睛望着上帝》和《紫色》看黑人女性主义文学传统. 当代外国文学，2004（2）：60-66.

孙艳芳. 莫里森小说的修辞艺术. 昆明：云南大学出版社，2012.

谭惠娟. 黑人性神话与美国死刑——詹姆斯·鲍德温剖析种族歧视的独特视角. 外国文学，2007（3）：17-24.

谭惠娟. 拉尔夫·埃利森. 外国文学，2004（6）：16-17.

谭惠娟. 拉尔夫·埃利森的第二部小说《六月庆典》为何难产. 当代外国文学，2007（3）：62-67.

谭惠娟. 论拉尔夫·埃利森的黑人美学思想——从埃利森与欧文·豪的文学论战谈起. 外国文学评论，2008（2）：106-114.

谭惠娟. 论拉尔夫·艾利森对神话仪式中黑白二元对立的解构——兼论拉尔夫·艾利森文学话语中的祖先在场. 外国文学研究，2007（4）：87-96.

谭惠娟. 是不为也，非不能也——理查德·赖特及其文学创作中的现代主义特征. 外国文学研究，2010（1）：56-64.

谭惠娟. 试论拉尔夫·埃利森早期短篇小说的艺术手法. 外国文学，2004（6）：23-28.

谭惠娟. 詹姆斯·鲍德温的文学“弑父”与美国非裔美国文学的转向. 外国文学研究，2006（6）：130-138.

谭军强. 叙事学导论：从经典叙事学到后经典叙事学. 北京：高等教育出版社，2008.

唐红梅. 鬼魂形象与身体铭刻政治：论莫里森《蒙爱的人》中复活的鬼魂形象. 外国文学研究，2006（1）：119-126.

唐红梅.《所罗门之歌》的歌谣分析. 外国文学研究，2004（1）：109-114.

唐岫敏. 论 W. L. 安德鲁斯《讲述自由的故事》中的阅读策略. 当代外国文学，2010（2）：125-132.

唐逸馨. 构建理想的流散身份. 苏州大学硕士学位论文，2011.

陶阳. 成长小说的典范：《棕色姑娘，棕色砖房》的棕色梦. 武汉理工大学硕士学位论文，2009.

特路西. 兰斯顿·休斯与布鲁士在美国文学中的兴起. 外国文学研究，2008（2）：31-49.

田祥斌. 南北美洲交相辉映的两朵艺术奇葩——论《百年孤独》与《所罗门之歌》

的成功与魅力. 国外文学，1998（4）：85-91.
田亚曼. 弗洛伊德精神分析视域下莫里森小说研究. 上海外国语大学博士学位论文，2012.
田亚曼. 母爱与成长：托妮·莫里森小说. 北京：中国社会科学出版社，2009.
托多洛夫. 巴赫金对话理论及其他. 蒋子华、张萍译. 天津：百花文艺出版社，2008.
瓦特. 小说的兴起：笛福、理查逊、菲尔丁研究. 高原、董红钧译. 北京：生活·读书·新知三联书店，2003.
王成宇.《殿堂》对话形式变异及其语用意义. 外国文学研究，2006（2）：135-141.
王成宇.《紫色》的空白语言艺术. 外国文学研究，2000（4）：64-70.
王成宇.《紫色》与艾丽斯·沃克的非洲中心主义. 外国文学研究，2001（4）：30-36.
王成宇.《紫色》与妇女主义. 当代外国文学，2006（2）：78-83.
王成宇.《紫色》中的词汇拼写变异研究. 外国文学，2003（6）：83-89.
王成宇、王平. 试析《紫色》的语言策略. 外国文学研究，2002（3）：94-96，172-173.
王冬梅. 种族、性别与自然：艾丽斯·沃克小说中的生态女性主义. 上海外国语大学博士学位论文，2011.
王家湘. 20世纪美国黑人小说史. 南京：译林出版社，2006.
王晋平. 心狱中的藩篱——《最蓝的眼睛》中的象征意象. 外国文学研究，2000（3）：104-107.
王俊霞. 黑人命运的枷锁——解读《宠儿》与《最蓝的眼睛》中 3 代黑人的心理历程. 外语学刊，2016（6）：148-150.
王烺烺. 欧美主流文学传统与黑人文化精华的整合——评莫里森《宠儿》的艺术手法. 当代外国文学，2002（4）：117-124.
王烺烺. 托妮·莫里森《宠儿》、《爵士乐》、《天堂》三部曲中的身份建构. 厦门大学博士学位论文，2007.
王蕾. 托尼·莫里森文学视野中的黑人母性书写. 妇女研究论丛，2017（2）：104-111.
王守仁. 爱的乐章——读托妮·莫里森《爵士乐》. 当代外国文学，1995（3）：92-96.
王守仁、吴新云. 超越种族：莫里森新作《慈悲》中的"奴役"解析. 当代外国文

学，2009（2）：35-44.

王守仁、吴新云. 对爱进行新的思考——评莫里森的小说《爱》. 当代外国文学，2004（2）：43-52.

王维倩. 托尼·莫里森《爵士乐》的音乐性. 当代外国文学，2009（3）：50-55.

王湘. 为了忘却的记忆——论《至爱》对黑人“二次解放”的呼唤. 外国文学评论，2003（4）：66-72.

王晓兰、钟鸣.《宠儿》中叙述视角的转换及其艺术效果. 外国文学研究，2004（2）：50-55.

王晓路. 差异的表述——黑人美学与贝克的批评理论. 国外文学，2000（2）：3-9.

王晓英. 颠覆的艺术——《父亲的微笑之光》的叙事结构与叙事声音. 当代外国文学，2006（2）：73-77.

王晓英. 论艾丽斯·沃克短篇小说“日常用品”中的反讽艺术. 外国文学研究，2005（4）：39-43.

王晓英. 论艾丽斯·沃克短篇小说“1955”的布鲁斯特征. 外国文学研究，2006（1）：127-132.

王晓英. 走向完整的生存——艾丽斯·沃克妇女主义文学创作研究. 南京师范大学博士学位论文，2006.

王秀杰. 黑人的百衲被与印第安的圆——《梅瑞迪安》的混杂性叙事. 国外文学，2016（4）：137-144.

王玉. 在差异的世界中重构黑人文化身份：解读解构主义者托妮·莫里森. 上海外国语大学博士学位论文，2006.

王玉括. 对非裔美国文学、历史与文化的反思——评《莫里森访谈录》. 外国文学研究，2009（2）：169-172.

王玉括. 非裔美国文学中的地理空间及文化表征. 外国文学评论，2009（2）：160-167.

王玉括. 莫里森的文化立场阐释. 当代外国文学，2006（2）：105-110.

王玉括. 在新历史主义视角下重构《宠儿》. 外国文学研究，2007（1）：140-145.

王育平、杨金才. 从惠特莉到道格拉斯看美国黑人奴隶文学中的自我建构. 外国文学研究，2005（2）：92-98.

王元路. 赫斯顿与门廊口语传统——兼论赫斯顿的文化立场. 外国文学，2009（1）：

67-73.
王卓. 艾丽斯·沃克的诗性书写——艾丽斯·沃克诗歌主题研究. 外国文学评论，2006（1）：87-96.
翁乐虹. 以人物作为叙述策略——评莫里森《宠儿》. 外国文学评论，1999（2）：65-72.
翁乐虹. 以音乐作为叙述策略——解读莫里森小说《爵士乐》. 外国文学评论，2000（2）：52-62.
沃克. 紫色. 陶洁译. 南京：译林出版社，2008.
吴兰香. 论《父亲的微笑之光》中的“暴力”主题. 当代外国文学，2005（3）：109-114.
武月明. 美国黑人传记作家——安吉鲁. 外国文学，2002（1）：58.
习传进. 论《宠儿》中怪诞的双重性. 外国文学研究，2003（5）：68-74.
习传进. 魔幻现实主义与《宠儿》. 外国文学研究，1997（3）：106-108.
习传进. 走向文化人类学的批评——斯狄芬·亨德森黑人诗学研究. 外国文学研究，2004（5）：148-153.
肖沁浪. 莫里森小说的叙事手法与作品自由主题的展现. 上海外国语大学博士学位论文，2013.
肖瓦尔特. 她们自己的文学. 北京：外语教学与研究出版社，2004.
谢群.《最蓝的眼睛》的扭曲与变异. 外国文学研究，1999（4）：104-111.
邢利娜. 黑人社群创作：托妮·莫里森的权力空间. 华东师范大学博士学位论文，2011.
修树新. 托妮·莫里森小说的文学伦理学批评. 东北师范大学博士学位论文，2009.
徐颖果. 族裔与性属：研究最新术语词典. 天津：南开大学出版社，2009.
许德金. 美国黑人作家——布鲁克斯. 外国文学，2002（4）：86.
许德金. 叙述的政治与自我的成长——弗雷德里克·道格拉斯的两部自传. 外国文学评论，2001（1）：52-59.
许芳. 简论美国当代黑人小说中的隐喻性. 外国文学研究，1996（3）：48-51.
许海燕. 黑人· 人·个性和自我本质的失落——评艾里森的小说《看不见的人》. 当代外国文学，2001（4）：133-138.
许海燕. 西方现代文化思潮与二十世纪美国黑人小说. 当代外国文学，2002

（3）：137-142.

杨博华. 把作家置于一定的文化背景下研究——评《性别·种族·文化：托妮·莫里森与二十世纪美国黑人文学》. 当代外国文学，2000（1）：176-178.

杨金才. 书写美国黑人女性赫斯顿. 外国文学研究，2002（4）：55-59.

杨仁敬. 读者是文本整体的一部分——评《最蓝的眼睛》的结构艺术. 外国文学研究，1998（2）：75-80.

杨帅. 对《戴家嬷嬷》中百衲被主题的黑人女性主义研究. 中南大学硕士学位论文，2007.

杨卫东. “规训与惩罚”——《土生子》中监狱式社会的权力运行机制. 外国文学，2002（4）：53-58.

伊格尔顿. 历史中的政治、哲学、爱欲. 马海良译. 北京：中国社会科学出版社，1999.

易立君. 论《宠儿》的伦理诉求与建构. 外国文学研究，2010（3）：131-137.

应伟伟. 莫里森早期小说中的身体政治意识与黑人女性主体建构. 当代外国文学，2009（2）：45-52.

袁小华、臧华. 论小说《紫色》中人物的视觉形象. 当代外国文学，2007（2）：59-63.

曾梅. 冲突的思考 融合的启示：托妮·莫里森作品的文化定位. 山东大学博士学位论文，2006.

曾梅. 当代美国黑人剧作家奥古斯特·威尔逊作品中的历史再现. 外国文学，2007（3）：61-68.

曾梅. 记忆不能承受之重——考瑞基多拉及乐园中的母亲、记忆与历史. 当代外国文学，2008（4）：106-133.

曾梅. 论美国黑人美学思想的发展. 当代外国文学，2004（2）：67-74.

曾梅. 美国当代黑人女作家盖尔·琼斯的布鲁斯小说. 英美文学研究论丛，2008（1）：168-181.

曾梅. “兔子”回家勒？——解读莫里森的《柏油孩子》. 外国文学，1999（6）：79-82.

曾梅. 新奇、瑰丽、多彩的乐章——非洲史诗传统. 外国文学研究，2006（5）：150-157.

曾梅. 再现后现代主义语境下的种族与性别——评当代美国黑人后现代女作家歌劳莉娅·奈勒. 当代外国文学，2007（4）：47-55.

张冲. 当代美国的黑娜拉——评黑人女性问题剧《分手》与《重聚》. 国外文学，1995（4）：56-59.

张冲. 黑人·女人·人——美国当代黑人戏剧中的女性问题研究. 当代外国文学，1995（3）：81-86.

张冲. 面对黑色美国梦的思考与抉择——评《跨出一大步》和《阳光下的干葡萄》. 外国文学评论，1995（1）：72-77.

张德文. 哈莱姆文艺复兴时期新黑人女性形象的身份诉求与建构. 社会科学战线，2016（4）：159-163.

张宏薇. 托妮·莫里森宗教思想研究. 东北师范大学博士学位论文，2009.

张军. 美国黑人文学的三次高潮和对美国黑人出路的反思与建构. 当代外国文学，2008（1）：51-59.

张立新. 白色的国家黑色的心灵——论美国文学与文化中黑人文化身份认同的困惑. 国外文学，2005（4）：63-70.

张秀明. 论《看不见的人》的象征手法. 外国文学研究，1998（2）：102-103.

张燕、杜志卿. 寻归自然，呼唤和谐人性——艾丽斯·沃克小说的生态女性主义思想刍议. 当代外国文学，2009（3）：21-30.

张玉红. 佐拉·尼尔·赫斯顿小说中的民俗文化研究. 上海外国语大学博士学位论文，2008.

章汝雯.《所罗门之歌》中的女性化话语和女权主义话语. 外国文学，2005（5）：85-90.

章汝雯. 托尼·莫里森《宠儿》中自由和母爱的主题. 外国文学，2000（3）：91-94.

章汝雯.《最蓝的眼睛》中的话语结构. 外国文学研究，2004（4）：62-67.

赵白生. 美国文学的使命书——《道格拉斯自述》的阐释模式. 外国文学，2002（5）：38-43.

赵文书. 重复与修正：艾丽斯·沃克对拉尔夫·艾里森和托尼·莫里森的继承和超越. 当代外国文学，2016（2）：5-14.

赵毅衡. 广义叙述学. 成都：四川大学出版社，2013.

周汶、里昂斯. 我把黑人在美国的全部经历当作我的创作素材——奥古斯特·威尔逊访谈录. 当代外国文学，2000（4）：98-105.

周小平. 莫瑞森《秀拉》中的时间形式及其意味. 外国文学研究，1997（1）：98-101.

周小平. “我早该想到那些鸟意味着什么了”——读托妮·莫瑞森的《秀拉》. 外国文学研究，1998（2）：68-69.

朱刚. 当代非裔美国小说的历史总结——评《当代非裔美国小说：其民间溯源与现代文学发展》. 外国文学研究，2006（5）：167-168.

朱琳. 美国当代黑人文学的新坐标——论爱德华·P. 琼斯的小说创作. 外国文学研究，2009（3）：155-164.

朱梅. 拒绝删除的记忆幽灵——从托尼·莫里森的《宣叙》谈起. 外国文学评论，2008（2）：87-94.

朱梅. 托妮·莫里森笔下的微笑意象. 外国文学评论，2007（2）：55-63.

朱荣华. 论《紫色》中的“否定互文性”现象. 外国文学评论，2006（2）：55-64.

朱姗姗. 歌劳莉亚·内勒《妈妈·戴》中的女性力量. 湖南科技大学硕士学位论文，2012.

朱姗姗. 黑人女作家格洛丽亚·内勒《妈妈·戴》中黑人母亲形象解读. 长春理工大学学报，2011（4）：115-116.

朱卫红. 美国非裔文学学术研讨会综述. 外国文学研究，2010（1）：174-175.

朱小琳. 回归与超越. 托妮·莫里森小说的喻指性. 中国社会科学院博士学位论文，2003.

朱小琳. 托妮·莫里森小说中的暴力世界. 外国文学评论，2009（2）：168-176.

朱小琳. 作为修辞的命名与托妮·莫里森小说的身份政治. 国外文学，2008（4）：67-72.

朱新福. 托尼·莫里森的族裔文化语境. 外国文学研究，2004（3）：54-60.

Alberts, Heike C. “Changes in Ethnic Solidarity in Cuban Miami.” *Geographical Review*, Vol. 95, No.2, *New Geographies of U.S. Immigrants* (Apr., 2005): 231-248.

Allen, Donia Elizabeth. “The Role of the Blues in Gayl Jones's ‘*Corregidora*’.” *Callaloo*, Vol. 25, No. 1, *Jazz Poetics: A Special Issue* (Winter, 2002): 257-273.

Andrews, William L., Smith Foster, and Trudier Harris, eds. *The Concise Oxford*

Companion to African American Literature. New York: Oxford University Press, 2001.

Anonymous. "Review of Corregidora." *Kirkus Reviews* 43 (15 February, 1975): 195.

Anonymous. "Review of Corregidora." *Playboy* 22.6 (June, 1975): 33-34.

Asante, Molefi Kete, and Ama Mazama, eds. *Encyclopedia of Black Studies*. Thousand Oaks: Sage Publications, 2005.

Avant, John. "Review of *Corregidora*." *New Republic* 172(1975): 27-28.

Awkward, Michael. *New Essays on Their Eyes Were Watching God*. Beijing: Peking University Press, 2007.

Awkward, Michael. "Unruly and Let Loose: Myth, Ideology, and Gender in *Song of Solomon*." *Callabloo* 13.3 (1990): 482-498.

Baker, Houston, ed. *Afro-Amrican Literary Study in the 1990s*. Chicago: The University of Chicago Press, 1989.

Baker, Houston. *Workings of the Spirit: the Poetics of Afro-American Women's Writing*. Chicago and London: The University of Chicago Press, 1991.

Baker, Houston A., Jr. *Blues, Ideology, and Afro-American Literature: A Vernacular Theory*. Chicago: The University of Chicago Press, 1984.

Bal, Mieke, ed. *Narrative Theory: Critical Concepts in Literary and Cultural Studies Volume III*. London: Routledge, 2004.

Barr, Jason. "Viewing Toni Morrison's *Paradise* as a Response to William Carlos Williams's *Paterson*." *African American Review* 44.3 (Fall, 2011): 421-433.

Baym, Nina, ed. *The Norton Anthology of American Literature*. 5th edition. New York: W. W. Norton & Company, 1998.

Beasley, Chris. *Gender and Sexuality: Critical Theories and Critical Thinkers*. London: Sage Publications, 2005.

Beaulieu, Elizabeth Ann, ed. *The Toni Morrison Encyclopedia*. Westport: Greenwood Press, 2003.

Bell, Bernard W. *The Contemporary African American Novel: Its Folk Roots and Modern Literary Branches*. Beijing: Foreign Language Teaching and Research Press, 2007.

Benton, Kimberly W. "Architectural Imagery and Unity in Paule Marshall's *Brown Girl,*

Brownstones." *Negro American Literature Forum* 9.3 (1975): 67-70.

Birch, Eva Lennox. *Black American Women's Writing: A Quilt of Many Colours.* New York: Harvester Wheatsheaf, 1994.

Bloom, Harold, ed. *Black American Women Fiction Writers.* New York: Chelsea House, 1994.

Bloom, Harold, ed. *Bloom's Modern Critical Views: Alice Walker.* New York: Ifobase Publishing, 2007.

Bloom, Harold, ed. *Modern Critical Interpretation: Alice Walker's The Color Purple.* Philadelphia: Chelsea House Publishers, 2000.

Bobo, Jacquiline, Cynthia Hudley, and Claudine Michal, eds. *The Black Studies Reader.* New York: Routledge, 2004.

Boccia, Michael. *Form as Content and Rhetoric in the Modern Novel.* New York: Peter Lang, 1988.

Borrego, Silvia Del Pilar Castro. "There Is More to It than Meets the Eye: Alice Walker's *The Temple of My Familiar*, A Narrative of the Diaspora." *Revista de Estudios Noreamericanos*, 9 (2003): 9-22.

Braendlin, Bonni. "Alice Walker's *The Temple of My Familiar* as Pastiche." *American Literature* 68.1 (1996): 47-67.

Brannigan, John. *New Historicism and Cultural Materialism.* New York: Macmillan Press Ltd., 1998.

Brenkman, John. "Politics and Form in Song of Solomon." *Social Text* 39 (Summer, 1994): 57-82.

Brenner, G. "*Song of Solomon*: Morrison's Rejection of Rank's Monomyth and Feminism." *The New England Quarterly* 15.1(1987): 13-14.

Brown, Gillian, and George Yule. *Discourse Analysis.* Cambridge: Cambridge University Press, 1983.

Brown, Susan Windisch, ed. *Contemporary Novelists.* 6th edition. New York: St. James Press, 1996.

Buckmaster, Henrietta. "I'm Somebody Now, Recognize Me." *CLC* 27(1992): 310.

Butler, Judith. *Gender Trouble: Feminism and the Subversion of Identity.* New York:

Routledge, 1999.

Butler, Judith. *Undoing Gender*. New York: Routledge, 2004.

Butler-Evans, Elliott. Race, Gender and Desire: Narrative Strategies in the Fiction of Toni Cade Bambara, Toni Morrison and Alice Walker. Philadelphia: Temple University Press, 1989.

Callahan, John F. *In the African-American Grain: The Pursuit of Voice in Twentieth-Century Black Fiction*. Urbana and Chicago: University of Illinois Press, 1988.

Carr, Darryl Dickson. *The Columbia Guide to Contemporary African American Fiction*. New York: Columbia University Press, 2005.

Carroll, Rebecca. *I Know What the Red Clay Looks Like: The Voice and Vision of Black Women Writers*. New York: Crown Trade Paperbacks, 1994.

Cartwright, Keith. *Reading Africa into American Literature: Epics, Fables, and Gothic Tales*. Kentucky: The University Press of Kentucky, 2002.

Case, Alison A. *Plotting Women: Gender and Narration in the Eighteenth- and Nineteenth-Century British Novel*. Virginia: University Press of Virginia, 1999.

Chancer, Lynn S., and Beverly Xaviera Watkins. *Gender, Race and Class: An Overview*. Malden: Blackwell Publishing, 2006.

Chatman, Seymour. *Coming to Terms: The Rhetoric of Narrative in Fiction and Film*. Ithaca: Cornell University Press, 1990.

Christian, Barbara. *Black Feminist Criticism: Perspectives on Black Women Writers*. Pergamon Press, 1985.

Christian, Barbara. *Black Women Novelists: The Development of a Tradition, 1892-1976*. Westport: Greenwood Press, 1980.

Christol, Helene. "Paule Marshall's Bajan Women in *Brown Girl, Brownstones* in Women and War." *CLC*, 72(1992): 248-252.

Clabough, Casey. *Gayl Jones: The Language of Voice and Freedom in Her Writings*. Jefferson: McFarland & Company Inc., Publishers, 2008.

Cobb, Michael L. "Irreverent Authority: Religious Apostrophe and the Fiction of Blackness in Paule Marshall's *Brown Girl, Brownstones*." *University of Toronto Quarterly* 72.2 (2003): 631-648.

Cobley, Paul. *Narrative. London*: Routledge, 2001.

Davenport, Doris. "Afracentric Visions: *The Temple of My Familiar* by Alice Walker." *Reviewd by The Women's Review of Books* 6.12 (Sep., 1989): 13-14.

Davis, Arthur P. *From the Dark Tower: Afro-American Writers, 1900 to 1960*. Washington, D. C.: Howard University Press, 1981.

Davis, Cynthia A. "Self, Society, and Myth in Toni Morrison' Fiction." *Contemporary Literature* 23 (Summer, 1982): 323-342.

Davis, Mary Kemp. "Everybody Knows Her Name: The Recovery of the Past in Sherley Anne Williams's *Dessa Rose*." *Callaloo* 40 (Summer, 1989): 544-558.

Davis, Todd F., and Womack Kenneth. *Formalist Criticism and Reader-Response Theory*. New York: Palgrave, 2002.

DeLamotte, Eugenia C. *Places of Silence, Journeys of Freedom*. Philadelphia: University of Pennsylvania Press, 1998.

Demetrakopoulos, Stephanie A., and Karla F. C. Holloway, eds. *New Dimensions of Spirituality: A Biracial and Bicultural Reading of the Novels of Toni Morrison*. New York: Greenwood Press, 1987.

Dieke, Ikenna, ed. *Critical Essay on Alice Walker*. Westport: Greenwood Press, 1999.

Dieke, Ikenna. "Toward a Monistic Idealism: The Thematics of Alice Walker's the *Temple of My Familiar*." *African American Review* 26.3 (1992): 507-514.

Du Bois, W. E. B. *The Souls of Black Folk*. Now York: Bantam Books, 1989.

Durso, Patricia. "Private Narrative as Public (Ex)Change: 'Intimate Intervention in Alice Walker's *The Temple of My Familiar*." *In Process: A Journal of African American and African Diasporan Literature and Culture* 2(2000): 137-154.

Eagleton, Terry. *Ideology: An Introduction*. London: Verso, 1991.

Eagleton, Terry. *Literary Theory: An Introduction*. Peking: Foreign Language Teaching and Research Press, 2004.

Eagleton, Terry. *The Ideology of Aesthetic*. Malden: Blackwell Publishing, 1990.

Ervin, Hazel Arnett, ed. *African American Literary Criticism, 1773 to 2000*. New York: Twayne Publishers, 1999.

Evans, Mari. *Black Women Writers (1950-1980): A Critical Evaluation*. New York:

Anchor Books, 1984.

Feagin, Joe R., and Clairece Booher R. Feagin. *Racial and Ethnic Relations*. 9th edition. Boston: Prentice Hall, 2011.

Felton, Sharon, and Michelle Loris, eds. *The Critical Response to Gloria Naylor*. Westport: Greenwood Press, 1997.

Fisher, Jerilyn, and Ellen S. Silber, eds. *Women in Literature: Reading through the Lens of Gender*. Westport, CT: Greenwood Press, 2003.

Fleming, John E., Gerald R. Gill, and David H. Swinton. *The Case for Affirmative Action for Blacks in Higher Education*. Washington, D.C.: Howard University Press, 1978.

Fletcher, Judith, "Signifying Circe in Toni Morrison's *Song of Solomon*." *The Classical World* 99.4 (Summer, 2006): 405-418.

Flint, Holly. "Toni Morrison's *Paradise*: Black Cultural Citizenship in American Empire." *American Literature* 78.3 (2006): 585-612.

Fludernik, Monika. *The Fictions of Language and the Languages of Fiction*. London: Routledge, 1993.

Fowler, Virginia C. *Gloria Naylor: In Search of Sanctuary*. New York: Twayne Publishers, 1996.

Fraile-Marcos, Ana Maria. "Hybridizing the 'City upon a Hill' in Toni Morrison's *Paradise*." *MELUS: The Journal of the Society for the Study of the Multi-Ethnic Literature of the United States* 28.4 (Winter, 2003): 3-33.

Freed, Joanne Upson. "Gendered Narratives of Trauma and Revision in Gayl Jones's *Corregidora*." *African American Review* 44.3 (Fall, 2011): 409-420.

Freeden, Michael, ed. *The Meaning of Ideology: Cross-Disciplinary Perspectives*. London and New York: Routledge, 2007.

Fultz, Lucille P. *Toni Morrison: Playing with Difference*. Urbana and Chicago: University of Illinois Press, 2003.

Furman, Jan, ed. *Toni Morrison's Song of Solomon: A Case Book*. New York: Oxford University Press, 2003.

Gates, Henry Louis, ed. *Black Literature and Literary Theory*. New York: Routledge, 1990.

Gates, Henry Louis, ed. *Reading Black, Reading Feminist: A Critical Anthology*. New York: A Meridian Book, 1990.

Gates, Henry Louis, Jr. *The Signifying Monkey: A Theory of Afro-American Literary Criticism*. New York: Oxford University Press, 1988.

Gates, Henry Louis, Jr., and K. A. Appiah, eds. *Toni Morrison: Critical Perspectives Past and Present*. New York: Amistad, 1993.

Gates, Henry Louis, Jr., and Nellie Y Mckay, eds. *The Norton Anthology of African American Literature*. New York: W. W. Norton & Company, 1997.

Gauthier, Marni. "The Other Side of *Paradise:* Toni Morrison's (Un)Making of Mythic History." *African American* Review 39.3 (2005): 395-414.

Genette, Gerard. *Narrative Discourse Revisited*. Ithaca: Cornell University Press, 1988.

Genette, Gerard. *Narrative Discourse: An Essay in Method*. New York: Cornell University Press, 1980.

Giddings, Paula. *When and Where I Enter: The Impact of Black Women on Race and Sex in America*. New York: Bantam Books, 1984.

Gilbert, Sandra M., and Susan Gubar, eds. *The Norton Anthology of Literature by Women: The Tradition in English*. 2nd edition. New York: W. W. Norton & Company, 1996.

Gillespie, Carmen. *Critical Companion to Alice Walker: A Literary Reference to Her Life and Work*. New York: Facts on File, 2011.

Goldberg, Elizabeth Swanson. "Living the Legacy: Pain, Desire, and Narrative Time in Gayl Jones's '*Corregidora*'." *Callaloo* 26.2 (Spring, 2003): 446-472.

Goldstein, Rhoda L., ed. *Black Life and Culture in the United States*. New York: Thomas Y. Crowell Company, 1971.

Goode, Ann. "Review of *Corregidora*." *Black Books Bulletin* 3 (Fall, 1975): 46-47.

Gottlieb, Annie. "Gloria Naylor." *The New York Times Book Review*, August 22, 1982.

Graham, Maryemma, ed. *Cambridge Companion to the African American Novel*. Cambridge: Cambridge University Press, 2004.

Grewal, Gurleen. *Circles of Sorrow, Lines of Struggle: The Novels of Toni Morrison*. Baton Rouge: Louisiana State University Press, 1996.

Griefiths, Jennifer. "Uncanny Spaces: Trauma, Cultural, Memory, and the Female Body in Gayl Jones's *Corregidora* and Maxine Hong Kingston's *The Woman Warrior*." *Studies in the Novel* 38.3 (Fall, 2006): 353-370.

Griffiths, Jennifer L. *Traumatic Possessions: The Body and Memory in African American Women's Writing and Performance*. Charlottesville: University of Virginia Press, 2009.

Griffith, Johnny R. "In the End Is the Beginning: Toni Morrison's Post-Modern, Post-Ethical Vision *of Paradise*." *Christianity and Literature* 60.4 (Summer, 2011): 643-661.

Harb, Sirene. "Memory, History and Self-Reconstruction in Gayl Jones's *Corregidora*." *Journal of Modern Literature* 31.3 : 116-136.

Harris, Leslie A. "Myth as Structure in Toni Morrison's *Song of Solomon*." *MELUS* 17 (1980): 69-76.

Harris, Trudier. "No Outlet for the Blues: Silla Boyce's Plight in *Brown Girl, Brownstones*." *Callaloo* 18 (1983): 57-67.

Harz, Verena. "Building a Better Place: Utopianism and Revision of Community in Toni Morrison's *Paradise*." *Current Objectives of Postgraduate American Studies* 12(2011).

Hathaway, Heather. *Caribbean Waves: Relocating Claude Mckay and Paule Marshall*. Bloomington and Indianapolis: Indiana University Press, 1999.

Heczkov, Jana. " 'Timeless People: The Development of the Ancestral Figure in Three Novels by Alice Walker." *Current Objectives of Postgraduate American Studies* 9(2008): 27-35.

Heinze, Denise, and Sandra Adell. "Toni Morrison", *Nobel Prize Laureates in Literature, Part 3. Dictionary of Literary Biography* 331 (2007): 282-299.

Hemenway, Robert E. *Zora Neale Hurston: A Literary Biography*. Urbana and Chicago: University of Illinois Press, 1980.

Herman, Luc, and Bart Vervaeck. *Handbook of Narrative Analysis*. Lincoln: University of Nebraska Press, 2005.

Hirsch, Marianne. "Knowing Their Names: Toni Morrison's *Song of Solomon*." *New*

Essays on Song of Solomon. Ed. Valerie Smith. Beijing: Peking University Press, 2007.

Hochberg, Gil Zehava. "Mother, Memory, History: Maternal Genealogies in Gayl Jones's *Corregidora* and Simone Schwartz-Bart's *Pluie et vent sur Telumee Miracle*." *Research in African Literatures* 34.2 (Summer, 2003): 1-12.

Holt, Elvin. "Dessa Rose." *Magill's Literary Annual 1987* (June, 1987): 1-3.

Hooks, Bell. *Ain't I a Woman: Black Women and Feminism*. Boston: South End Press, 1981.

Hooks, Bell. *Feminist Theory from Margin to Center*. Boston: South End Press, 1984.

Hooks, Bell. *Talking Black: Thinking Feminist, Thinking Black*. Boston: South End Press,1989.

Hooks, Bell. *Yearning: Race, Gender, and Cultural Politics*. Boston: South End Press, 1990.

Howard, Lillie P. *Alice Walker and Zora Neale Hurston: The Common Bond*. Westport: Greenwood Press, 1993.

Hurston, Zora Neale. *Their Eyes Were Watching God*. Chicago: University of Illinois Press, 1978.

Hurston, Zora Neale. *Zora Neale Hurston: Novels and Stories*. New York: Literary Classics of the United States, Inc, 1995.

Jablon, Madelyn. "Rememory, Dream History, and Revision in Toni Morrison's *Beloved* and Alice Walker's *The Temple of My Familiar*." *CLA Journal* 37 (1993): 136-144.

James, Joy, and T. Denean Sharpley-Whiting, eds. *The Black Feminist Reader*. Massachusetts: Blackwell, 2000.

James, L. "Art, Activism, and Labor: Community and Nation in Contemporary African American Women's Literature." *Mfs Modern Fiction Studies* 62.2(2016): 350-357.

Jameson, Frederic. *Marxism and Form: Twentieth-century Dialectical Theory of Literature*. Princeton: Princeton University Press, 1971.

Jameson, Frederic. *Political Unconscious: Narrative as Socially Symbolic Act*. Ithaca: Cornell University Press, 1981.

Japtok, Martin. "Paule Marshall's *Brown Girl, Brownstones*: Reconciling Ethnicity and

Individualism." *African American Review* 32.2 (1998): 305-315.

Jarrett, Gene Andrew. *A Companion to African American Literature*. Malden: Wiley-Blackwell, 2010.

Jefferson, Margo. "Making Generations." *Newsweek 85* 19.5 (1975): 84-85.

Jelsma, Jess E. "Decay and Symbolic Impotence in Toni Morrison's THE BLUEST EYE." *Explicator* 75.3 (2017): 1-3.

Johnson, Yvonne. *The Voices of African American Women: The Use of Narrative and Authorial Voice in the Works of Harriet Jacobs, Zora Neale Hurston, and Alice Walker*. New York: Peter Lang, 1998.

Jones, Gayl. *Corregidora*. Boston: Beacon Press, 1975.

Jones, Gayl. *Liberating Voices: Oral Tradition in African American Literature*. Cambridge: Harvard University Press, 1991.

Jordan, Shirley. *Broken Silence: Interview with Black and White Women Writers*. New Brunswick: Rutgers University Press, 1993.

Kamp, Jim, ed. *Reference Guide to American Literature*. 3rd edition. Detroit: St. James Press, 1994.

Kelley, Margot Anne. *Gloria Naylor's Early Novels*. Gainesville: University Press of Florida, 1999.

Kincaid, Jamaica. *Annie John*. New York: Farrar, Straus and Giroux, 1985.

King, Joyce Elaine, and Carolyn Ann Mitchell. *Black Mothers to Sons: Juxtaposing African American Literature with Social Practice*. New York: Peter Lang, 1995.

Kraft, Marion. *The African Continuum and Contemporary Black Women Writers: Their Literary Presence and Ancestral Past*. New York: Peter Lang, 1995.

Krumholz, Linda J. "Reading and Insight in Toni Morrison's *Paradise*." *African American Review* 36.1 (2002): 21-34.

Kubitschek, Missy Dehn. "Paule Marshll's Women on Quest." *Black American Literature Forum* 21. 1/2 (1987): 43-60.

Kubitschek, Missy Dehn. *Toni Morrison: A Critical Companion*. Westport: Greenwood Press, 1998.

Kuskin, Karla. "Cycle of Sex and Slavery." *Village Voice* 20.21(26 May, 1975): 42.

Lagrone, Kheven. *Alice Walker' s The Color Purple*. Amsterdam: Rodopi, 2009.

Lanser, Susan. "Toward a Feminist Narratology." *Style* 20.3 (Fall 1986): 341-363.

Lanser, Susan, and Joan N. Radner. "The Feminist Voice: Strategies of Coding in Folklore and Literature." *The Journal of American Folklore*, Vol.100, No. 398, *Folklore and Feminism* (Oct.-Dec., 1987): 412-425.

Lanser, Susan Sniader. *Fictions of Authority: Women Writers and Narrative Voice*. Ithaca: Cornell University Press, 1992.

Lanser, Susan Sniader. *The Narrative Act: Point of View in Prose Fiction*. New Jersey Princeton University Press, 1981.

Larsen, Nella. *Quicksand*. New York: Dover Publications, Inc, 2006.

Larson, Charles R. "Master and Slave Become Fused: Past Lives in the Present." *National Observer* (9 August, 1975): 17.

Lauret, Maria. *Modern Novelist Alice Walker*. New York: ST. Martin's Press INC, 2000.

Lauter, Paul. *The Heath Anthology of American Literature* (*Volume 2*). 2nd edition. Massachusetts: D.C. Heath and Company,1994.

Leech, Geoffrey Neil. *Style in Fiction*. New York: Longman Group Limited, 1981.

LeSeur, Geta. "Moving beyond the Boundaries of Self, Community, and the Other in Toni Morrison's *Sula* and *Paradise*." *College Language Association Journal* 46 (2002): 1-20.

Lester, Neal A. *Understanding Zora Neale Hurston's Their Eyes Were Watching God: A Student Casebook to Issue, Sources, and Historical Documents*. Westport: Greenwood Press, 1999.

Levy, Helen Fiddyment. *Fiction of the Home Place: Jewett, Cather, Glasgow, Porter, Welty, and Naylor*. Jackson: University Press of Mississippi, 1992.

Li, Stephanie. "Love and the Trauma of Resistance in Gayl Jones's *Corregidora*." *Callaloo* 29.1 (Winter, 2006): 131-150.

Licato, Amanda. "Reading Contemporary African American Literature: Black Women's Popular Fiction, Post-Civil Rights Experience, and the African American Canon by Beauty Bragg (review)." *Callaloo*39.3(2018): 702-704.

Lyasere, Solomon O., and Marla W. Lyasere. *Critical Insights: Toni Morrison*. Pasadena:

Salem Press, 2010.

Macleod, Lewis. "You Ain No Real-Real Bajan Man: Patriarchal Performance and Feminist Discourse in Paule Marshall's *Brown Girl, Brownstone*." *ARIEL: A Review of International English Literature* 37 (2006): 169-187.

Marshall, Paule. *Brown Girl, Brownstones*. New York: Dover Publishing Inc., 2009.

Marshall, Paule. *Praisesong for the Widow*. New York: Plume, 1983.

Marshall, Paule. *The Chosen Place, the Timeless People*. New York: Vintage Contemporaries, 1984.

Marshall, Paule. "The Making of a Writer: From the Poets in the Kitchen." *The Norton Anthology of African American Literature*. Ed. Henry Louis Gates Jr., and Nellie Y. McKay. New York: W. W. Norton & Company, Inc., 2000.

Martin, Reginald, and Ishmael Reed. "An Interview with Ishmael Reed." July 1-7,1983. *African American Literature Book Club*, 2019/9/23 https://aalbc.com/interviews/interview.php?id=1866

Mayberry, Susan Neal. " 'Everything about her had two sides to it': The Foreigner's Home in Toni Morrison's *Paradise*." *African American Review* 42(2008): 565-578.

McCaskill, Barbara. "*Dessa Rose*." *Masterplots II: American Fiction Series* (Revised edition) (January 2000): 1-3.

McDowell, Deborah E. "*The Changing Same: Black Women's Literature, Criticism, and Theory*." Bloomington: Indiana University Press, 1995.

Mckible, Adam. "These Are the Facts of the Darky's History: Thinking History and Reading Names in Four African American Texts." *African American Review*, Vol.28, No.2, *Black Women's Culture Issue* (Summer, 1994): 223-235.

Mclanghlin, Andree Nicola, and Joanne M. Braxton. *Wild Women in the Whirlwind: Afra-American Culture and the Contemporary Literary Renaissance*. New Brunswick: Rutgers University Press, 1990.

McMillan, Terry. *Waiting to Exhale*. New York: A Signet Book, 2005.

McMurtry, Larry. "A Bold, Strong First Novel from Gayl Jones." *Washington Post*(28 April, 1975): B6.

Mcquillan, Martin, ed. *The Narrative Reader*. London: Routledge, 2000.

Michael, Magali Cornier. "Re-Imagining Agency: Toni Morrison's *Paradise*." *African American Review* 36.4 (2002): 581-610.

Middleton, David L., ed. *Toni Morrison's Fiction Contemporary Criticism*. New York: Garland Publishing Inc., 2000.

Miller, Hillis J. *Reading Narrative*. Norman: University of Oklahoma Press, 1998.

Mills, Fiona, and Keith Mitchell. *After the Pain: Critical Essays on Gayl Jones*. New York: Peter Lang, 2006.

Montgomery, Maxine Lavon, ed. *Conversations with Gloria Naylor*. Jackson: Universtiy Press of Mississippi, 2004.

Montgomery, Maxine Lavon. *The Apocalypse in African-American Fiction*. Gainesville: University Press of Florida, 1996.

Morgan, Marcyliena. *Language, Discourse and Power in African American Culture*. Cambridge: Cambridge University Press, 2002.

Morrison, Toni. *Beloved*. Beijing: Foreign Language Teaching and Research Press, 2000.

Morrison, Toni. *Jazz*. New York: Plume, 1993.

Morrison, Toni. *Song of Solomon*. New York: Alfred A. Knopf Inc., 1977.

Morrison, Toni. *Tar Baby*. New York: A Signet Book New American Library, 1983.

Morrison, Toni. *The Bluest Eyes*. New York: Washington Square Press, 1970.

Murray, Rolland. "The Long Strut: *Song of Solomon* and the Emancipatory Limits of Black Patriarchy." *Callaloo* 22.1 (Winter, 1999): 121-133.

Myers, Michael M. *Total, Black, and Hispanic Enrollment in Higher Education, 1980: Trends in the Nation and the South*. Atlanta: Southern Regional Education Board, 1982.

Naylor, Gloria. *Bailey's Café*. New York: Vintage Books, 1993.

Naylor, Gloria. *Linden Hills*. New York: Penguin Books Ltd., 1986.

Naylor, Gloria. *Mama Day*. New York: Ticknor & Fields, 1988.

Naylor, Gloria. *The Men of Brewster Place*. New York: Hyperion, 1998.

Naylor, Gloria. *The Women of Brewster Place*. New York: Penguin Books Ltd., 1983.

Nelson, Emmanuel S., ed. *Contemporary African American Novelists: A Bio-Bibliographical Critical Sourcebook*. Westport, CT.: Greenwood Press, 1999.

Nettles, Michael T., and Laura W. Perna. *The African American Education Data Book Volume I: Higher and Adult Education*. Fairfax: Frederick D. Patterson Research Institute, 1997.

North, Michael. *The Dialect of Modernism: Race, Language, and Twentieth-Century Literature*. New York: Oxford University Press, 1994.

Nunes, Ana. *Black Women Writers' Historical Fiction*. New York: Palgrave Macmillan, 2011.

Ojo-Ade, Femi, ed. *Of Dreams Deferred, Dead or Alive: African Perspectives on African-American Writers*. Westport, CT: Greenwood Press, 1996.

Page, Philip. "Furrowing All the Brows: Interpretation and the Transcendent in Toni Morrison's *Paradise*." *African American Review* 35.4 (2001): 637-649.

Page, Philip. *Reclaiming Community in Contemporary African-American Fiction*. Jackson: University Press of Mississippi, 1999.

Page, Ruth E. *Literary and Linguistic Approaches to Feminist Narratology*. New York: Palgrave Macmillan, 2006.

Page, William Yolanda, ed. *Encyclopedia of African American Women Writers*. Westport: Greenwood Press, 2007.

Panda, Prasanta Kumar. "Strategies of Intertextuality in Alice Walker's *The Temple of My Familiar*." *New Quest* 124 (July-Aug, 1997): 226-230.

Panill, Linda. "From the 'Wordshop': The Fiction of Paule Marshall." MELUS, Vol. 12, No. 2, *Black American Literature* (1985): 63-73.

Passalacqua, Camille. "Witnessing to Heal the Self in Gayl Jones's *Corregidora* and Phyllis Alesia Perry's *Stigmata*." *MELUS* 35.4 (Winter, 2010): 139-163.

Peterson, Nancy. *Toni Morrison: Critical and Theoretical Approaches*. Baltimore: The Johns Hopkins University Press, 1997.

Petry, Ann. *The Street*. New York: Houghton Mifflin Company, 1991.

Pettis, Joyce, and Paule Marshall. "A MELUS Interview: Paule Marshall." *MELUS*, Vol.17, No. 4, *Black Modernism and Post-Modernism* (Winter, 1991-Winter, 1992): 117-129.

Pinckney, Darryl. "Eva's Man." *New Republic* 174 (19 June, 1976): 27-28.

Prince, Gerald. "Introduction to the Study of the Narratee." *Essentials of the Theory of Fiction*. Ed. Michael J. Hoffman, and Patrick D. Murphy. Durham: Duke University Press, 1988, pp.313-335.

Reames, Kelly. *Toni Morrison's Paradise: A Reader's Guide*. Continuum: The Continuum International Publishing Group, Inc., 2001.

Rice, Herbert William. *Toni Morrison and the American Tradition: A Rhetorical Reading*. New York: Peter Lang, 1996.

Rigney, Barbara Hill. *The Voices of Toni Morrison*. Columbus: Ohio State University Press, 1991.

Robinson, Angelo Rich. "'Mammy Ain't Nobody Name': The Subject of Mammy Revisited in Shirley Anne Williams's *Dessa Rose*." *Southern Quarterly* 49 (2011): 50-68.

Robinson, Sally. *Engendering the Subject: Gender and Self-Representation in Contemporary Women's Fiction*. New York: State University of New York Press, 1991.

Romero, Channette. "Creating the Beloved Community: Religion, Race, and Nation in Toni Morrison's *Paradise*." *African American Review* 39.3 (2005): 415-430.

Ross, Stephen M." 'Voice' in Narrative Texts: The Example of *As I Lay Dying*." *PMLA* 94.2 (Mar., 1979): 300-310.

Rushdy, Ashraf H. A. *Neo-slave Narratives: Studies in the Social Logic of a Literary Form*. New York: Oxford University Press, 1999.

Rushdy, Ashraf H. A. "'Relate Sexual to Historical': Race, Resistance, and Desire in Gayl Jones's *Corregidora*." *African American Review* 34.2 (2000): 273-297.

Russell, Sandi. *Render Me My Song: African-American Women Writers from Slavery to the Present*. New York: St. Martin's Press, 1990.

Ryan, Kiernan, ed. *New Historicism and Cultural Materialism*: A Reader. London: Arnold, 1996.

Samuels, Wilfred D. *Encyclopedia of African-American Literature*. New York: Facts on File, Inc, 2007.

Samuels, Wilfred D. "Liminality and the Search for Self in Toni Morrison's *Song of*

Solomon." *Minority Voices* (1981): 53-78.

Samuels, Wilfred D. *Toni Morrison*. Boston: Twayne Publishers, 1999.

Sanchez, Marta E. "The Estrangement Effect in Sherley Anne Williams' *Dessa Rose*." *Genders* 15 (Winter, 1992): 21-36.

Schur, Richard L. "Locating '*Paradise*' in the Post-Civil Rights Era: Toni Morrison and Critical Race Theory." *Contemporary Literature* 45.2 (Summer, 2004): 276-299.

Scott, William R., and William G. Shade, eds. *An African-American Reader: Essays on African-American History, Culture and Society*. Washington, D.C.: U. S. Department of State, 2005.

Shi, Xu. *A Cultural Approach to Discourse*. New York: Palgrave, 2005.

Shinn, Thelma J. *Women Shapeshifters: Transforming the Contemporary Novel*. Westport, CT.: Greenwood Press, 1996.

Showalter, Elaine, Lea Baechler, and A. Walton Litz, eds. *Modern American Women Writers*. New York: Charles Scribner's Sons, 1991.

Sievers, Stefanie. *Liberating Narratives: The Authorization of Black Female Voices in Black Women Writers' Novels of Slavery*. New Brunswick: Transaction Publishers, 1999.

Sigglow, Janet Carter. *Making Her Way with Thunder: A Reappraisal of Zora Neale Hurston's Narrative Art*. Frankfurt am Main: Peter Lang, 1994.

Smith, Valerie, ed. *New Essays on Song of Solomon*. Beijing: Peking University, 2007.

Smith, Valerie. *Self-Discovery and Authority in Afro-American Narrative*. Cambridge, MA: Harvard University Press, 1987.

Smith, Valerie, Lea Baechler, and A. Walton Litz, eds. *African American Writers*. New York: Charles Scribner' Sons, 1991.

Sokolov, Raymond. "A Woman Who Sings Blues: *Corregidora*." *New York Times Book Review* (25 May, 1975): 21-22.

Sol, Adam. "Questions of Mastery in Alice Walker's *The Temple of My Familiar*." *Critique* 43.4 (Summer, 2002): 393-404.

Stave, Shirley A., ed. *Gloria Naylor: Strategy and Technique, Magic and Myth*. New York: Universtiy of Delaware Press, 2001.

Story, Ralph. "An Excursion into the Black World: The 'Seven Days' in Toni Morrison's *Song of Solomon*." *Black American Literature Forum* 23.1 (Spring, 1989): 149-158.

Tabone, Mark A. "Rethinking Paradise: Toni Morrison and Utopia at the Millennium." African American Review 49.2 (2016): 129-144.

Tate, Claudia, ed. *Black Women Writers at Work*. New York: Continum, 1983.

Taylor, Carole Anne. *The Tragedy and Comedy of Resistance: Reading Modernity Through Black Women's Fiction*. Philadelphia: University of Pennsylvania Press, 2000.

Taylor-Guthrie, Danille, ed. *Conversations with Toni Morrison*. Jackson: University Press of Mississippi, 1994.

Tidey, Ashley. "Limping or Flying? Psychoanalysis, Afrocentrism, and *Song of Solomon*." *College English* 63.1 (Sep., 2000): 48-70.

Venkatasubramanian, C. V. "Diaspora Culture: A Study of Alice Walker's *The Temple of My Familiar*." *Indian Views on American Literature* (1998): 95-99.

Walker, Alice. *In Search of Our Mother's Gardens*. San Diego: Harcourt Brace & Company, 1983.

Walker, Alice. *Meridian*. New York: Pocket Books, 1986.

Walker, Alice. *Possessing the Secret of Joy*. New York: Pocket Books, 1992.

Walker, Alice. *The Color Purple*. New York: Pocket Books, 1982.

Walker, Alice. *The Temple of My Familiar*. New York: Mariner Books, 2010.

Walker, Alice. *The Third Life of Grange Copeland*. New York: A Harvest /HBJ Book, 1970.

Walker, Margaret. *Jubilee*. Boston & New York: Houghton Mifflin Company, 1999.

Wall, Cheryl A. *Women of the Harlem Renaissance*. Bloomington: Indiana University Press, 1995.

Walter, Roland. "The Dialectics between the Act of Writing and the Act of Reading in Alice's *The Temple of My Familiar*, Gloria Naylor's *Mama Day* and Toni Morrison's *Jazz*." *The Southern Quarterly* 35.3 (Spring, 1997): 55-66.

Webster, Ivan. "Really the Blues." *Time* 105 (1975): 79.

White, Deborah Gray, ed. *Telling History: Black Women Historians in the Ivory Tower*.

Chapel Hill: The University of North Carolina Press, 2008.

Whitt, Margaret Earley. *Understanding Gloria Naylor.* Columbia: University of South Carolina Press, 1999.

Wideman, John. "Frame and Dialect: The Evolution of the Black Voice in American Literature." *American Poetry Review* 5(September/October, 1976): 79-82.

Wilentz, Gay. "Civilizations Underneath: African Heritage as Cultural Discourse in Toni Morrison's *Song of Solomon*." *African American Review*, Vol. 26, No.1, *Women Writers Issue* (Spring, 1992): 61-76.

William, Raymond. *Marxism and Literature.* Oxford: Oxford University Press, 1977.

Williams, Sherley Anne. *Dessa Rose.* New York: Harper Collins Publishers Inc., 1999.

Williams, Tyrone, ed. *African American Literature.* Revisited edition. Pasadena: Salem Press, 2009.

Wilson, Charles E., Jr., ed. *Gloria Naylor: A Critical Companion.* Westport: Greenwood Press, 2001.

Winchell, Donna Haisty. "Cries of Outrage: Three Novelists' Use of History." *Mississippi Quarterly: The Journal of Southern Cultures* 49.4 (1996): 727-742.

Yukins, Elizabeth. "Bastard Daughters and the Possession of History in *Corregidora* and *Paradise*." *Signs* 28.1(Autumn, 2002): 221-247.

Zinsser, William, ed. *Inventing the Truth: The Art and Craft of Memoir.* Boston: Houghton Mifflin, 1987.

后　　记

真正初次接触到美国黑人女性作家还是在我读硕士研究生的时候。当时在程锡麟教授的课上，他向我们推荐了赫斯顿的小说《他们眼望上苍》。我对这本书十分喜爱，后来又陆续阅读了不少黑人女性作家的作品，包括莫里森、艾丽斯·沃克、内勒、马歇尔等优秀作家。就这样，我开始慢慢深入了解黑人女性作家这个创作群体。时间飞逝，一晃十多年过去了，《声音的权威：美国黑人女性小说的叙述策略研究》一书的出版算是对我多年研究工作的一个阶段性的总结。在本书出版之际，我也希望能够借此机会感谢那些在学习和生活中关心和指导我的师长、朋友和家人。

感谢我的硕士生导师程锡麟教授！他是我做黑人文学研究的启蒙老师。先生德高望重，对待学术容不得半点虚假和怠慢。生活中的先生亲切可爱，他总是乐意跟所有人分享他的研究资源，并将自己的研究心得倾囊相授。感谢我的博士生导师石坚教授！先生博学多才，待人和蔼可亲，谦虚真诚。虽然先生工作十分繁忙，但却总会抽出时间关心我们的学习和生活。先生总是带给我们希望，鼓励我们永远坚持自己的理想，积极面对人生。他对我们言传身教，教育我们将所学的知识转化为人生智慧，在实现自我价值的同时，为社会做出自己的贡献。感谢我博士后研究的导师赵毅衡先生！先生学贯中西，博古通今，充满了创造力和想象力。我求学期间经常向先生请教有关叙述学的问题，先生不嫌学生愚笨，总是耐心解答。后来机缘巧合，我有幸跟老师一起做了几年博士后研究。他对学术研究的无限热情深深影响了我。

我还希望能借此机会感谢王晓路教授、袁德成教授、段峰教授、叶英教授、李毅教授、陈杰教授、查日新教授、王欣教授、王安教授、秦苏珏教授及外语学院的各位老师。感谢他们在我求学和工作中对我的关心和帮助。除此之外，我也要感谢符号学-传媒学研究所的各位同仁！在此要特别感谢陆正兰教授、唐小林教授、谭光辉教授，感谢他们对我的指导和关心；也要感谢胡易容、饶广祥、彭佳、赵星植几位优秀的年轻学者，因为有他们的鼓励和帮助，我才能跟他们一同进步。当然，特别值得感谢的还有我的好朋友们：汤黎、黎蝉、庄严、韦足梅、胡沥丹、单俊、霍盛亚等，因为有他们，人生似乎没有难题。最后我要感谢我的父母和家人，感谢他们始终尊重和支持我的所有选择。

本书的出版还得到了“四川大学中国语言文学与中华文化全球传播学科群建设专项经费”、“四川大学创新火花项目库项目”（2018hhs-06）、“四川大学研究生教育人才培养质量和教学改革项目：文学专题研究教材建设”（GSSCU2018006）的资助和支持。在此一并感谢！

在本书即将出版之际，听闻黑人女性作家托妮·莫里森去世的消息。她是我最喜欢的黑人女性作家，我也希望能将这本书献给她，向她致敬！

方小莉

2019年8月